# 독일어 주제별
# 필수 VOCA 2000

## 이 책을 추천해요!

**예문들이 단편적이지 않고 대화식으로 되어 있다거나, 그 대화로부터 형용사, 부사 등 다른 어휘들도 함께 익힐 수 있는 점이 진짜 좋습니다!**

사실 주관적인 생각이 많이 담길까봐 다른 책들도 간단히
몇 개 살펴보았는데 역시 너무 좋은 책이라는 생각이 듭니다!
이 책은 처음 독일어를 배우는 사람에게 독일어와 친해질 수 있도록
하는 데 아주 적합한 책입니다. 요즘 시중에 출간된 독일어 단어 책들도
단어를 테마별로 분류하거나, 독일인들이 자주 쓰는 빈도 높은 순으로
분류하거나 하는 여러 구성의 책이 있지만, 사실 너무 거창하거나
잘 쓰이지 않는 단어들이 있고 복잡해서 초보자들이 쉽게 공부를
포기하는 경우가 있습니다. (실제 교보문고에서 비교해봄)
이 책은 일단 챕터 분류가 심플하고, Tag1,2,3식으로 매일매일
공부할 단어들의 양도 적절하고 퀴즈를 통해 그날그날 실력을
점검할 수 있습니다.

단어를 쭉 보면 단어도 단어지만 관련 예문이 많이 있는데 그 예문들이
<u>단편적이지 않고 대화식으로 되어 있다거나, 그 대화로부터 형용사, 부사 등
다른 어휘들도 함께 익힐 수 있는 점이 진짜 좋습니다.</u>
함께 제공되는 음성 파일에는 느린 속도와 정상 속도 두 가지가 있어서
쉐도잉과 듣기연습까지 가능합니다.
**또한, 중간중간 예문의 어려운 단어들에 대한 설명도 있으며 문법이나
전치사나 독일어만의 특성들은 Tipp을 통해 설명하고 있어서
부담스럽지 않게 쉽게 배울 수 있습니다.**
더불어 독일어 초보자가 독일어 시험을 준비하기에도 좋은 책 같습니다.

-김민주 (은행원/뒤늦게 시작한 독일어가 너무 재미있는)

### 눈만 깜빡여도 잊어버리는 단기 기억력의 40대 아줌마도 성과를 경험할 수 있었다.

40대 불혹의 나이에 독일어를 시작했다. 일하면서 해야 하는 독일어 공부!
학원에 다닐 상황이 아니기에 독학을 해야 했다.
많은 독일어 문제집을 접하였지만, 말문은 터지지 않았다.
하지만 독일어 필수 VOCA책을 통해 나에게도 조금씩 변화가 생기기 시작했다.
**이 단어 책은 머릿속의 독일어를 입 밖으로 나오게 하는 훈련과 함께 커리큘럼이 체계적으로 잘 되어 있었고 이를 통해 점차 입이 터지고 글로 표현할 수 있는 능력까지 키울 수 있었다.**
눈만 깜빡여도 잊어버리는 단기 기억력의 40대 아줌마도 반복 트레이닝의 짜임새 있는 커리큘럼 덕분에 귀로 듣고 입으로 말하고 글로 써보는, 반복되지만 지루하지 않은 독일어 공부 방법으로 성과를 경험할 수 있었다.
특히 쉐도잉 듣기 파일과 받아쓰기 파일은 그동안 발음과 머릿속에 있는 독일어를 입 밖으로 꺼내는 것에 대한 "갈증"이 해소되는 것 같았다.

-소미경 (두 아이의 미래를 위해 독일에 가신 슈퍼맘)

### 이 책의 큰 장점은 불규칙 동사들의 과거형을 단순히 나열한 것이 아니라 현재형, 현재 완료형, 과거형에 각각 예문을 제시한 거에요!

제가 이 책의 가장 큰 장점이라고 생각하는 점은 예문 속에서 학습자들이 모를 만한
**단어의 의미도 정리되어 있어 굳이 따로 사전을 찾아볼 필요가 없다는 거예요!**
뿐만 아니라 단순히 단어만 공부하는 것이 아니라 단어의 유의어, 반의어 그리고
적절한 예시문도 함께 제시한다는 점이 마음에 들었어요.

이 책의 또 다른 큰 장점은 불규칙 동사들의 과거형을 단순히 나열한 것이 아니라 현재형, 현재 완료형, 과거형에 각각 예문을 제시한 것이에요.
원래는 불규칙 동사만 주구장창 외웠었는데 독일어 필수 보카 단어책을 통해 과거형을 실제로 말하고 쓰는 데 큰 도움이 될 거 같아요.

-강민주 (대학생/나중에 독일에 있는 호텔에서 일하고 싶은)

## 이 책을 추천해요!

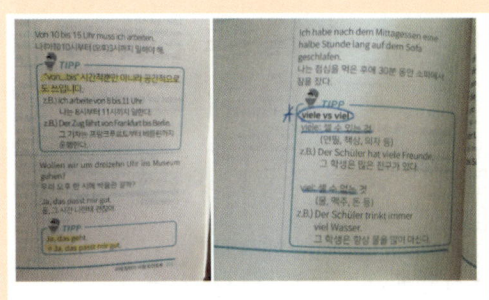

### 네이버블로그 후기: (미대생) 그림 그리는 선님

단어장을 공부하면서 가장 좋았던 점은 Tipp 부분이다.
실수하기 쉬운 것들 예를 들어
lang, lange 차이, viele, viel의 차이 등
알고 있으면 더 기억하고 쉬운 점들을 설명해준다.
예문 같은 경우 실생활에서 독일인들이
자주 쓰는 문장들이 정리되어 있다.
(....생략)
**이런 분들에게 단어장을 추천합니다.**
1. 올바른 단어 공부 방법을 알고 싶은 분
2. 독일어 공부를 처음 시작 하는 분
3. B1까지 했더라도 독일어 기초 단어를
계속 까먹는다고 느끼는 분

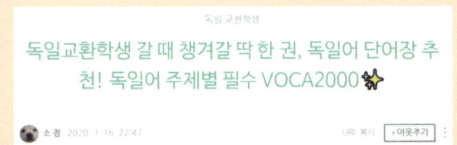

### 네이버블로그 후기: 이중전공 독일어셨던 소정님

단어장을 공부하면서 특히나 이렇게 포스팅해서 추천해
야겠다! 싶었던 이유가 바로 유용한 예문이었어요!!!

단어장이라 단어만 있다고 생각했는데 실생활에 도움이
될만한 예문들이 가득해서 회화까지 커버되는
부분이었어요!!!

명사의 경우는 성, 복수형 동사의 경우는 과거형, 완료형,
격, 전치사까지 있어서 따로 찾아보지 않아도 돼서 너무
너무 좋았어요! 그동안 왜 이런 독일어 단어장은 없었는
지ㅠㅠ 매번 동사 현재완료형에서 sein인지 haben인지
헷갈려서 찾아보고 몇 격 목적어를 취하는
동사인지 몰라서 찾아보고....

친절한 단어장을 찾아서 행복했답니다.

### 인스타 후기: 성남외고 독일어과 학생

독일어를 처음 공부할 때도 이 책으로 독일어 단어를 공부하면 도움이 많이 될 거라는 생각도 들었고 독일어 단어책을 무얼 사야할까 고민도 있었는데 리베도이치 단어장이 주제별로 단어도 꼼꼼하게 담고 있고 구성도 알차고 게다가 쉐도잉 파일에 MP3파일도 무료 제공이라 고민 완전 정리!!
원어민 말하기 따라하는 쉐도잉 파일이 무엇보다 좋았던 것 같다. 독일어 공부를 하기 위해 들어온 우리 학교 1학년들에게도 많이 추천해주고 싶다.

### 인스타 후기: 대일외고 독일어과 학생

(.. 생략) 입학 전에 이 단어장을 학습하고 갔다면? 그랬다면 더 좋은 성적을 받지 않았을까?
난 이 단어장을 이번 37기 신입생들에게 꼭 추천하고 싶다.
우선 첫째로 예문과 구성이 정말 좋다.
학교 교과서의 학습 순서와 정말 비슷한 순서로 배치되어 있어서 과별로 암기해 나간다면 학교 진도에 도움이 많이 될 것 같다고 느꼈다.

## 1) mp3 무료 다운로드

리베도이치 홈페이지 (www.liebedeutsch.com)에서 접속하셔서
회원가입 하신 후 무료 콘텐츠 mp3에서 mp3 및 쉐도잉 mp3를 다운로드 하실 수 있습니다.

## 2) 인스타 및 유튜브

매주 인스타에 독일어 표현 및 독일어 꿀팁 등을 업로드하고 있습니다.
유튜브에도 독일어 공부에 도움이 되는 영상들 업로드하고 있으니 한 번 놀러 오세요!

### 인스타: 리베도이치

### 유튜브: 리베도이치

독일어초보도 고수처럼 보일 수 있는 독일어 관용어 배우...

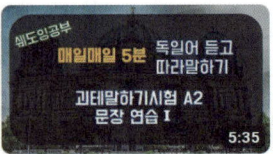
Tag 28 괴테 말하기 시험연습 Teil 1 sich / 독일어 쉐도잉 ...

Tag 1 자기소개 sich vorstellen 독일어필수단어...

# 저자소개

### 지은이: 정승환

베를린에서 중, 고등학교 (Menzeloberschule)
한국외국어대학교 독일어학과
한국외국어통번역대학원 한독과
하노이외국어대학교 독일어강사 (Bosch파견강사)
Bosch재단 Bosch대학강사
리베도이치 대표

### 기타 경력

동남아시아 4개국가 대학에서 강연
인도네시아 반둥 Padjadjaran 대학교 강연
베트남 하노이 외국어대학교 강연
베트남 하노이 국립대학교 강연
태국 kasets 대학교 강연
중국 Zhejiang International Studies 대학 강연
홍용표 통일부 장관 & Iris Gleicke 차관 회의 통역
한국 & 독일 재무부 국장 회의 통역
기타 비즈니스, 장관급 및 국장급 다수 통역
하나은행 초중급 독일어 강의 및 기타 기업 출강
나 혼자 끝내는 독일어첫걸음 인강 강사
Telc 시험 감독관 (A1,A2,B1,B2)

### 감수 : Lucia Komesker

괴테대학교 졸업 및 교직 이수
필립 홀츠만 중,고등학교에서 독일어 선생님
요르단 괴테문화원에서 괴테 교육 받음
한국외국어대학교 원어민 강사 (Bosch재단 파견)
호치민대학교 원어민 강사 (Bosch재단 파견)

---

### 도와주신 분들

감수: Lucia Komesker, 엄유성
콘텐츠 개발 : Stephan Rath, Isabelle Marie Lemke, 김민지, 정유진, 홍현우

디자인 : 솔, 박준하, 허윤미, 박하람  일러스트 : sovoro
오디오 녹음: Isabelle Marie Lemke, Nadja Nicolai, 장나슬, 정유진  쉐도잉 녹음: Dominik Ulrich
대화문 녹음: Isabelle Marie Lemke, Colin Erdmann  영상편집: 박정용

홈페이지 : www.liebedeutsch.com (mp3녹음파일 무료 제공)
인스타 : 리베도이치  유튜브 : 리베도이치
이메일 : liebedeutschkorea@gmail.com

ⓒ 20231212
이 책은 저작권법에 따라 보호받는 저작물이므로 무단전재와 무단복제를 금지하며,
이 책의 내용의 전부 또는 일부를 이용하려면 반드시 저작권자의 서면동의를 받아야 합니다.
ISBN : 979-11-967352-1-0

# 머리말

현재 필자는 Bosch 재단에서 대학강사로 일하면서 독일어 교육에 있어 특별한 경험을 해 오고 있습니다. 하노이외국어대학교에서 독일어 초빙교수로 일하였고 태국 kasets 대학교, 인도네시아 반둥 Padjadjaran 대학교, 베트남 하노이외국어대학교, 베트남 하노이 국립대학교, 중국 Zhejiang International Studies 대학교 등 여러 동남아시아 대학 독일어과에서 강연 및 특강을 진행하였습니다.

이렇게 해외 대학에서 독일어를 가르치며 강연도 병행하고 있지만, 저도 독일어를 알파벳부터 힘들게 배우던 때가 있었습니다.

## "중학교 때 독일에 가서 처음 교과서를 폈을 때의 잠시 눈 앞이 멍했던 순간은 아직도 잊지 못합니다."

지리 교과서를 펼쳤는데 아는 단어가 하나도 없었던 것입니다. 이 많은 단어를 다음 시간까지 모두 외우고 이해해야 한다고 생각하니 눈 앞부터 벌써 캄캄하더군요. 인터넷 사전도 없던 시절, 수업에서 배웠던 내용 혹은 수업에서 배우게 될 내용의 단어를 밤을 새워가며 모두 찾아가며 외웠습니다. 그렇게 매일 밤 단어를 찾다가 책상에 엎드려 잠들기 일쑤였고, 독일어 사전이 나중에는 너덜너덜 해질정도로 단어의 뜻을 모조리 찾았습니다. 그러나 문제는 완전히 해결되지 않았습니다.

찾은 단어로 내용을 읽어 보아도 내용이 헷갈리거나 심지어 의미 자체가 형성이 안 되는 부분이 많았기 때문입니다. **"독일어 수난 시대"**는 여기서 끝나지 않았습니다. 독일에서는 작문 시험이 많기에 공부는 더욱 힘들었습니다. 동사를 외워도 어떠한 전치사 혹은 격과 쓰이는지, 또한 어떠한 상황과 문맥에서 쓰이는지 몰랐습니다. **이는 독일어 단어만 한국어로 주구장창 외운 저의 실수였습니다.** 단어 공부에 많은 시간을 투자했지만, 많은 노력이 헛수고였다는 사실에 제 자신이 너무 바보 같았고 허탈했습니다.

**"그렇게 실수를 인지한 후, 독일어 단어 공부법을
완전히 바꾸기 시작하였습니다."**

단어를 외울 때는 항상 적절한 예시문과 함께 공부하면서 단어가 어떠한 상황과 문맥에서 사용되는지 공부하였고, 동사를 외울 때는 꼭 같이 사용되는 전치사와 격을 함께 공부하였습니다. 당시 독일인 친구에게 부탁하여 배운 단어와 문장을 두 번 천천히 한 번 보통으로 읽어 달라고 한 후, 완전히 제 것이 될 때까지 반복하여 크게 읽었습니다. 수많은 시행착오와 어려움 속에서 올바른 길을 하나하나씩 터득하였고 저의 독일어 실력은 눈에 띄게 향상되기 시작하였습니다.

Bosch 대학강사로 일하면서 학생들에게 이러한 단어공부법으로 가르치니, 학생들의 반응은 물론 효과도 좋았습니다. 동시에, 여전히 많은 학생이 잘못된 방법으로 단어공부를 하는 것을 보고 안타까워하며 이를 바꾸고 싶다는 생각에 이 단어책을 써야겠다고 다짐하였습니다.

**"이 책이 독일어라는 큰 여정 속 옳은 길로 인도하는
나침반과 같은 책이 되기를 바라며, 많은 분이 저와
같은 실수를 반복이지 않기를 진심으로 바랍니다."**

이 어휘 책에는 많은 사람의 수많은 땀과 노력이 배어있습니다. 우선 책을 디자인 해준 독일어 잡지동아리 루페(Lupe) 소속의 **박하람, 박준하, 허윤미** 님, 그림을 그려주신 황연우님, 책을 감수해 준 동료 **Lucia원어민 교수님**께(한국외국어대학교 독일어과 보쉬강사) 그리고 항상 옆에서 많은 일을 도와줬던 **김민지, 정유진, 홍현우** 님 마지막으로 꼼꼼히 책을 봐주신 **엄유성** 님과 늘 긍정적인 마인드로 옆에서 도와주던 **슈테판 라트**(Stephan Rath)에게 진심 어린 감사의 말을 전합니다.

**여러분의 올바른 독일어 공부 인도자
정승환 드림**

# 독일어 필수 보카 2000으로 공부해야 하는 이유 1

# 02 단어 내용

실제로 **원어민이 자주 쓰는 풍부한 예문** 배우기
**헷갈리는 표현은 팁**으로 명쾌하게 설명
QR코드로 **손쉽게 MP3듣기**

단어 내용 01

## 괴테 말하기 시험 A2

배운 단어 및 표현으로 **Goethe-Institut**
**말하기 및 쓰기 시험 대비까지** 탄탄하게 준비하기

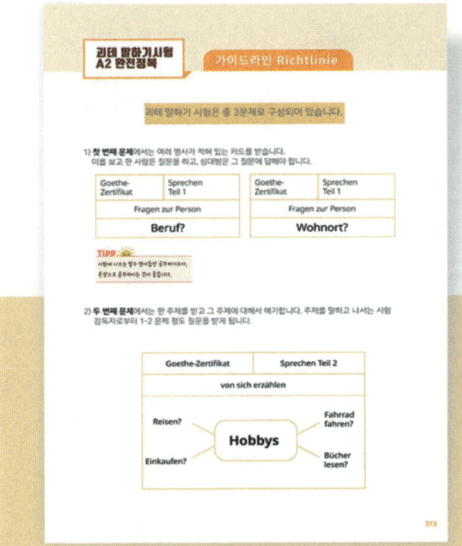

## 03 문제풀이

**문제 풀이**를 통한 배운 내용 확인하기!

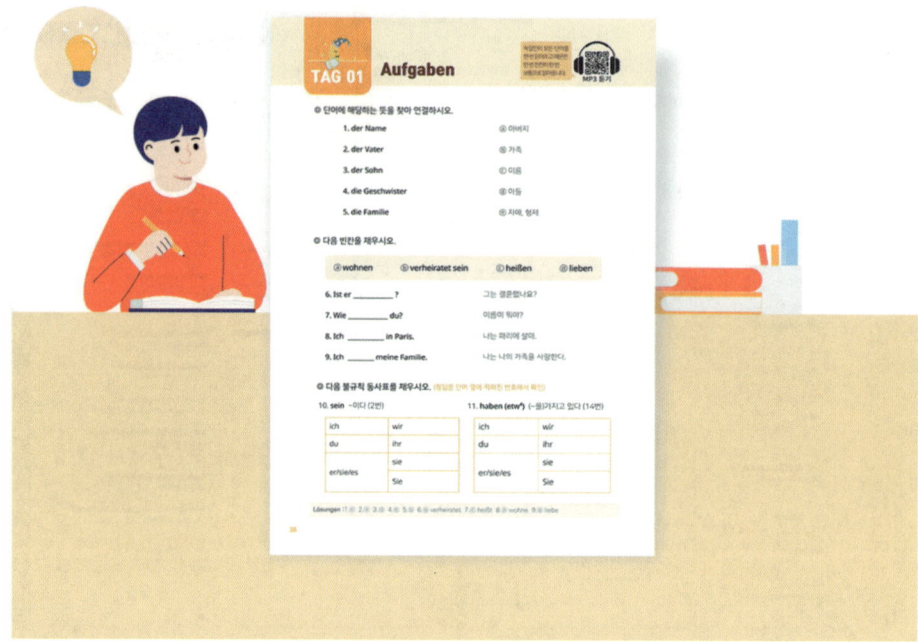

## 04 쉐도잉 및 받아쓰기

핵심 문장을 원어민이 2번 천천히 한 번 보통 속도로 말해주는 코너

원어민을 따라서 크게 말할 수 있고 받아쓰기용으로도 활용 가능하여 **말하기, 듣기, 쓰기 능력을 한층 향상시켜줌**

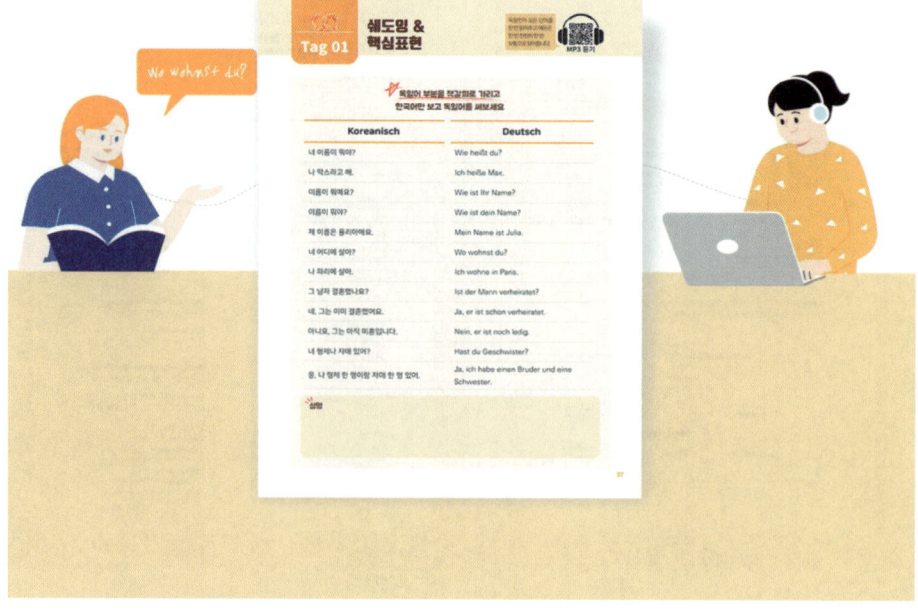

## 05 대화문

배웠던 문장들을 토대로 구성된 **대화문을 통해 의사소통 능력 한층 높이기**

## 06 독일어 공부의 흥을 돋는 예쁜 그림들까지!

# 독일어 필수 보카 2000으로 공부해야 하는 이유 2

## 올바른 어휘 공부에 필요한 모든 요소들을 담다
독일어필수VOCA 2000만의 특별한 공부법

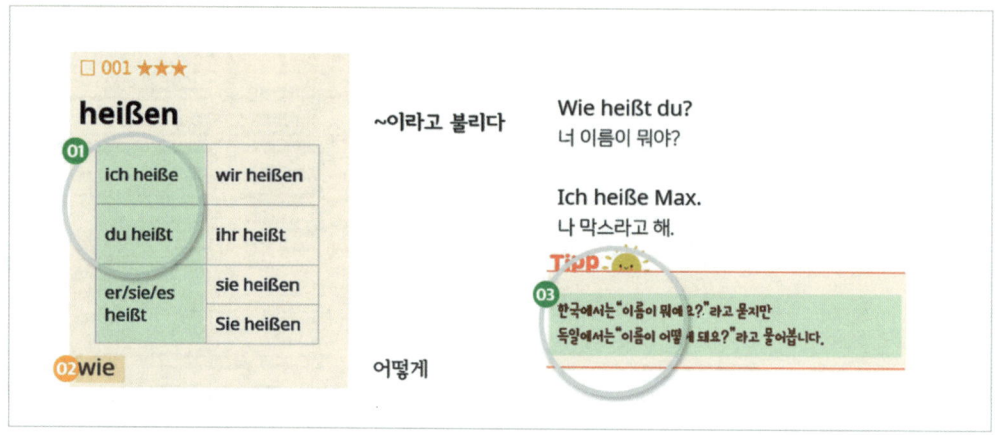

**01 불규칙 동사표**
동사 외울 때 필수로 같이 외워줘야 함

**02 예시문에 나오는 단어 추가 설명**
따로 사전 찾아 볼 필요 없음.

**03 헷갈리는 독일어 표현**
명확하고 친절한 설명

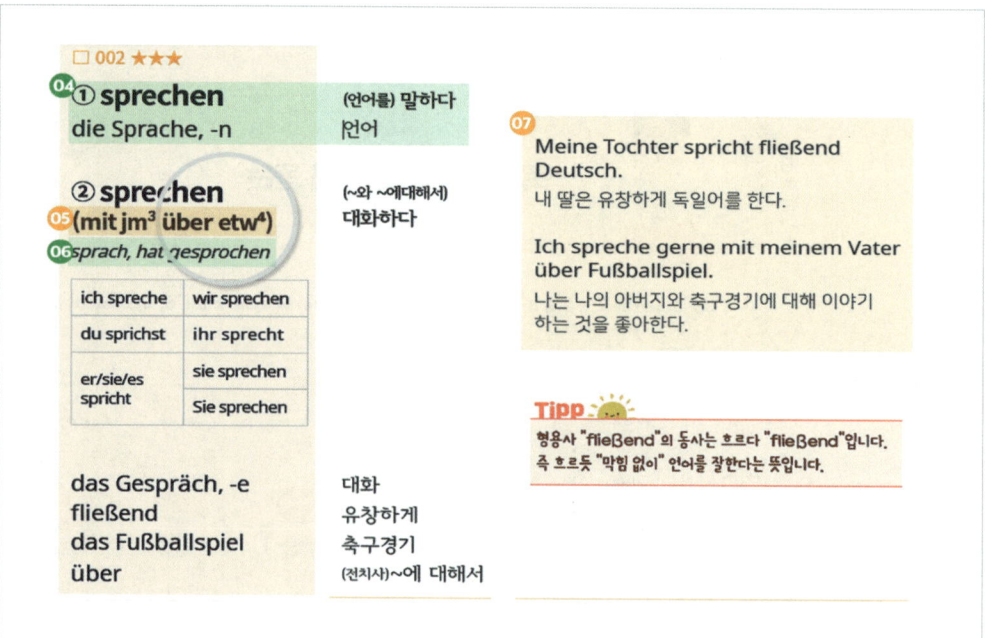

**04 동사의 명사 표기**
동사의 뜻은 그 동사의 명사를 알면 더 명확히 알 수 있습니다.

**05 동사와 같이 사용되는 전치사 및 전치사 격 표기**
독일어 동사는 전치사에 따라서 뜻이 달라지기 때문에 동사를 외울 때 전치사를 같이 공부하시는 것이 중요합니다

**06 불규칙 현재완료형 및 과거 동사 표기**
6강 부터 (불규칙) 현재완료형 및 과거 동사를 표기하였습니다.

**07 풍부하고 실용적인 예시문**
예문은 단어의 활용을 위해 필수적으로 같이 공부하는 것이 중요합니다.

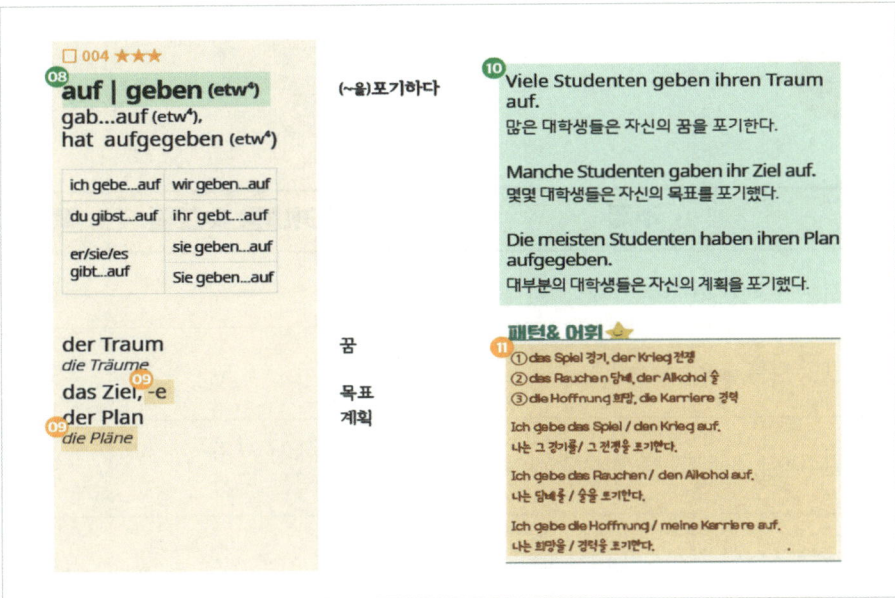

 **분리 동사의 전철 표기**
많은 한국분들이 헷갈려 하시는 분리동사 같은 경우 따로 표기하였습니다.

 **명사 복수형 표기**
독일어는 한국어와 다르게 명사가 단수형인지 복수형인지 정확히 적어야 합니다. 복수형은 명사 옆에 표기하였으며 움라우트가 붙는 경우 아래에 따로 표기하였습니다.

**불규칙 과거형 동사**
불규칙 과거형 동사를 집중적으로 배우는 단원(31-36강) 같은 경우 현재형, 과거형, 현재 완료형 예문을 각각 적음으로써 단순히 과거형을 외우는 것이 아닌 활용에 익숙해질 수 있도록 하였습니다.

 **패턴 및 어휘 구간 추가 (개정판)**
배운 동사로 다양한 표현을 구사 할 수 있도록 "패턴 & 어휘" 구간을 추가하였습니다. 동사와 같이 쓰일 수 있는 표현들로 보다 많은 표현을 직접 만들어 볼 수 있습니다.

# 독일어 필수 보카 2000으로 공부해야 하는 이유 3

# 목차

| 요일 | 주제 | 추가내용 & 그림 | 쪽 |
|---|---|---|---|
| 1 | 자기소개 sich vorstellen | 가족 | 31 |
| 2 | 간단한 사물 Gegenstände | 사물 | 40 |
| 3 | 요일 (아침, 점심, 저녁, 밤) Wochentage | 일상에서 자주 사용되는 동사 | 48 |
| 4 | 나이, 출생지 Alter, Geburtsort | | 57 |
| 5 | 의문문 W-Fragen | 숫자 | 65 |
| 6 | 직업 I Berufe I | 직업 I | 73 |
| 7 | 직업 II Berufe II | 직업 II | 85 |
| 8 | 학교, 교육 I Schule, Bildung I | 일상에서 자주 사용되는 동사 | 98 |
| 9 | 학교, 교육 II Schule, Bildung II | | 107 |
| 10 | 학교, 교육 III Schule, Bildung III | | 114 |
| 11 | 취미, 여가 시간 Hobbys, Freizeit | 3격과 쓰이는 동사 | 122 |
| 12 | 운동 Sport | | 131 |
| 13 | 음악 Musik | | 138 |
| 14 | 화법 조동사 Modalverben | 시간 | 146 |
| 15 | 약속 잡기 sich verabreden | | 153 |
| 16 | 장소 Orte | | 166 |
| 17 | 교통 Verkehrsmittel | | 173 |
| 18 | 여행 Reise | | 184 |

| 요일 | 주제 | 추가내용 | 쪽 |
|---|---|---|---|
| 19 | 위치 전치사 Präpositionen des Ortes | 방 | 191 |
| 20 | 일상 Alltag | | 198 |
| 21 | 기분&성격 Laune&Charakter | | 207 |
| 22 | 날씨 Wetter | 1월~12월 | 217 |
| 23 | 집 Haus | | 227 |
| 24 | 병 Krankheiten | 몸 | 235 |
| 25 | 음식 Essen | | 244 |
| 26 | 레스토랑 Restaurant | | 254 |
| 27 | 쇼핑 Einkaufen | | 264 |
| 28 | 말하기시험A2 문제1<br>mündliche Prüfung A2 Teil1 | | 272 |
| 29 | 말하기시험A2 문제2<br>mündliche Prüfung A2 Teil2 | | 283 |
| 30 | 말하기시험A2 문제3<br>mündliche Prüfung A2 Teil3 | | 290 |
| 31 | 불규칙동사 과거형 모음 ①<br><현재완료형(haben+p.p), 과거형> | | 302 |
| 32 | 불규칙동사 과거형 모음 ②<br><현재완료형(haben+p.p), 과거형> | | 314 |
| 33 | 불규칙동사 과거형 모음 ③<br><현재완료형(haben+p.p), 과거형> | | 321 |
| 34 | 불규칙동사 과거형 모음 ④<br><현재완료형(haben+p.p), 과거형> | | 338 |
| 35 | 불규칙동사과거형모음 ①<br><현재완료형(sein+p.p), 과거형> | | 353 |
| 36 | 불규칙동사과거형모음 ②<br><현재완료형(sein+p.p), 과거형> | | 360 |
| 37 | 재귀동사로만 쓰이는 동사 | | 368 |
| 38 | 재귀동사로도 쓰이는 동사 | | 373 |

# Alphabet / 알파벳

| A a | a | [a] | alle | Affe |
|---|---|---|---|---|
| | | [a:] | Name | ahnen |
| B b | b | [b] | Bus | Banane |
| C c | c | [k] | Cola | Café |
| | | [ts] | CD | Mercedes |
| D d | d | [d] | da | deshalb |
| E e | e | [ɛ] | Ente | Erde |
| | | [e:] | gehen | eben |
| | | [e] | egal | Elefant |
| | _e | [ə] | kommen | eben |
| F f | f | [f] | Foto | Faust |
| G g | g | [g] | Gabel | Golf |
| | | [ʒ] | Orange | Genie |
| H h | h | [h] | Haus | Hase |
| | (모음+) h | [(모음) :] | Bahn | wohnen |

| | | | | |
|---|---|---|---|---|
| **I i** | i | [i]<br>[i:] | immer | Insel |
| | | | K<u>i</u>no | Berl<u>i</u>n |
| **J j** | j | [j] | Jahr | Januar |
| | | [dʒ] | Jeans | Job |
| **K k** | k | [k] | Kuss | Kino |
| **L l** | l | [l] | Lampe | Lauf |
| **M m** | m | [m] | Maus | Mutter |
| **N n** | n | [n] | Nase | Nord |
| **O o** | o | [ɔ] | Ost | ob |
| | | [o:] | Oper | Obst |
| **P p** | p | [p] | pink | Pass |
| **Q q** | Qu | [kv] | Quatsch | Quelle |
| **R r** | r | [r] | richtig | recht |
| | _r | [ɐ] | Uh<u>r</u> | er |

| | | | | |
|---|---|---|---|---|
| **S s** | s | [s] | Ga_s_t | E_ss_en |
| | | [z] | Sohn | Sonne |
| **T t** | t | [t] | Ton | taub |
| | _ti_ | [tsi] | Informa_ti_on | Ak_ti_on |
| **U u** | u | [ʊ] | und | unter |
| | | [u:] | g_u_t | Bl_u_me |
| **V v** | v | [f] | Vater | Volk |
| | | [v] | Vase | Visum |
| **W w** | w | [v] | Wagen | Welle |
| **X x** | x | [ks] | Te_x_t | Ta_x_i |
| **Y y** | y | [Y] | Yoga | Yacht |
| | | [y:] | T_y_p | Ph_y_siker |
| **Z z** | z | [ts] | Zeit | Zeitung |

## 변모음

| | | | | |
|---|---|---|---|---|
| **Ä ä** | ä | [ɛ]<br>[ɛ:] | ändern | Ärger |
| | | | Universität | ähnlich |
| **Ö ö** | ö | [œ]<br>[ø:] | öffnen | öffentlich |
| | | | Öl | Österreich |
| **Ü ü** | ü | [Y]<br>[y:] | dünn | Mücke |
| | | | üben | über |

## 자음자 겹침

| | | | |
|---|---|---|---|
| **ch** | [ç]<br>[x]<br>[ʃ]<br>[k] | China | München |
| | | Koch | Ach |
| | | Chef | Chance |
| | | Chaos | Charakter |
| **chs** | [ks] | sechs | Fuchs |
| **_dt** | [t] | Stadt | verwandt |
| **pf** | [pf] | Apfel | Pferd |
| **ph** | [f] | Physik | Alphabet |
| **sch** | [ʃ] | Schuh | schön |
| **tsch** | [tʃ] | Quatsch | Deutsch |

## 모음자 겹침

| ei | [aɪ] | Eis | Eier |
|---|---|---|---|
| äu | [ɔʏ] | Gebäude | äußern |
| eu | [ɔʏ] [ø:] | Deutsch | Leute |
| | | Ingenieur | Friseur |
| ie | [i:] [iə] | sieben | biegen |
| | | Familie | Linie |

① 다음 철자가 명사 끝에 위치하게 되면 다르게 발음됩니다. {b ☞ p} {d ☞ t} {g ☞ k}

| _b | [p] | gel<u>b</u> | hal<u>b</u> |
|---|---|---|---|
| _d | [t] | Han<u>d</u> | Mun<u>d</u> |
| _g | [k] | Ta<u>g</u> | Ber<u>g</u> |

② "S"는 총 세가지 발음이 있습니다. s+자음 이 오면 s 그대로의 발음이 납니다.

| [s] | Ga<u>s</u>t | E<u>ss</u>en |
|---|---|---|

S+모음 이 오면 z 발음이 납니다 (a,e,i,o,u)

| [z] | Sohn | Sonne |
|---|---|---|

S 다음에 t, 나 p가 나오면 s는 sch 발음이 납니다.

| sp_ | [ʃp] | Sport  | Spiegel |
|-----|------|--------|---------|
| st_ | [ʃt] | stehen | Stress  |

③ 모음이 연속으로 쓰이거나 모음 다음에 h가 나오면 모음은 길게 발음됩니다.

| aa/ah | [a:] | Haar | Ahnung |
|-------|------|------|--------|
| ee/eh | [e:] | gehen | Tee |
| ih    | [i:] | ihr | ihm |
| oo/oh | [o:] | Boot | Zoo |
| uh    | [h:] | Uhr | Schuh |

④ 철자 끝에 ig 가 위치하면 ich 로 발음됩니다.

| _ig | [ich] | billig | Honig |
|-----|-------|--------|-------|

⑤ 독일어에는 ß 라는 알파벳이 있는데 "에스체트" 라고 부르며 s 발음이 납니다.

| ß | [s] | Fuß | weiß |
|---|-----|-----|------|

# 간단한 독일어 표현

## 1. 인사

| 독일어 | 한국어 |
|---|---|
| Hallo! | 안녕하세요! |
| Guten Morgen! | 좋은 아침이에요! |
| Guten Tag! | 좋은 점심이에요! |
| Guten Abend! | 좋은 저녁이에요! |
| Gute Nacht! | 안녕히 주무세요! |

## 2. 헤어질 때 하는 인사

| 독일어 | 한국어 |
|---|---|
| Tschüss! | 잘 가요! |
| Tschau! (Ciao) | 잘 가요! |
| Auf Wiedersehen! | 다음에 만나요! |
| Bis gleich! | 곧 봬요! |
| Bis morgen! | 내일 봬요! |
| Auf Wiederhören! | 안녕히 계세요!<br>(전화상으로) |

## 3. 기타 표현

| 독일어 | 한국어 |
|---|---|
| Danke! | 감사합니다! |
| Danke schön! | 정말 감사합니다! |
| Bitte. | 천만에요. |
| Bitte schön. | 천만에요. |
| Entschuldigung. | 실례합니다, 죄송합니다. |
| Kein Problem. | 괜찮습니다. |
| Guten Appetit. | 맛있게 드세요. |
| Gute Besserung. | 얼른 낫길 바라요. |
| Gesundheit. | 몸조심하세요.<br>(상대방이 재채기했을 때 하는 말) |

| 독일어 | 한국어 |
|---|---|
| Einen Moment bitte. | 잠시만요.<br>(잠시만 기다려주세요) |
| Echt? | 진짜, 정말? |
| Keine Ahnung. | 몰라. |
| Ach so! | 그렇구나!<br>(모르는 것을 새로 알았을 때) |
| Wie bitte? | 뭐라고 하셨어요?<br>(상대방이 한 말을 이해하지 못했을 때) |
| Natürlich! | 당연하지! |
| Zahlen, bitte! | 계산이요! |
| Zusammen oder getrennt? | 같이 계산하시나요 아니면 따로 계산하시나요? |
| Zusammen, bitte! | 같이 계산해 주세요! |
| Getrennt, bitte! | 따로 계산해 주세요! |
| Stimmt so! | (계산할 때) 잔돈은 괜찮아요! |
| Schönen Tag noch! | 좋은 하루 보내세요! |
| Achtung! | 조심해! |
| Aua!/ Autsch! | 아 아파! |
| Lass dir Zeit! | 천천히 와! |
| Toi, toi, toi! | 파이팅! |
| Wird schon! | 잘될 거야! |
| Toll! | 멋지다! |
| Super! | 최고다! |
| Lecker! | 맛있다! |
| Klingt gut! | 그거 괜찮다!<br>(친구가 예로 들어 뭔가를 제안했을 때) |

| 남성명사 (m) | | |
|---|---|---|
| der Mann 남자 | der Traum 꿈 | der Löwe 사자 |

| 여성명사 (f) | | |
|---|---|---|
| die Frau 여자 | die Schule 학교 | die Katze 고양이 |

| 중성명사 (n) | | |
|---|---|---|
| das Kind 어린이 | das Buch 책 | das Ziel 목표 |

| 복수명사 (pl) | | |
|---|---|---|
| die Männer 남자들 | die Frauen 여자들 | die Kinder 어린이들 |

## 1. 정관사 (Bestimmter Artikel)

| | m. | f. | n. | Pl. |
|---|---|---|---|---|
| 1격 (은,는,이,가) | der Mann | die Frau | das Kind | die Kinder |
| 2격 (의) | des Mannes | der Frau | des Kindes | der Kinder |
| 3격 (에게) | dem Mann | der Frau | dem Kind | den Kindern |
| 4격 (을,를) | den Mann | die Frau | das Kind | die Kinder |

## 2. 부정관사 (Unbestimmter Artikel)

| | m. | f. | n. | Pl. |
|---|---|---|---|---|
| 1격 (은,는,이,가) | ein Vater | eine Lampe | ein Auto | Kinder |
| 2격 (의) | eines Vaters | einer Lampe | eines Autos | Kinder |
| 3격 (에게) | einem Vater | einer Lampe | einem Auto | Kindern |
| 4격 (을,를) | einen Vater | eine Lampe | ein Auto | Kinder |

## 3. 부정관사 (Negativer Artikel)

|  | m. | f. | n. | Pl. |
|---|---|---|---|---|
| 1격 (은,는,이,가) | kein Vater | keine Lampe | kein Auto | keine Kinder |
| 2격 (의) | keines Vaters | keiner Lampe | keines Autos | keiner Kinder |
| 3격 (에게) | keinem Vater | keiner Lampe | keinem Auto | keinen Kindern |
| 4격 (을,를) | keinen Vater | keine Lampe | kein Auto | keine Kinder |

## 4. 지시관사 (Demonstrativartikel)

|  | m. | f. | n. | Pl. |
|---|---|---|---|---|
| 1격 (은,는,이,가) | dieser Vater | diese Lampe | dieses Auto | diese Kinder |
| 2격 (의) | dieses Vaters | dieser Lampe | dieses Autos | dieser Kinder |
| 3격 (에게) | diesem Vater | dieser Lampe | diesem Auto | diesen Kindern |
| 4격 (을,를) | diesen Vater | diese Lampe | dieses Auto | diese Kinder |

## 5. 인칭대명사(Personalpronomen)

|  | 1인칭 단수 | 2인칭 단수 | 3인칭 단수 | | | 1인칭 복수 | 2인칭 복수 | 3인칭 복수 | 2인칭 존칭 |
|---|---|---|---|---|---|---|---|---|---|
|  |  |  | m. | f. | n. |  |  |  |  |
| 1격 (은,는,이,가) | ich | du | er | sie | es | wir | ihr | sie | Sie |
| 2격 (의) | mein | dein | sein | ihr | sein | unser | euer | ihr | Ihr |
| 3격 (에게) | mir | dir | ihm | ihr | ihm | uns | euch | ihnen | Ihnen |
| 4격 (을,를) | mich | dich | ihn | sie | es | uns | euch | sie | Sie |

## • 인칭에 따른 규칙동사 변화

**wohnen 살다**

| ich 나<br>wohn-**e** | wir 우리<br>wohn-**en** |
|---|---|
| du 너<br>wohn-**st** | ihr 너희<br>wohn-**t** |
| er/sie/es 그/그녀/그것<br>wohn-**t** | sie 그들<br>wohn-**en** |
| | Sie 당신<br>wohn-**en** |

독일어 동사의 99퍼센트는 끝이 - en 으로 끝나며, "en"은 인칭에 따라 변화합니다.


## •인칭에 따른 불규칙 동사 변화

**sprechen 말하다**

| ich 나<br>sprech-**e** | wir 우리<br>sprech-**en** |
|---|---|
| du 너<br>sprich-**st** | ihr 너희<br>sprech-**t** |
| er/sie/es 그/그녀/그것<br>sprich-**t** | sie 그들<br>sprech-**en** |
| | Sie 당신<br>sprech-**en** |

불규칙 동사 같은 경우 du(너), er(그), sie(그녀), es(그것)에서 불규칙으로 변합니다. 따라서 불규칙 동사는 항상 따로 외워주시는 것이 중요합니다.

# 독일어 기본 어순

## 1. 독일어 기본 어순

| 주어 | 동사 | 목적어 |
|---|---|---|
| Ich | lerne | Deutsch. |

**나는 독일어를 배운다.**

기본적으로 독일어 문장의 기본 어순은

주어 + 동사 + 목적어 입니다.

## 2. 독일어 어순: 의문문

1) 질문형에서는 단순히 동사와 주어의 자리만 바꿔주면 됩니다.

| 동사 | 주어 | 목적어 |
|---|---|---|
| Lernst | du | Deutsch? |
| 너 독일어를 공부해? | | |

| 동사 | 주어 | 목적어 |
|---|---|---|
| Hast | du | Hausaufgaben? |
| 너 숙제 있어? | | |

## 3. 독일어 어순: 의문사가 있는 의문문 (누가, 언제, 어디서, 무엇을, 어떻게, 왜)

1) 의문사는 문장에서 첫 번째에 위치하며 주어는 세 번째에 위치합니다.

| 의문사 | 동사 | 주어 | 목적어 |
|---|---|---|---|
| **Wer** | ist | der Mann? | |
| 그 남자 누구야? ||||
| **Wann** | beginnt | der Unterricht? | |
| 그 수업 언제 시작해? ||||
| **Wo** | wohnst | du? | |
| 너 어디 살아? ||||
| **Was** | ist | das? | |
| 이거 뭐야? ||||
| **Wie** | heißt | du? | |
| 너 이름이 뭐야? (어떻게 돼?) ||||
| **Wie** | geht | es | dir? |
| 너(너에게) 잘 지냈어? ||||
| **Warum** | lernst | du | Deutsch? |
| 너 독일어 왜 배워? ||||

# Tag 01

## sich vorstellen
자기 소개

„ **Ich bin so glücklich mit dir.** "

나는 너와 함께 있어 너무 행복해.

| 공부 순서 |  mp3 들으면서 단어책 보기 (발음 체크) |  암기 하고 문제 풀어보기 |  mp3 듣고 단어책 보면서 다시 크게 따라 읽어보기 |

# Tag 01

## sich vorstellen
자기 소개

독일인이 모든 단어를 한번씩 읽어주고, 예문은 천천히 한 번, 보통 속도로 한 번 읽어줍니다.

MP3 듣기

---

☐ 001 ★★★

**heißen**

| ich heiße | wir heißen |
|---|---|
| du heißt | ihr heißt |
| er/sie/es heißt | sie heißen |
| | Sie heißen |

wie

~이라고 불리다

어떻게

Wie heißt du?
너 이름이 뭐야?

Ich heiße Max.
나 막스라고 해.

**Tipp**
한국에서는 "이름이 뭐예요?"라고 묻지만 독일에서는 "이름이 어떻게 돼요?"라고 물어봅니다.

---

☐ 002 ★★★

**der Name, -n**

**sein**

| ich bin | wir sind |
|---|---|
| du bist | ihr seid |
| er/sie/es ist | sie sind |
| | Sie sind |

이름

~이다

Wie ist Ihr Name?
이름이 뭐예요? (이름이 어떻게 돼요?)

Wie ist dein Name?
이름이 뭐야? (이름이 어떻게 돼?)

Mein Name ist Julia.
제 이름은 율리아입니다.
(= 내 이름은 율리아야.)

---

☐ 003 ★★★

**der Nachname, -n**
= Familienname, -n

der Vorname, -n

성

이름

Mein Nachname ist Schmidt.
제 성은 슈미트입니다.

Mein Vorname ist Stephan.
제 이름은 슈테판입니다.

---

☐ 004 ★★★

**wohnen**

wo
die Wohnung, -en

살다

어디
집, 거주지

Wo wohnst du?
너 어디 살아?

Ich wohne in Berlin.
나 베를린에 살아.

## ☐ 005 ★★★

**die Adresse, -n** | 주소 | Wie ist deine Adresse?
너의 주소가 뭐야?

elf | 11 | Meine Adresse ist Berliner Straße 11.
내 주소는 베를린 11번지야.

## ☐ 006 ★★★

**verheiratet sein**
↔ ledig sein

| 결혼했다
미혼이다 |

Ist der Mann verheiratet?
그 남자 결혼했어?

noch
↔ schon

ja

| 아직
벌써, 이미

네, 응, 그래요
(질문에 답으로) |

Ja, er ist schon verheiratet.
응, 그는 이미 결혼했어.

↔ nein

der Mann
*die Männer*

| 아니, 아니오

남자 |

Nein, er ist noch ledig.
아니, 그는 아직 미혼이야.

## ☐ 007 ★★★

**heiraten**

| ich heirate | wir heiraten |
|---|---|
| du heiratest | ihr heiratet |
| er/sie/es heiratet | sie heiraten |
| | Sie heiraten |

결혼하다

Mein Freund heiratet bald.
내 친구는 곧 결혼한다.

Wir heiraten bald.
우리는 곧 결혼한다.

die Heirat
bald
der Freund, -e

| 결혼
곧
친구 |

## ☐ 008 ★★★

**geschieden sein** | 이혼했다 | Sie sind geschieden.
그들은 이혼했다.

die Scheidung, -en | 이혼 |

## 009 ★★★

**die Familie, -n**

lieben (jn⁴/etw⁴)

| 가족 | Ich liebe meine Familie.<br>나는 내 가족을 사랑한다. |
|---|---|
| (~을/를) 사랑하다 | Wir lieben Deutsch.<br>우리는 독일어를 사랑한다. |

## 010 ★★★

**der Vater**
*die Väter*

die Mutter
*die Mütter*
die Fremdsprache, -n
kochen
gern

| 아빠 | Mein Vater lernt gern Fremdsprachen.<br>나의 아버지께서는 외국어 공부하시는 것을 좋아하신다. |
|---|---|
| 엄마 | Meine Mutter kocht gern.<br>나의 어머니께서는 요리하는 걸 좋아하신다. |
| 외국어 | |
| 요리하다 | |
| 기꺼이 | |

**Tipp**
(동사 + gern)
동사 다음에 gern이라는 부사를 쓰면 "~을 좋아하다" 라는 뜻이 됩니다.

## 011 ★★★

**der Sohn**
*die Söhne*

die Tochter
*die Töchter*

| 아들 | Mein Sohn wohnt in Frankfurt.<br>나의 아들은 프랑크푸르트에 산다. |
|---|---|
| 딸 | Meine Tochter heißt Luisa.<br>내 딸 이름은 루이사이다. |

## 012 ★★★

**der Onkel, -**

die Tante, -n
hören (etw⁴)
die Musik

| 삼촌 | Mein Onkel hat einen Sohn und eine Tochter.<br>나의 삼촌은 아들 하나와 딸 하나가 있다. |
|---|---|
| 이모, 고모 | Meine Tante hört gern Musik.<br>나의 이모는 노래 듣는 것을 좋아한다. |
| (~을) 듣다 | |
| 음악 | |

## ☐ 013 ★★

**der Enkel, -**

die Enkelin, -nen
glücklich
süß

| 손자 | Der Enkel ist glücklich. |
| --- | --- |
| | 그 손자는 행복하다. |
| 손녀 | Die Enkelin ist süß. |
| 행복한 | 그 손녀는 귀엽다. |
| 귀여운 | |

## ☐ 014 ★★★

**das Baby, -s**

der Hunger
haben (jn⁴/etw⁴)

| ich habe | wir haben |
| --- | --- |
| du hast | ihr habt |
| er/sie/es hat | sie haben |
| | Sie haben |

Hunger haben

| 아기 | Das Baby hat Hunger. |
| --- | --- |
| | 그 아기는 배가 고프다. |
| 배고픔 | Stephan und Lisa haben Hunger. |
| (~을) 가지고 있다 | 슈테판이랑 리사는 배가 고프다. |

**Tipp**
"배고프다, 목이 마르다"라고 할 때에는 관사를 붙이지 않습니다. (셀 수 없기 때문에)

배고프다

## ☐ 015 ★★★

**das Kind, -er**

der Durst
Durst haben

| 아이 | Das Kind hat Durst. |
| --- | --- |
| | 그 아이는 목이 마르다. |
| 목마름, 갈증 | |
| 목마르다 | |

## ☐ 016 ★★

**das Ehepaar, -e**

lachen
viel

| 부부 | Das Ehepaar lacht viel. |
| --- | --- |
| | 그 부부는 많이 웃는다. |
| 웃다 | Ich lache viel. |
| 많이 | 나는 많이 웃는다. |

## ☐ 017 ★★

**der Ehemann**
*die Ehemänner*

die Ehefrau, -en
nett
= freundlich
böse

| | |
|---|---|
| 남편 | Der Ehemann ist sehr nett.<br>그 남편은 아주 착하다. |
| 아내<br>착한<br>친절한<br>① 나쁜, 못된<br>② 화난 | Die Ehefrau ist böse.<br>그 아내는 못됐다. |

## ☐ 018 ★★★

**die Geschwister**

die Schwester, -n
der Bruder
*die Brüder*

| | |
|---|---|
| (복수) 형제자매 | Hast du Geschwister?<br>너 형제자매 있어? (의역: 형제나 자매) |
| 자매<br>형제 | Ja, ich habe einen Bruder und eine Schwester.<br>응, 나 형제 한 명이랑 자매 한 명 있어. |

## ☐ 019 ★★★

**die Eltern**

wer
das

| | |
|---|---|
| (복수) 부모님 | Wer ist das?<br>이거 누구야? (예 : 사진을 가리키면서) |
| 누구<br>이것, 이 사람 | Das ist mein Freund.<br>이 사람은 내 친구야.<br>Das sind meine Eltern.<br>이쪽은 나의 부모님이셔. |

## ☐ 020 ★★★

**es geht jm³** 형용사

mir
Ihnen
dir

gut
↔ schlecht

| | |
|---|---|
| ~지내다 | Wie geht es Ihnen?<br>어떻게 지내세요? |
| 나에게<br>당신에게<br>너에게 | Wie geht es dir?<br>어떻게 지내? |
| 좋은<br>좋지 않은 | Mir geht es gut.<br>저 잘 지내요. / 나 잘 지내.<br>Mir geht es schlecht.<br>저 잘 못 지내요. / 나 잘 못 지내. |

### Tipp

독일에서는 "잘 지냈어?"라고 물어볼 때 3격을 써서 "너에게 잘 지냈어?"라고 물어봅니다.

# TAG 01  Aufgaben

◎ 단어에 해당하는 뜻을 찾아 연결하시오.

1. der Name           ⓐ 아버지
2. der Vater          ⓑ 가족
3. der Sohn           ⓒ 이름
4. die Geschwister    ⓓ 아들
5. die Familie        ⓔ 형제자매

◎ 다음 빈칸을 채우시오. **(동사 인칭은 따로 변형)**

| ⓐ wohnen | ⓑ verheiratet sein | ⓒ heißen | ⓓ lieben |

6. Ist er _____ ?              그는 결혼했나요?
7. Wie _____ du?               이름이 뭐야?
8. Ich _____ in Paris.         나는 파리에 살아.
9. Ich _____ meine Familie.       나는 나의 가족을 사랑한다.

◎ 다음 불규칙 동사 표를 채우시오. **(정답은 단어 옆에 적혀진 번호에서 확인)**

10. **sein** ~이다 (2번)

| ich | wir |
|---|---|
| du | ihr |
| er/sie/es | sie |
|  | Sie |

11. **haben (etw$^4$)** (~을) 가지고 있다 (14번)

| ich | wir |
|---|---|
| du | ihr |
| er/sie/es | sie |
|  | Sie |

Lösungen : 1.ⓒ  2.ⓐ  3.ⓓ  4.ⓔ  5.ⓑ  6.ⓑ verheiratet  7.ⓒ heißt  8.ⓐ wohne  9.ⓓ liebe

37

# Tag 01

## 쉐도잉 & 핵심표현

독일인이 문장을 천천히 두 번, 보통 속도로 한 번 말해줍니다. 큰 소리로 따라해보세요!

MP3 듣기

> 독일어 부분을 책갈피로 가리고
> 한국어만 보고 독일어를 써보세요

| Koreanisch | Deutsch |
|---|---|
| ☐ 너 이름이 뭐야? | Wie heißt du? |
| ☐ 나 막스라고 해. | Ich heiße Max. |
| ☐ 이름이 뭐예요? | Wie ist Ihr Name? |
| ☐ 이름이 뭐야? | Wie ist dein Name? |
| ☐ 제 이름은 율리아입니다. | Mein Name ist Julia. |
| ☐ 너 어디에 살아? | Wo wohnst du? |
| ☐ 나 파리에 살아. | Ich wohne in Paris. |
| ☐ 그 남자 결혼했나요? | Ist der Mann verheiratet? |
| ☐ 네, 그는 이미 결혼했어요. | Ja, er ist schon verheiratet. |
| ☐ 아니요, 그는 아직 미혼입니다. | Nein, er ist noch ledig. |
| ☐ 너 형제나 자매 있어? | Hast du Geschwister? |
| ☐ 응, 나 형제 한 명이랑 자매 한 명 있어. | Ja, ich habe einen Bruder und eine Schwester. |

**메모**

# Tag 01

## 배운 내용으로 대화 하기

남자독일인과 여자독일인의 귀에 쏙쏙 들어오는 음성을 들어보세요.

MP3 듣기

### Wie heißt du?

| | | |
|---|---|---|
| Lisa | 너 이름이 뭐야? | Wie heißt du? |
| Max | 내 이름은 막스야. 너는 이름이 뭐야? | Ich heiße Max. Und wie ist dein Name? |
| Lisa | 내 이름은 리사야. 만나서 반가워! | Mein Name ist Lisa. Freut mich! |
| Max | 나도 만나서 반가워! 너 형제자매 있어? | Freut mich auch! Hast du Geschwister? |
| Lisa | 응, 있어. 나 형제 한 명이랑 자매 한 명 있어. 그리고 너는 형제자매 있어? | Ja, habe ich. Ich habe einen Bruder und eine Schwester. Und hast du Geschwister? |
| Max | 아니, 아쉽게도 없어. 나는 외동이야. | Nein, leider nicht. Ich bin Einzelkind. |

---

 설명

(표현) Freut mich! 만나서 반가워!
* 문법 생각하지 않고 그대로 외우면 좋은 일상표현입니다.

(단어) das Einzelkind 외동:
Ich bin Einzelkind. 나는 외동이야. (관사를 쓰지 않음)

(동의어)
Wie heißt du? 이름이 뭐야?
= Wie ist dein Name?

(동의어)
Ich heiße Max. 나 막스라고 해.
= Mein Name ist Max.
= Ich bin Max.

# Tag 02

## Gegenstände
간단한 사물

홈페이지

„ *Ich male gerne Blumen,*
*weil sie so schön sind.* "

나는 꽃 그리는 것을 좋아해
왜냐하면 꽃은 너무 아름답기 때문이야.

**쉐도잉** | 쉐도잉은 언어 학습 기술 중 하나로 원어민의 억양, 발음, 템포 등을 모방하는 것을 의미합니다. 나도 모르게 발음 및 청각 감각을 향상 시킬 수 있으니 리베도이치에서 제공하는 '쉐도잉 mp3'를 꼭 들어보고 따라 말해보세요. (리베도이치 공식 홈페이지에서 모든 Mp3를 다운로드하실 수 있습니다.)

# Tag 02

# Gegenstände
## 간단한 사물

독일인이 모든 단어를 한 번씩 읽어주고, 예문은 천천히 한 번, 보통 속도로 한번 읽어줍니다.

MP3 듣기

---

### ☐ 001 ★★

**der Tisch, -e** — 책상

Das ist ein Tisch.
이것은 책상이다.

Der Tisch ist groß.
이 책상은 크다.

**der Stuhl**
*die Stühle* — 의자

Das ist ein Stuhl.
이것은 의자다.

Der Stuhl ist klein.
이 의자는 작다.

**groß** — 큰
**klein** — 작은

---

### ☐ 002 ★★★

**das Buch**
*die Bücher* — 책

Das ist ein Buch.
이것은 책이다.

Das Buch ist dick.
이 책은 두껍다.

**die Zeitung, -en** — 신문

Das ist eine Zeitung.
이것은 신문이다.

Die Zeitung ist dünn.
이 신문은 얇다.

**dick** — ① 두꺼운 ② 뚱뚱한

**dünn** — ① 얇은 ② 마른

---

### ☐ 003 ★★★

**die Tasche, -n** — 가방

Das ist eine Tasche.
이것은 가방이다.

Die Tasche ist schwer.
이 가방은 무겁다.

**der Rucksack**
*die Rucksäcke* — 백팩

Das ist ein Rucksack.
이것은 백팩이다.

Der Rucksack ist leicht.
이 백팩은 가볍다.

**schwer** — ① 무거운 ② 어려운

**leicht** — ① 가벼운 ② 쉬운

## 004 ★★★

| | | |
|---|---|---|
| **das Auto, -s** | 자동차 | Das ist ein Auto.<br>이것은 자동차다.<br><br>Das Auto ist neu.<br>이 자동차는 새거다. |
| die Uhr, -en | 시계 | Das ist eine Uhr.<br>이것은 시계다. |
| neu | ① 새로 산, 새거의<br>② 새로운 | |
| alt | ① 낡은, 오래된<br>② 늙은 | Die Uhr ist alt.<br>이 시계는 낡았다. |

## 005 ★★★

| | | |
|---|---|---|
| **der Bleistift, -e** | 연필 | Das ist ein Bleistift.<br>이것은 연필이다.<br><br>Der Bleistift ist lang.<br>이 연필은 길다. |
| der Kugelschreiber, - | 볼펜 | Das ist ein Kugelschreiber.<br>이것은 볼펜이다. |
| lang | 긴 | |
| kurz | 짧은 | Der Kugelschreiber ist kurz.<br>이 볼펜은 짧다. |

## 006 ★★★

| | | |
|---|---|---|
| **der Computer, -** | 컴퓨터 | Der Computer ist teuer.<br>그 컴퓨터는 비싸다. |
| der Laptop, -s | 노트북 | Der Laptop ist günstig.<br>그 노트북은 저렴하다. |
| teuer | 비싼 | |
| günstig | 저렴한 | |

## 007 ★★★

| | | |
|---|---|---|
| **die Tafel, -n** | 칠판 | Ist die Tafel weiß?<br>그 칠판 흰색이야? |
| weiß | 흰색의 | Nein, sie ist grün.<br>아니야, 칠판은 녹색이야. |
| grün | 녹색의 | |

## 008 ★★★

**der Schrank**
*die Schränke*

braun

| | |
|---|---|
| 장롱 | Der Schrank ist braun.<br>그 장롱은 갈색이다. |
| 갈색의 | Der Schrank ist groß und teuer.<br>그 장롱은 크고 비싸다. |

## 009 ★★★

**das Fahrrad**
*die Fahrräder*

schwarz

| | |
|---|---|
| 자전거 | Hast du ein Fahrrad?<br>너 자전거 있어? |
| 검은색의 | Nein, ich habe kein Fahrrad.<br>아니, 나 자전거 없어. |

## 010 ★★★

**das Heft, -e**

das Mädchen, -
gelb

| | |
|---|---|
| 공책 | Das Mädchen hat ein Heft.<br>그 소녀는 공책 한 권을 가지고 있다. |
| 소녀<br>노란색의 | Das Heft ist dick und gelb.<br>그 공책은 두껍고 노란색이다. |

## 011 ★★★

**das Bild, -er**

der Junge, -n
blau
malen (etw⁴)

| | |
|---|---|
| 그림 | Der Junge malt ein Bild.<br>그 소년은 그림을 그린다. |
| 소년<br>파란색의<br>(~을) 그리다 | Das Bild ist blau.<br>그 그림은 파란색이다. |

## 012 ★★★

**das Foto, -s**

farbig
die Farbe, -n

| | |
|---|---|
| 사진 | Ist das Foto farbig?<br>그 사진 컬러야? |
| 컬러의<br>색깔 | Nein, es ist schwarz-weiß.<br>아니, 그 사진은 흑백 사진이야. |

## 013 ★★★

**die Blume, -n**

schön
rot

| | |
|---|---|
| 꽃 | Die Blume ist rot und schön.<br>그 꽃은 빨갛고 아름답다. |
| 아름다운<br>빨간색의 | |

# TAG 02 Aufgaben

◎ 단어에 해당하는 뜻을 찾아 연결하시오.

1. der Tisch　　　　　　　　　ⓐ 자동차

2. schwer　　　　　　　　　　ⓑ 연필

3. die Zeitung　　　　　　　　ⓒ 무거운

4. das Auto　　　　　　　　　ⓓ 책상

5. der Bleistift　　　　　　　　ⓔ 신문

◎ 다음 빈칸을 채우시오.

| ⓐ das Fahrrad | ⓑ der Stuhl | ⓒ kurz | ⓓ die Uhr |

6. Der Kugelschreiber ist _____.　　이 볼펜은 짧다.

7. Ich habe kein _____.　　　　　　나 자전거 없어.

8. _____ ist klein.　　　　　　　　그 의자는 작다.

9. _____ ist alt.　　　　　　　　　그 시계는 낡았다.

◎ 다음 빈칸을 채우시오.

10. 큰: _____　↔　작은: _____

11. 두꺼운 _____　↔　얇은 _____

12. 비싼 _____　↔　저렴한 _____

**Lösungen** : 1.ⓓ  2.ⓒ  3.ⓔ  4.ⓐ  5.ⓑ  6.ⓒ kurz  7.ⓐ Fahrrad  8.ⓑ Der Stuhl  9.ⓓ Die Uhr
10. groß ↔ klein  11. dick ↔ dünn  12. teuer ↔ günstig

# Tag 02

## 쉐도잉 & 핵심표현

> 독일어 부분을 책갈피로 가리고
> 한국어만 보고 독일어를 써보세요

| Koreanisch | Deutsch |
|---|---|
| 이것은 책상이다. | Das ist ein Tisch. |
| 이 책상은 크다. | Der Tisch ist groß. |
| 이것은 책이다. | Das ist ein Buch. |
| 이 책은 두껍다. | Das Buch ist dick. |
| 이것은 가방이다. | Das ist eine Tasche. |
| 이 가방은 무겁다. | Die Tasche ist schwer. |
| 이것은 자동차다. | Das ist ein Auto. |
| 이 자동차는 새거다. | Das Auto ist neu. |
| 너 자전거 있어? | Hast du ein Fahrrad? |
| 아니, 나 자전거 없어. | Nein, ich habe kein Fahrrad. |

**메모**

# der Gegenstand 사물, 물건
## (die Gegenstände)

der Tisch,-e  　　die Uhr,-en  　　das Auto,-s
책상　　　　　　시계　　　　　　자동차

der Rucksack　　die Jacke,-n　　das Haus 집
백팩　　　　　　자켓　　　　　　die Häuser

der Stuhl 의자　　die Gitarre,-n　　das Buch 책
die Stühle　　　　기타　　　　　　die Bücher

der Laptop,-s　　die Kamera,-s　　das Handy,-s
노트북　　　　　카메라　　　　　핸드폰

# das Getränk,-e 음료 & das Brot,-e 빵

# Tag 03 — Wochentage
요일 (아침, 점심, 저녁, 밤)

„ *Ich rede gerne mit dir.*
나는 너랑 이야기 하는 거 좋아해.

*Du hörst mir so gut zu.* "
넌 내 말에 정말 잘 귀기울여 줘.

# Tag 03

# Wochentage
## 요일 (아침, 점심, 저녁, 밤)

독일인이 모든 단어를 한 번씩 읽어주고, 예문은 천천히 한 번, 보통 속도로 한 번 읽어줍니다.

MP3 듣기

---

☐ 001 ★★

**der Montag** — 월요일

Ich arbeite am Montag.
나는 월요일에 일한다.

arbeiten — 일하다
die Arbeit, -en — 일

**Tipp**
요일을 말할 때에는 전치사 am (an + dem)을 붙여줍니다.
der Montag: 월요일  am Montag: 월요일에

---

☐ 002 ★★★

**der Dienstag** — 화요일

essen (etw⁴) — (~을) 먹다

| ich esse | wir essen |
|---|---|
| du isst | ihr esst |
| er/sie/es isst | sie essen |
| | Sie essen |

Ich esse am Dienstag eine Pizza.
나는 화요일에 피자를 먹는다.

Mein Sohn isst am Dienstag ein Schnitzel.
나의 아들은 화요일에 슈니첼을 먹는다.

die Pizza — 피자
*die Pizzen*
das Schnitzel, - — 슈니첼

---

☐ 003 ★★★

**der Mittwoch** — 수요일

Was machst du am Mittwoch?
너 수요일에 뭐 해?

machen (etw⁴) — (~을) 하다
der Sport — 운동
Sport machen — 운동하다

Am Mittwoch mache ich Sport.
수요일에 나는 운동해.

49

## 004 ★★★

### der Donnerstag

tanzen
der Tanz
*die Tänze*

목요일

춤을 추다
춤

Ich tanze am Donnerstag.
나는 목요일에 춤을 춘다.

## 005 ★★★

### der Freitag

lernen (etw⁴)
Chinesisch

금요일

(~을) 공부하다
중국어

Ich lerne am Freitag Chinesisch.
나는 금요일에 중국어를 공부한다.

## 006 ★★★

### der Samstag

trinken (etw⁴)
das Bier
der Kaffee, -s

토요일

(~을) 마시다
맥주
커피

Ich trinke am Samstag ein Bier.
나는 토요일에 맥주 한 잔을 마신다.

Wir trinken am Samstag einen Kaffee.
우리는 토요일에 커피 한 잔을 마신다.

## 007 ★★★

### der Sonntag

일요일

schlafen

| ich schlafe | wir schlafen |
| --- | --- |
| du schläfst | ihr schlaft |
| er/sie/es schläft | sie schlafen |
| | Sie schlafen |

viel
wenig
zurzeit

잠을 자다

많은
적은
요즘

Ich schlafe am Sonntag viel.
나는 일요일에 잠을 많이 잔다.

Meine Mutter schläft zurzeit wenig.
나의 어머니께서는 요즘 적게 주무신다.

## 008 ★★★

**der Geburtstag, -e** — 생일

Wann hast du Geburtstag?
너 생일 언제야?

Ich habe morgen Geburtstag.
나 내일 생일이야.

**morgen** — 내일

**Tipp**
독일어에서는 여러 명사가 만나서 만들어진 "복합명사"가 많습니다. 여러 명사가 합쳐진 경우 가장 마지막에 위치한 명사의 성을 따릅니다.
die Geburt (탄생, 출생) + der Tag (날)
= der Geburtstag 생일

## 009 ★★★

**der Morgen** — 아침

**die Zeitung, -en** — 신문
**das Buch** — 책
*die Bücher*

**lesen** (etw$^4$) — (~을) 읽다
*las, hat gelesen*

| ich lese | wir lesen |
| --- | --- |
| du liest | ihr lest |
| er/sie/es liest | sie lesen |
| | Sie lesen |

Mein Vater liest am Morgen Zeitung.
나의 아버지는 아침에 신문을 읽으신다.

Ich lese am Morgen ein Buch.
나는 아침에 책을 읽는다.

**Tipp**
① der Morgen은 "아침"이란 뜻이지만 시간을 나타내고 싶을 때는 요일과 마찬가지로 명사 앞에 "am"을 씁니다.
der Morgen: 아침
am Morgen: 아침에

② 대문자로 쓰면 "아침"이란 뜻이지만 소문자로 "morgen" 쓰면 내일이란 뜻이 됩니다.
der Morgen: 아침
morgen: 내일 (소문자로 쓰이며 관사가 없음)

③ Zeitung lesen vs. eine Zeitung lesen
관사를 사용하지 않고 "Zeitung lesen"라고 하면 신문 자체를 읽는 것을 말하고 관사를 사용하여 "eine Zeitung lesen"이라고 하면 어떤 한 회사의 신문을 읽는 다는 뜻입니다. (국민일보, 경향신문 등)
*보통 관사를 사용하지 않습니다*

## 010 ★★★

**der Vormittag** — 오전

**schwimmen** — 수영하다

Ich schwimme am Vormittag.
나는 오전에 수영을 한다.

## ☐ 011 ★★★

**der Nachmittag** — 오후

Ich spiele am Morgen Gitarre.
나는 아침에 기타를 친다.

Der Mann spielt am Vormittag Tennis.
그 남자는 오전에 테니스를 친다.

die Gitarre, -n — 기타
spielen — ① 악기를 연주하다 ② (라켓 따위로) 운동하다 ③ 놀다

Mein Sohn spielt am Nachmittag Fußball.
나의 아들은 오후에 축구를 한다.

der Fußball — 축구

## ☐ 012 ★★★

**der Abend** — 저녁

Ich mache am Abend Hausaufgaben.
나는 저녁에 숙제를 한다.

die Hausaufgabe, -n — 숙제

**Tipp**
"숙제를 한다"라고 할 때는 "숙제"를 항상 복수형으로 씁니다.

## ☐ 013 ★★★

**die Nacht** — 밤

Das Kind schaut in der Nacht einen Film.
그 아이는 밤에 영화를 본다.

schauen (etw⁴) — (~을) 보다
der Film, -e — 영화

**Tipp**
아침, 점심, 저녁에는 전치사 "am (an dem)"을 쓰지만 밤에는 "in der (Nacht)"를 씁니다.
am Morgen 아침에 / am Mittag 점심에
am Abend 저녁에 / in der Nacht 밤에

## ☐ 014 ★★★

**das Wochenende** — 주말

Ich kaufe am Wochenende ein Handy.
나는 주말에 핸드폰을 구입한다.

das Handy, -s — 핸드폰
kaufen (etw⁴) — (~을) 사다

**Tipp**
die Woche(주) + das Ende(끝)
= das Wochenende 주말

# TAG 03  Aufgaben

◎ 단어에 해당하는 뜻을 찾아 연결하시오.

1. der Morgen           ⓐ 수요일

2. der Montag           ⓑ 저녁

3. der Mittwoch         ⓒ 오후

4. der Nachmittag       ⓓ 아침

5. der Abend            ⓔ 월요일

◎ 다음 빈칸을 채우시오.

| ⓐ spielen | ⓑ kaufen | ⓒ der Dienstag | ⓓ der Vormittag |

6. Ich habe _____ Geburtstag.         나는 화요일에 생일이다.

7. Ich schwimme am _____ .             나는 오전에 수영한다.

8. Der Mann _____ am Nachmittag Tennis.  그 남자는 오후에 테니스를 친다.

9. Ich _____ am Wochenende ein Handy.     나는 주말에 핸드폰을 구입한다.

◎ 다음 불규칙 동사 표를 채우시오. (정답은 단어 옆에 적혀진 번호에서 확인)

10. **essen** (etw⁴) (~을) 먹다 (2번)

| ich | wir |
|---|---|
| du | ihr |
| er/sie/es | sie |
|  | Sie |

11. **lesen** (etw⁴) (~을) 읽다 (9번)

| ich | wir |
|---|---|
| du | ihr |
| er/sie/es | sie |
|  | Sie |

Lösungen : 1.ⓓ  2.ⓔ  3.ⓐ  4.ⓒ  5.ⓑ  6.ⓐ am Dienstag  7.ⓒ Vormittag  8.ⓑ spielt  9.ⓓ kaufe

53

# Tag 03

## 쉐도잉 & 핵심표현

독일인이 문장을 천천히 두 번, 보통 속도로 한 번 말해줍니다. 큰 소리로 따라해보세요!

MP3 듣기

> 독일어 부분을 책갈피로 가리고
> 한국어만 보고 독일어를 써보세요

| | | |
|---|---|---|
| ☐ | 너 수요일에 뭐 해? | Was machst du am Mittwoch? |
| ☐ | 나 수요일에 운동해. | Ich mache am Mittwoch Sport. |
| ☐ | 우리는 금요일에 독일어를 공부한다. | Wir lernen am Freitag Deutsch. |
| ☐ | 우리는 금요일에 커피 한 잔을 마신다. | Wir trinken am Freitag einen Kaffee. |
| ☐ | 너 생일이 언제야? | Wann hast du Geburtstag? |
| ☐ | 나 내일 생일이야. | Ich habe morgen Geburtstag. |
| ☐ | 나의 아버지는 아침에 신문을 읽는다. | Mein Vater liest am Morgen Zeitung. |
| ☐ | 나는 저녁에 숙제를 한다. | Ich mache am Abend Hausaufgaben. |

메모

## 일상에서 자주 사용되는 동사

**lernen 공부하다**

Der Schüler lernt gerade.
그 학생은 공부하는 중이다.

- der Schüler, - 학생

**Tipp**
동사 + gerade : ~하고 있는 중이다. (영어의 ing)

**Sport machen 운동하다**

Der Mann macht jeden Tag Sport.
그 남자는 매일 운동을 한다.

- der Tag 1) 날  2) 점심
- jeden Tag 매일
- der Sport 운동

**essen 먹다**

| ich esse | wir essen |
|---|---|
| du isst | ihr esst |
| er/sie/es isst | sie essen |
|  | Sie essen |

Die Studentin isst gerade zu Mittag.
그 여대생은 점심을 먹고 있는 중이다.

- der Mittag 점심
- der Abend 저녁
- zu Mittag essen 점심을 먹다
- zu Abend essen 저녁을 먹다
- das Essen 음식

**arbeiten 일하다**

| ich arbeite | wir arbeiten |
|---|---|
| du arbeitest | ihr arbeitet |
| er/sie/es arbeitet | sie arbeiten |
|  | Sie arbeiten |

Meine Mutter arbeitet gerade fleißig.
나의 어머니께서는 부지런히 일을 하고 계신다.

- fleißig 부지런히, 성실히
- die Mutter (Mütter) 엄마
- die Arbeit 일

### hören (etw⁴) (~을)듣다

Das Mädchen hört gerade Musik.
그 소녀는 노래를 듣고 있는 중이다.

- das Mädchen 소녀
- die Musik 음악

### kaufen (etw⁴) (~을) 구매하다

Die Lehrerin kauft gerade ein Brot und einen Kaffee.
그 여선생님은 빵 하나와 커피 하나를 사고 계신다.

- Die Lehrerin, -nen 여선생님
- das Brot 빵
- der Kaffee, - 커피

### Hausaufgaben machen 숙제 하다

Ich mache jeden Abend Hausaufgaben.
나는 매일 저녁 숙제를 한다.

- die Hausaufgabe, -n 숙제
- der Abend 저녁
- jeden Abend 매일 저녁

### schlafen 잠을 자다

| ich schlafe | wir schlafen |
| --- | --- |
| du schläfst | ihr schlaft |
| er/sie/es schläft | sie schlafen |
| | Sie schlafen |

Der Mann schläft immer lange.
그 남자는 항상 오랫동안 잔다.

- immer 항상
- lange 오랫동안

# Tag 04

## Alter, Geburtsort
### 나이, 출생지

홈페이지

„*Mach dir keine Sorgen.*
*Alles wird gut.*"

걱정하지 마.
다 잘 될 거야.

**공부 팁**
리베도이치에서는 단어책의 내용을 보다 쉽고 재미있게 이해할 수 있도록 양질의 온라인 인강(유료)을 제공합니다. 추가적인 문법 설명이 필요하신 분들, 배운 어휘를 다양한 상황에서 응용하시고 싶으신 분들, 발음을 개선하고 싶으신 모든 분들은 리베도이치 홈페이지를 방문해 주세요.

# Tag 04

# Alter, Geburtsort
## 나이, 출생지

독일인이 모든 단어를 한번씩 읽어주고, 예문은 천천히 한 번, 보통 속도로 한 번 읽어줍니다.

MP3 듣기

---

☐ 001 ★★★

**alt**

① 늙은
② 낡은, 오래된

Wie alt sind Sie?
몇 살이세요?

Wie alt bist du?
너 몇 살이야?

↔ jung — 젊은, 어린

Ich bin dreiundzwanzig Jahre alt.
저 23살이에요. / 나 23살이야.

sehr — 굉장히, 아주
das Alter — 나이

Du bist noch sehr jung.
너 아직 아주 젊구나.

---

☐ 002 ★★★

**sprechen** — (언어를) 말하다

| ich spreche | wir sprechen |
| du sprichst | ihr sprecht |
| er/sie/es spricht | sie sprechen |
|  | Sie sprechen |

Sprechen Sie gut Deutsch?
독일어 잘하세요?

Sprichst du gut Deutsch?
너 독일어 잘해?

Ja, ich spreche gut Deutsch.
네, 저 독일어 잘해요. / 응, 나 독일어 잘해.

die Sprache, -n — 언어
ein bisschen — 조금, 약간

Ich spreche ein bisschen Deutsch.
나 독일어 조금 해.

---

☐ 003 ★★★

**der Geburtstag, -e** — 생일

Du hast heute Geburtstag.
너 오늘 생일이네.

Herzlichen Glückwunsch zum Geburtstag!
진심으로 생일 축하해!

Geburtstag haben — 생일이다
herzlich — 진심으로
der Glückwunsch — 축하

**Tipp**
das Glück (행복) + der Wunsch (바람, 희망)
= der Glückwunsch 축하

"생일이다"라고 표현할 때는 관사 없이 말합니다..

## 004 ★★★

**erwachsen**

↔ minderjährig

bald

| | |
|---|---|
| 어른의 | Die Kinder sind bald erwachsen.<br>그 아이들은 곧 성인이 된다. |
| 미성년의 | Meine Tochter ist noch minderjährig.<br>나의 딸은 아직 미성년자이다. |
| 곧 | |

## 005 ★★★

**geboren sein**

wo

| | |
|---|---|
| 태어났다 | Wo sind Sie geboren?<br>어디에서 태어나셨어요? |
| | Wo bist du geboren?<br>너 어디에서 태어났어? |
| 어디 | Ich bin in Seoul geboren.<br>저 서울에서 태어났어요. / 나 서울에서 태어났어. |

## 006 ★★★

**die Stadt**
*die Städte*

welche
schön
die Jacke, -n

finden (jn⁴/etw⁴ 형용사)

finden (jn⁴/etw⁴)

| | |
|---|---|
| 도시 | Welche Stadt findest du schön?<br>너는 어느 도시가 아름답다고 생각해? |
| 어느 | Ich finde Heidelberg sehr schön.<br>나는 하이델베르크 굉장히 아름답다고 생각해. |
| 예쁜, 아름다운 | |
| 재킷 | Wie findest du die Jacke?<br>너 그 재킷 어떻게 생각해? |
| (~을~이라고)<br>생각하다 | Ich finde die Jacke nicht schön.<br>나는 그 재킷 예쁘다고 생각하지 않아. |
| (~을/를) 찾다,<br>발견하다 | |

## 007 ★★★

**fremd**

die Kultur, -en

| | |
|---|---|
| 낯선 | Die Kultur ist fremd.<br>그 문화는 낯설다. |
| 문화 | |

> **Tipp**
>
> fremd(낯선) + die Sprache(언어)
> = die Fremdsprache (외국어)
> Ich lerne gern Fremdsprachen.
> 나 외국어 공부하는 거 좋아해.
>
> fremd (낯선) + gehen(가다)
> = 바람을 피우다 (낯선 사람에게 간다)
> Der Mann geht oft fremd.
> 그 남자는 자주 바람을 핀다

☐ 008 ★★★

## kommen

**das Land**
*die Länder*
**aus³** (전치사)

**Deutschland**
**woher** (의문사)

오다

나라, 국가

~에서,
~로부터

독일
어디로부터

Woher kommen Sie?
어디에서 오셨어요?

Woher kommst du?
너 어디에서 왔어?

Ich komme aus Deutschland.
저 독일에서 왔어요. / 나 독일에서 왔어.

**Tipp**
영어에서 "나 ~에서 왔어"라고 할 때 전치사 "from"을 사용하는 것과 같이 독일어에서는 전치사 "aus"를 사용합니다.

# TAG 04 Aufgaben

◎ 단어에 해당하는 뜻을 찾아 연결하시오.

1. alt                ⓐ 낯선
2. das Alter     ⓑ 늙은, 낡은
3. fremd          ⓒ 나이
4. die Stadt     ⓓ 어른의
5. erwachsen ⓔ 도시

◎ 다음 빈칸을 채우시오.

| ⓐ geboren sein   ⓑ kommen   ⓒ finden   ⓓ jung |

6. Du bist noch sehr _____.                          너 아직 아주 젊구나.
7. Ich _____ die Jacke nicht schön.         나는 그 자켓이 예쁘다고 생각하지 않아.
8. Woher _____ der Mann?                          그 남자 어디서 왔어?
9. Wann bist du _____?                        너 언제 태어났어?

◎ 다음 불규칙 동사표를 채우시오. (정답은 단어 옆에 적혀진 번호에서 확인)

10. **sprechen** (언어를) 말하다 (2번)

| ich | wir |
|---|---|
| du | ihr |
| er/sie/es | sie |
|  | Sie |

Lösungen : 1.ⓑ  2.ⓒ  3.ⓐ  4.ⓔ  5.ⓓ  6.ⓓ jung  7.ⓒ finde  8.ⓑ kommt  9.ⓐ geboren

# Tag 04

## 쉐도잉 & 핵심표현

> 독일어 부분을 책갈피로 가리고
> 한국어만 보고 독일어를 써보세요

| Koreanisch | Deutsch |
|---|---|
| 너 몇 살이야? | Wie alt bist du? |
| 나 23살이야. | Ich bin dreiundzwanzig Jahre alt. |
| 너 독일어 잘해? | Sprichst du gut Deutsch? |
| 응, 나 독일어 잘해. | Ja, ich spreche gut Deutsch. |
| 너 어디에서 태어났어? | Wo bist du geboren? |
| 나 서울에서 태어났어. | Ich bin in Seoul geboren. |
| 너 어디에서 왔어? | Woher kommst du? |
| 나 독일에서 왔어. | Ich komme aus Deutschland. |

메모

# Tag 04

## 배운 내용으로 대화 하기

남자 독일인과 여자 독일인의 귀에 쏙쏙 들어오는 음성을 들어보세요.

MP3 듣기

### Woher kommst du?

| | | |
|---|---|---|
| Max | 너 어디에서 왔어? | Woher kommst du? |
| Lisa | 나 독일에서 왔어. 너는 어디에서 왔어? | Ich komme aus Deutschland. Und woher kommst du? |
| Max | 나는 한국에서 왔어. | Ich komme aus Korea. |
| Lisa | 와우, 나 한국 사랑해. | Wow, ich liebe Korea. |
| Max | 정말? 왜? | Echt? Warum? |
| Lisa | 나 케이팝 즐겨 들어. | Ich höre gerne K-pop. |
| Max | 너 한국어도 해? | Sprichst du auch Koreanisch? |
| Lisa | 응, 나 한국어, 영어 불어 그리고 독일어 해. 너는 어떤 언어 해? | Ja, ich spreche Koreanisch, Englisch, Französisch und Deutsch. Und welche Sprachen sprichst du? |
| Max | 나는 단지 한국어 영어 그리고 조금 독일어 해. | Ich spreche nur Koreanisch, Englisch und ein bisschen Deutsch. |

### 설명

(단어) echt ① 정말로, 진짜로 (부사로 형용사를 강조함):
Die Tasche ist teuer. 그 가방은 비싸다.
Die Tasche ist echt teuer. 그 가방은 정말 비싸다.

② 정말? 진짜로? (상대의 말에 놀라워하는)
Echt? 정말?

nur 단지 ~뿐인 : Ich spreche Koreanisch und Englisch. 나는 한국어와 영어를 한다.
Ich spreche nur Koreanisch und Englisch. 나는 단지 한국어와 영어 밖에 못한다.

## 추가표현: 국가, 주민, 언어

| Länder | Einwohner | Sprachen |
|---|---|---|
| Korea<br>한국 | der Koreaner, –<br>한국남자<br>die Koreanerin, –nen<br>한국여자 | Koreanisch<br>한국어 |
| Japan<br>일본 | der Japaner, –<br>일본남자<br>die Japanerin, –nen<br>일본여자 | Japanisch<br>일본어 |
| China<br>중국 | der Chinese, –n<br>중국남자<br>die Chinesin, –nen<br>중국여자 | Chinesisch<br>중국어 |
| Vietnam<br>베트남 | der Vietnamese, –n<br>베트남 남자<br>die Vietnamesin, –nen<br>베트남 여자 | Vietnamesisch<br>베트남어 |
| Deutschland<br>독일 | der Deutsche, –n<br>독일 남자<br>die Deutsche, –n<br>독일 여자 | Deutsch<br>독일어 |
| Spanien<br>스페인 | der Spanier, –<br>스페인 남자<br>die Spanierin, –nen<br>스페인 여자 | Spanisch<br>스페인어 |
| Frankreich<br>프랑스 | der Franzose, –n<br>프랑스 남자<br>die Französin, –nen<br>프랑스 여자 | Französisch<br>프랑스어 |
| Russland<br>러시아 | der Russe, –n<br>러시아 남자<br>die Russin, –nen<br>러시아 여자 | Russisch<br>러시아어 |

# Tag 05

## W-Fragen
의문문

„*Kannst du mich bitte später noch einmal anrufen?
Ich habe gerade viel zu tun.*"

나한테 이따가 다시 전화 줄 수 있어?
나는 지금 할 일이 많아.

# Tag 05

## W-Fragen
의문사

독일인이 모든 단어를 한번씩 읽어주고, 예문은 천천히 한 번, 보통 속도로 한 번 읽어줍니다.

MP3 듣기

---

☐ 001 ★★★

**wer** — 누가

der Großvater — 할아버지
*die Großväter*

die Großmutter — 할머니
*die Großmütter*

Wer ist der Mann?
그 남자 누구야?

Er ist mein Großvater.
그는 나의 할아버지야.

---

☐ 002 ★★★

**wann** — 언제

beginnen — 시작하다
↔ enden — 끝나다
der Unterricht, -e — 수업

gehen — 가다
ins Bett gehen — 자러 가다
glauben — 생각하다, 추측하다

Wann beginnt der Unterricht?
그 수업 언제 시작해?

Er beginnt um acht Uhr.
그 수업은 8시에 시작해.

Wann gehst du heute ins Bett?
너 오늘 언제 잠자러 가?

Ich glaube, ich gehe gegen zweiundzwanzig Uhr ins Bett.
내 생각에 나 저녁 10시쯤에 자러 가.

**Tipp**
정확한 시간을 말할 때에는 전치사 "um"을 쓰고 대략적인 시간을 말할 때에는 전치사 "gegen"을 씁니다.

---

☐ 003 ★★★

**wo** — 어디

zu Hause sein — 집에 있다

Wo bist du?
너 어디야?

Ich bin zu Hause.
나 집이야.

Wo wohnen deine Eltern?
너희 부모님 어디 사셔?

Sie wohnen in Frankreich.
나의 부모님은 프랑스에 사셔.

## 004 ★★★
**was**

무엇

Was machst du am Wochenende?
너 주말에 뭐 해?

Ich lerne mit Max Deutsch.
나 막스랑 독일어 공부해.

---

## 005 ★★★
**wie**

das Handy, -s
die Nummer, -n
die Handynummer, -n
lauten

어떻게

핸드폰
번호
핸드폰 번호
~이다

Wie ist Ihre Handynummer?
핸드폰 번호가 어떻게 돼요?

Meine Handynummer ist
null eins null - eins drei drei acht zwei.
제 핸드폰 번호는 010-133-82입니다.

Wie heißt der Film?
그 영화 이름이 어떻게 돼?

Er heißt "Goethe".
그 영화 이름은 괴테야.

**Tipp**
주소나 전화번호를 물을 때 sein "~이다" 대신
lauten "~이란 내용이다"의 동사를 쓸 수도 있습니다.
*동사 "lauten"은 "sein"보다 격식 있는 표현입니다*

---

## 006 ★★★
**woher**

aus³ (전치사)
die Schweiz
kommen

어디로부터

~에서 (부터)
스위스
오다

Woher kommt die Frau?
그 여자 어디서 왔어?

Sie kommt aus der Schweiz.
그녀는 스위스에서 왔어.

**Tipp**
원래 국가는 성이 없지만 다음 국가들은 예외적으로 성이 있습니다.
der Iran 이란, die Schweiz 스위스, die Ukraine 우크라이나,
die USA (pl) 미국

☐ 007 ★★★

**warum**

interessant

| 왜 | Warum lernst du Deutsch?<br>너 독일어 왜 배워? |
|---|---|
| 흥미로운 | Ich finde Deutsch interessant.<br>나는 독일어가 흥미롭다고 생각해. |

☐ 008 ★★★

**wohin**

nach (전치사)

어디로

~향해
(국가, 도시, 집)

Wohin gehst du?
너 어디 가?

Ich gehe nach Hause.
나 집에 가.

**Tipp**

전치사 "nach"는 "국가, 도시, 집"에 간다고 할 때 쓰입니다.
Ich fahre nach Berlin. [도시]
나 베를린에 가. (기차나 버스 등을 타고)
Ich fliege nach Deutschland. [국가]
나 독일에 가. (비행기를 타고)
Ich gehe nach Hause. [집]
나 집에 가.

*fahren 타고 가다 (버스나 기차 등을 타고)
*fliegen (날아) 가다 (비행기를 타고)

# TAG 05 Aufgaben

◎ 단어에 해당하는 뜻을 찾아 연결하시오.

1. wer        ⓐ 무엇

2. wie        ⓑ 누가

3. was        ⓒ 시작하다

4. aus        ⓓ 어떻게

5. beginnen        ⓔ ~에서 (부터)

◎ 다음 빈칸을 채우시오.

| ⓐ lauten | ⓑ Woher | ⓒ Warum | ⓓ Wann |

6. _____ beginnt der Unterricht?     그 수업 언제 시작해?

7. _____ lernst du Deutsch?     왜 독일어 배워?

8. _____ kommst du?     너 어디서 왔어?

9. Wie _____ deine Adresse?     너의 주소가 뭐야?

◎ 다음 단어 및 문장의 뜻을 독일어로 쓰시오. (명사같은 경우 관사도 함께)

10. ~향해 (전치사):

11. 나는 집에 간다:

12. 흥미로운:

13. 그 아이는 독일어가 흥미롭다고 생각한다:

14. 집에 있다:

15. 그 남자는 집에 있다:

Lösungen : 1.ⓑ 2.ⓓ 3.ⓐ 4.ⓔ 5.ⓒ 6.ⓓ Wann 7.ⓒ Warum 8.ⓑ Woher 9.ⓐ lautet
10. nach 11. Ich gehe nach Hause. 12. interessant
13. Das Kind findet Deutsch interessant. 14. zu Hause sein 15. Der Mann ist zu Hause.

# Tag 05

## 쉐도잉 & 핵심표현

독일인이 문장을 천천히 두 번, 보통 속도로 한 번 말해줍니다. 큰 소리로 따라해보세요!

MP3 듣기

★ 독일어 부분을 책갈피로 가리고 한국어만 보고 독일어를 써보세요

| Koreanisch | Deutsch |
|---|---|
| ☐ 그 남자 누구야? | Wer ist der Mann? |
| ☐ 그는 나의 할아버지야. | Er ist mein Großvater. |
| ☐ 주말에 뭐 해? | Was machst du am Wochenende? |
| ☐ 그 여자 어디서 왔어? | Woher kommt die Frau? |
| ☐ 그녀는 스위스에서 왔어. | Sie kommt aus der Schweiz. |
| ☐ 독일어 왜 배워? | Warum lernst du Deutsch? |
| ☐ 나는 독일어가 흥미롭다고 생각해. | Ich finde Deutsch interessant. |

메모

# Die Zahlen 숫자

| 0 | null | | | | | | |
|---|---|---|---|---|---|---|---|
| 1 | eins | 11 | elf | 21 | einundzwanzig | 31 | einunddreißig |
| 2 | zwei | 12 | zwölf | 22 | zweiundzwanzig | 32 | zweiunddreißig |
| 3 | drei | 13 | dreizehn | 23 | dreiundzwanzig | 33 | dreiunddreißig |
| 4 | vier | 14 | vierzehn | 24 | vierundzwanzig | 34 | vierunddreißig |
| 5 | fünf | 15 | fünfzehn | 25 | fünfundzwanzig | 35 | fünfunddreißig |
| 6 | sechs | 16 | sechzehn | 26 | sechsundzwanzig | 36 | sechsunddreißig |
| 7 | sieben | 17 | siebzehn | 27 | siebenundzwanzig | 37 | siebenunddreißig |
| 8 | acht | 18 | achtzehn | 28 | achtundzwanzig | 38 | achtunddreißig |
| 9 | neun | 19 | neunzehn | 29 | neunundzwanzig | 39 | neununddreißig |
| 10 | zehn | 20 | zwanzig | 30 | dreißig | 40 | vierzig |

| | | | | | |
|---|---|---|---|---|---|
| 10 | zehn | 100 | (ein)hundert | 10.000 | zehntausend |
| 20 | zwanzig | 200 | zweihundert | 100.000 | hunderttausend |
| 30 | dreißig | 300 | dreihundert | 1.000.000 | eine Million |
| 40 | vierzig | 400 | vierhundert | 10.000.000 | zehn Millionen |
| 50 | fünfzig | 500 | fünfhundert | | |
| 60 | sechzig | 600 | sechshundert | | |
| 70 | siebzig | 700 | siebenhundert | | |
| 80 | achtzig | 800 | achthundert | | |
| 90 | neunzig | 900 | neunhundert | | |
| 100 | (ein)hundert | 1.000 | (ein)tausend | | |

| z.B.) | 45 | fünfundvierzig |
|---|---|---|
| | 78 | achtundsiebzig |
| | 238 | zweihundertachtunddreißig |

**Tipp**

숫자 13부터는 3부터 9를 10(zehn) 앞에 적어 주시면 됩니다. 다만 16에서는 중간에 "s"가 생략되어 "sech(s)zehn"이라고 하고 17에서는 "en"이 생략되어 "sieb(en)zehn"이 됩니다. 독일에서는 20부터 뒤에 있는 숫자부터 읽습니다.

20부터는 "zwanzig" 앞에 1부터 9까지 쓰시면 됩니다. 하지만 독일어 숫자는 뒤에 있는 숫자부터 읽기 때문에 많이 연습하면서 익숙해지는 것이 중요합니다.

# 서수

| 1 | der/die erste | Heute ist der erste Januar. |
|---|---|---|
| 2 | der/die zweite | Morgen ist der zweite Februar. |
| 3 | der/die dritte | Heute ist der dritte März. |
| 4 | der/die vierte | Morgen ist der vierte April. |
| 5 | der/die fünfte | Heute ist der fünfte Mai. |
| 6 | der/die sechste | Morgen ist der sechste Juni. |
| 7 | der/die siebte | Heute ist der siebte Juli. |
| 8 | der/die achte | Morgen ist der achte August. |
| 9 | der/die neunte | Heute ist der neunte September. |
| 10 | der/die zehnte | Morgen ist der zehnte Oktober. |
| 11 | der/die elfte | Heute ist der elfte November. |
| 12 | der/die zwölfte | Morgen ist der zwölfte Dezember. |

| 5층 | im vierten Stock | der vierte Stock |
|---|---|---|
| 4층 | im dritten Stock | der dritte Stock |
| 3층 | im zweiten Stock | der zweite Stock |
| 2층 | im ersten Stock | der erste Stock |
| 1층 | im Erdgeschoss | das Erdgeschoss |

### Tipp

독일에서는 1층을 "지층"이라고 해서 "Erdgeschoss"라고 하고 2층부터 1층으로 셉니다.
z.B.) Wo bist du gerade? 너 어디야?
Ich bin gerade im ersten Stock. 나 지금 1층이야. (한국으로 치면 2층)

# Tag 06 — Berufe I
## 직업 I

인스타그램

„*Übung macht den Meister.*"

연습을 통해 장인이 될 수 있다.

**인스타** — 실생활에서 쓰이는 유용한 표현부터 언어의 미묘한 뉘앙스, 그리고 독일어 공부에 유용한 정보까지 인스타그램에 주기적으로 업로드합니다. 좋은 정보들을 놓치지 않도록 인스타 계정이 있으신 분들은 "리베도이치"를 팔로우 해주세요!

# Tag 06

## Berufe I
### 직업 I

---

### ☐ 001 ★★

**arbeiten**
**(bei etw³)**
*arbeitete, hat gearbeitet*

| ich arbeite | wir arbeiten |
| du arbeitest | ihr arbeitet |
| er/sie/es arbeitet | sie arbeiten |
| | Sie arbeiten |

(~에서) 일하다

Der Verkäufer arbeitet fleißig.
그 판매원은 열심히 일한다.

Der Mann ist seit einem Jahr arbeitslos.
그 남자는 실직자가 된 지 일 년이 되었다.

Die Frau arbeitet bei Siemens.
그 여자는 지멘스에서 일한다.

**Tipp**
"회사"에서 일한다고 할 때에는 전치사 "bei"를 씁니다.
z.B.) Die Frau arbeitet bei LG.
그 여자는 LG에서 일한다.
Der Mann arbeitet bei BMW.
그 남자는 BMW에서 일한다.

**arbeitslos** — 직업이 없는, 실직한

**die Arbeit, -en** — 일
**der Verkäufer, -** — 판매원
**fleißig** — 부지런히
**seit³** (전치사) — ~이래로

---

### ☐ 002 ★★★

**der Beruf, -e** — 직업

Was bist du von Beruf?
너 직업이 뭐야?

**der Koch**
*die Köche* — 요리사

Ich bin Koch.
Ich arbeite in einem Restaurant.
나는 요리사야.
나는 레스토랑에서 일해.

**kochen** — 요리하다
**das Restaurant, -s** — 레스토랑

## ☐ 003 ★★★

### der Lehrer, -

선생님

Ich bin Lehrer.
나는 선생님이야.

**unterrichten**
*unterrichtete, hat unterrichtet*

수업하다

| ich unterrichte | wir unterrichten |
| --- | --- |
| du unterrichtest | ihr unterrichtet |
| er/sie/es unterrrichtet | sie unterrichten |
| | Sie unterrichten |

Ich unterrichte in der Schule.
나는 그 학교에서 수업을 해.

**Tipp**
지위나 직업을 말할 때는 관사를 쓰지 않습니다.

**lehren (jn⁴)**
*lehrte, hat gelehrt*

(~를) 가르치다

## ☐ 004 ★★★

### die Ausbildung, -en

직업교육

In Deutschland ist die Ausbildung kostenlos.
독일에서 직업교육은 무료이다.

**kostenlos**
= umsonst

공짜의, 무료의
① 공짜의
② 의미 없는

**vielleicht**

아마도, 어쩌면

Vielleicht mache ich bald eine Ausbildung zum Koch.
아마 나는 곧 요리사로서 직업교육을 받을 것이다.

**aus | bilden (jn⁴)**

(~를) 양성하다, 교육하다

**ausgebildet**

직업(전문) 교육을 받은

Der Mann ist gut ausgebildet.
그 남자는 직업(전문) 교육을 잘 받았다.

**Tipp**
어떤 직업교육을 받고 싶다고 할 때 전치사 "zu"를 씁니다.
(전치사 "zu"는 항상 3격이랑 사용됩니다.)

eine Ausbildung + zu + dem Koch
-> eine Ausbildung zum Koch

## 005 ★★★

**die Firma**
*die Firmen*

회사

gründen (etw⁴)
*gründete, hat gegründet*

(~을) 창업하다, 창립하다

Ich möchte eine Firma gründen.
나는 회사를 세우고 싶다.

möchten (조동사)

| ich möchte | wir möchten |
| du möchtest | ihr möchtet |
| er/sie/es möchte | sie möchten |
| | Sie möchten |

(~을) 하고 싶어하다, 원하다

Mein Freund möchte eine Stiftung für Kinder gründen.
나의 친구는 아이들을 위해서 재단을 창립하고 싶어 한다.

die Stiftung, -en
die Gründung, -en

① 재단 ② 기부
창립, 창업, 설립

## 006 ★★★

**das Büro, -s**

사무실

geöffnet sein
↔ geschlossen sein

영업하다, 열려 있다
영업을 하지 않는다, 닫혀 있다

Das Büro ist von neun bis siebzehn Uhr geöffnet.
그 사무실은 아침 9시부터 오후 5시까지 열려 있다.

der Chef, -s
erst

사장
① 비로소, ~되어서야
② 처음에는

Meine Chefin kommt erst um 9 Uhr ins Büro.
나의 여사장님께서는 9시가 되어서야 사무실에 오신다.

## 007 ★★★

**streng**

엄격한

Mein Chef ist sehr streng.
나의 사장님께서는 아주 엄격하시다.

streng sein (mit jm³)

(~에게) 엄격하다

Sie ist streng mit ihren Kindern.
그녀는 자신의 아이들에게 엄격하다.

## 008 ★★★

**der Job, -s** | 직업, 일 | Ich mache meinen Job sehr gern.
나는 내 일을 아주 좋아한다.

## 009 ★★★

**der Mitarbeiter, -** | (함께 일하는) 직원 | Die Mitarbeiterin ist vorbildlich.
그 여직원은 모범적이다.

vorbildlich | 모범적인 | Sie ist für viele Mitarbeiter ein Vorbild.
das Vorbild, -er | 모범 | 그녀는 많은 직원들에게 있어 모범이다.

**Tipp**

직원은 "der Mitarbeiter" 이고
직장동료 혹은 동료는 "der Kollege
혹은 die Kollegin"이라고 합니다.

## 010 ★★★

**verdienen**
*verdiente, hat verdient*

Wie viel verdienen Sie im Monat?
한 달에 얼마 정도 벌어요?

Ich verdiene ungefähr 300 Euro.
저 (한 달에) 300유로 정도 벌어요.

wie viel | 얼마나 많은
der Monat, -e | 월, 달
ungefähr = circa | 대략

**Tipp**

Geld verdienen 돈을 벌다
〈-〉 Geld sparen 돈을 저축하다

Ich verdiene viel Geld. 나는 돈을 많이 번다.
Ich spare viel Geld. 나는 돈을 많이 저축한다.

## 011 ★★★

**sich⁴ bewerben
(bei etw³)**
*bewarb sich,
hat sich beworben*

(~에) 지원하다

| ich bewerbe mich | wir bewerben uns |
| du bewirbst dich | ihr bewerbt euch |
| er/sie/es bewirbt sich | sie bewerben sich |
| | Sie bewerben sich |

Ich bewerbe mich
bei dem Unternehmen "Bosch".
나는 "보쉬"라는 기업에 지원한다.

Der Student bewirbt sich bei LG.
그 대학생은 LG에 지원한다.

die Bewerbung, -en | 지원

77

## 012 ★★★

**die Erfahrung, -en** — 경험

Erfahrung ist wichtiger als Geld.
경험은 돈보다 중요하다.

**wichtig** — 중요한
**für⁴** (전치사) — ~위해서, 위하여
**sammeln (etw⁴)** — (~을) 모으다, 수집하다
*sammelte, hat gesammelt*

| ich sammle | wir sammeln |
| du sammelst | ihr sammelt |
| er/sie/es sammelt | sie sammeln |
| | Sie sammeln |

Es ist für mich sehr wichtig, viele Erfahrungen zu sammeln.
나에게는 많은 경험을 쌓는 것이 아주 중요하다.

Mein Kind sammelt alte Briefmarken.
내 아이는 오래된 우표를 수집한다.

### Tipp
경험을 쌓다 "Erfahrungen sammeln"이라는 표현은 독일어를 배운 지 얼마 안 되신 분들에게는 어려운 표현이지만 고급 표현이니 알아 두면 좋습니다.

**die Briefmarke, -n** — 우표

### 패턴 & 어휘
sammeln: die Idee, -n 아이디어, der Tipp, -s 팁, der Vorschlag(Vorschläge) 제안

Wir müssen Ideen / Tipps / Vorschläge sammeln.
우리는 아이디어를/ 팁을 / 제안들을 모아야 한다.

## 013 ★★★

**das Praktikum** — 인턴십

Der Student macht ein Praktikum bei Bosch.
그 대학생은 보쉬에서 인턴을 한다.

**der Student, -en** — 대학생
**ein Praktikum machen** — 인턴십을 하다
**der Praktikant, -en** — 실습생, 인턴

Ich bin Praktikant bei Bosch.
나는 보쉬에서 일하는 인턴이다.

## 014 ★★★

**der Feierabend** — 퇴근

Wann hast du heute Feierabend?
너 오늘 몇 시에 퇴근해?

**Feierabend haben** — 퇴근하다

Ich habe um 17 Uhr Feierabend.
나 오후 5시에 퇴근해.

### Tipp
die Feier (잔치, 파티) + der Abend (저녁)
= der Feierabend (퇴근)

## ☐ 015 ★★★

**die Pause, -n** | 쉬는 시간 | Was macht der Mann in der Pause?
그 남자는 쉬는 시간에 뭐 해?

rauchen
*rauchte, hat geraucht* | 담배를 피다 | Er raucht in der Pause.
그는 쉬는 시간에 담배를 피워.

*der Raucher, -* | 흡연자 |
die Zigarette, -n | 담배 |

## ☐ 016 ★★

**der Rentner, -** | 연금 수급자 | Mein Vater ist Rentner.
나의 아버지께서는 연금 수급자이다.

die Rente | 연금 | Max ist nicht mehr berufstätig.
in Rente gehen | 은퇴하다 | Er ist schon in Rente gegangen.
*ist in Rente gegangen* | | 막스는 더 이상 일을 하지 않는다.
berufstätig | 직업활동을 하는 | 그는 이미 은퇴했다.

## ☐ 017 ★★★

**das Projekt, -e** | 프로젝트 | Wie findest du mein Projekt?
너 내 프로젝트 어떻게 생각해?

ausgezeichnet | 훌륭한, 뛰어난, 우수한 | Ich finde dein Projekt ausgezeichnet.
나는 너 프로젝트 훌륭하다고 생각해.

## ☐ 018 ★★★

**beruflich** | 직업상의 | Was machst du beruflich?
(= Was bist du von Beruf?)
너 무슨 일해?
(= 너 직업이 뭐야?)

der Arzt
*die Ärzte* | 의사 | Ich arbeite in einem Krankenhaus.
나는 (대학) 병원에서 일해.

der Beruf, -e | 직업 |

Ich bin Arzt.
나는 의사야.

### Tipp

"Was bist du von Beruf?"는 정확한 직업을 물어보는 한편 "Was machst du beruflich?"는 너 무슨 일 해?라는 표현으로 어디서 혹은 어느 분야에서 일하는지 물어보는 표현입니다. 물론 추가적으로 본인의 직업을 말해도 괜찮습니다.

## 019 ★★★

**brauchen**
(jn⁴/etw⁴)
*brauchte, hat gebraucht*

(~이) 필요하다

Ich habe kein Geld.
나는 돈이 없다.

Ich bin pleite.
나는 땡전 한 푼도 없다.

der Nebenjob, -s
알바

pleite
① 땡전 한 푼도 없는
② 파산한

Ich brauche einen Nebenjob.
나는 알바가 필요하다.

Das Unternehmen ist pleite gegangen.
그 기업은 파산하였다.

das Unternehmen, -
= die Firma (Firmen)
기업
회사

## 020 ★★★

**der Arbeitsplatz**
*die Arbeitsplätze*

① 일자리
② 작업장

Gibt es viele Arbeitsplätze in Hamburg?
함부르크에 일자리 많아?

Ja, es gibt viele Arbeitsplätze in Hamburg.
응, 함부르크에 일자리 많아.

der Platz
*die Plätze*
①자리 ②장소, 곳

es gibt (jn⁴/etw⁴)
(~이) 있다

## 021 ★★★

**frei**
자유의

Arbeitest du auch am Wochenende?
너 주말에도 일해?

frei haben
(일을) 쉬다

Nein, am Wochenende habe ich frei.
아니, 주말에는 나 쉬어.

die Freiheit
자유

## ☐ 022 ★★★

**der Experte, -n** — 전문가

der Bereich, -e — ① 분야 ② 지역, 범위

sicher — ① 확실히 ② 안전한

der Pluspunkt, -e — ① 플러스 점수 ② 득점

Luisa ist eine Expertin auf diesem Gebiet.
루이사는 이 분야의 전문가이다.

Deine Erfahrung in diesem Bereich ist sicher ein Pluspunkt.
너의 경험은 이 분야에서 확실히 플러스 점수이다.

**Tipp**

1) (동의어) der Bereich = das Gebiet
   (in diesem Bereich = in diesem Gebiet)
   Deine Erfahrung in diesem Gebiet ist sicher ein Pluspunkt.

2) (동의어) der Experte = der Fachmann
   (die Expertin = die Fachfrau)
   Max ist ein Fachmann auf diesem Gebiet (Bereich).

## ☐ 023 ★★

**die Arbeitszeit** — 노동시간, 근로시간

offiziell — 공개적으로, 공식적으로

↔ inoffiziell — 비공개적으로, 비공식적으로

pro — 당, 마다
pro Woche — 일주일마다

Unsere Arbeitszeit ist offiziell 35 Stunden pro Woche.
우리의 노동시간은 공식적으로는 일주일에 35시간이다.

**Tipp**

(복합명사) die Arbeit (일) + die Zeit (시간)
= die Arbeitszeit 근로시간

*발음을 매끄럽게 하기 위해 명사와 명사 사이에 "s"가 붙습니다.

# TAG 06  Aufgaben

◎ 단어에 해당하는 뜻을 찾아 연결하시오.

1. arbeiten                ⓐ 쉬는 시간
2. der Beruf               ⓑ 직원
3. der Mitarbeiter         ⓒ 경험
4. die Erfahrung           ⓓ 직업
5. die Pause               ⓔ 일하다

◎ 다음 빈칸을 채우시오.

| ⓐ die Mitarbeiterin | ⓑ das Büro | ⓒ brauchen | ⓓ verdienen |

6. Ich _____ einen Job.                     나는 직업이 필요하다.
7. Die Frau arbeitet in einem _____.          그녀는 사무실에서 일한다.
8. _____ ist nett.                          그 여직원은 친절하다.
9. Wie viel _____ Sie im Monat?             한 달에 얼마 정도 벌어요?

◎ 다음 불규칙 동사표를 채우시오. (정답은 단어 옆에 적혀진 번호에서 확인)

10. **unterrichten** 수업하다 (3번)

| ich | wir |
|---|---|
| du | ihr |
| er/sie/es | sie |
|  | Sie |

11. **möchten** (~을)하고 싶어하다, 원하다 (5번)

| ich | wir |
|---|---|
| du | ihr |
| er/sie/es | sie |
|  | Sie |

Lösungen : 1.ⓔ  2.ⓓ  3.ⓑ  4.ⓒ  5.ⓐ  6.ⓒ brauche  7.ⓑ Büro  8.ⓐ Die Mitarbeiterin  9.ⓓ verdienen

# Tag 06

## 쉐도잉 & 핵심표현

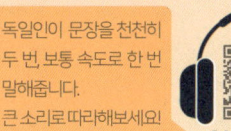

독일어 부분을 책갈피로 가리고
한국어만 보고 독일어를 써보세요

| Koreanisch | Deutsch |
|---|---|
| 그 남자는 실직자가 된 지 일년이 되었다. | Der Mann ist seit einem Jahr arbeitslos. |
| 너는 직업이 뭐야? | Was bist du von Beruf? |
| 나는 요리사야.<br>나는 레스토랑에서 일해. | Ich bin Koch.<br>Ich arbeite in einem Restaurant. |
| 그 사무실은 아침 9시부터 오후 5시까지 열려있다. | Das Büro ist von neun bis siebzehn Uhr geöffnet. |
| 그 대학생은 보쉬에서 인턴을 한다. | Der Student macht ein Praktikum bei Bosch. |
| 나는 보쉬에서 일하는 인턴이다. | Ich bin Praktikant bei Bosch. |
| 나는 돈이 없다. | Ich habe kein Geld. |
| 나는 알바가 필요하다. | Ich brauche einen Nebenjob. |
| 함부르크에 일자리 많아? | Gibt es viele Arbeitsplätze in Hamburg? |
| 응, 함부르크에 일자리 많아. | Ja, es gibt viele Arbeitsplätze in Hamburg. |
| 루이사는 이 분야에 전문가이다. | Luisa ist Expertin auf diesem Gebiet. |

메모

# der Beruf, -e 직업 I

der Musiker, - 음악가

Die Musikerin übt sehr viel.
그 여음악가는 아주 많은 연습을 한다.

- üben 연습하다
- die Übung, -en 연습
- viel (셀수 없는) 많은

der Koch 요리사
die Köche

Der Koch kocht sehr gut.
그 요리사는 요리를 아주 잘한다.

- kochen 요리하다
- gut 1)잘  2)좋은

der Lehrer, - 선생님

Die Lehrerin ist sehr streng.
그 여선생님은 아주 엄격하시다.

- streng 엄격한
- sehr 굉장히, 아주

der Reiseführer, -
가이드

Die Reiseführerin zeigt die Stadt.
그 여가이드는 그 도시를 보여준다.

- die Stadt (Städte) 1)도시 2)시내
- die Reise 여행

# Tag 07 — Berufe II
직업 II

„ *Sei der Autor deiner eigenen Lebensgeschichte und schreibe einen Bestseller.* "

네 인생의 작가가 되어 베스트셀러를 써라.

# Tag 07

## Berufe II
### 직업 II

독일인이 모든 단어를 한 번씩 읽어주고, 예문은 천천히 한 번, 보통속도로 한 번 읽어줍니다.

MP3 듣기

---

### ☐ 001 ★★

**der Sänger, -** 가수

Der Sänger ist berühmt.
그 가수는 유명하다.

singen
*sang, hat gesungen*

die Leute  (복수) 사람들

beeindrucken (jn⁴)  (~을) 감동시키다

Er singt sehr gut.
그는 노래를 아주 잘 부른다.

Der Sänger hat viele Leute beeindruckt.
그 가수는 많은 사람들을 감동시켰다.

beeindruckt sein
(von jm³/etw³)  (~에게/에) 감동을 받다

die Musik  음악

Ich bin von der Musik beeindruckt.
나는 그 음악에 감동을 받았다.

노래 부르다

---

### ☐ 002 ★★★

**der Maler, -** 화가

Was malt der Maler gerade?
그 화가는 무엇을 그리고 있어?

Er malt gerade die Hauptstadt Japans.
그는 일본의 수도를 그리고 있어.

malen (etw⁴)  (~을) 그리다
*malte, hat gemalt*

die Hauptstadt  수도
*die Hauptstädte*

**Tipp**

(복합명사) das Haupt (우두머리, 중심부) + die Stadt (도시) = die Hauptstadt (수도)

"Haupt" 우두머리, 중심이란 뜻이 있습니다. "Haupt"와 다른 명사가 합쳐지면 "중심부의" 혹은 "큰"이란 뜻이 부여됩니다.

das Haupt (우두머리, 중심부) + der Bahnhof (역) = 중앙역
das Haupt (우두머리, 중심부) + die Straße (거리, 길) = 큰 길

---

### ☐ 003 ★★★

**der Ingenieur, -e** 엔지니어

Ingenieure verdienen viel Geld in Deutschland.
엔지니어는 독일에서 많은 돈을 번다.

## 004 ★★★
**zuständig**

zuständig sein (für etw⁴)

der Bereich, -e

der Job, -s

담당하는, 권한이 있는

(~을) 담당하다

① 분야
② 지역, 구역

직업

Ich bin für diesen Bereich nicht zuständig.
나는 그 분야를 담당하지 않는다.

Ich bin in meinem neuen Job für Marketing zuständig.
나는 나의 새로운 직장에서 마케팅 담당이다.

## 005 ★★★
**der Erfolg, -e**

erfolgreich

feiern
*feierte, hat gefeiert*

die Feier, -n
bestimmt
werden
*wurde, ist geworden*

| ich werde | wir werden |
|---|---|
| du wirst | ihr werdet |
| er/sie/es wird | sie werden |
| | Sie werden |

① 성공 ② 성과

① 성공적인
② 효과적인

잔치를 하다, 축제를 벌이다

잔치, 축제
분명히
~되다

Das Projekt war sehr erfolgreich.
그 프로젝트는 아주 성공적이었다.

Das Team feiert seinen Erfolg mit einer großen Party.
그 팀은 자신의 성과를 큰 파티로 축하한다.

Du wirst bestimmt Erfolg haben.
너는 분명히 성공할 거야. /
너는 분명히 좋은 성과가 있을 거야.

Viel Erfolg!
많은 성과가 있길 바라! (좋은 성과가 있길 바라!)

## 006 ★★★

**der Pilot, -en**

파일럿

Ich bin Pilot bei Lufthansa.
나는 루프트한자의 파일럿이다.

der Traum
*die Träume*
der Traumjob
sicher

꿈

꿈의 직장
①안전한
②확실한

Ich habe einen Traumjob.
나는 꿈의 직장을 가지고 있다.

Er ist sicher und ich verdiene viel Geld.
이 꿈의 직장은 안전하고 나는 돈을 많이 번다.

träumen (von etw³/jm³)
*träumte, hat geträumt*

(~에 대해) 꿈꾸다

**Tipp**
(복합명사) der Traum (꿈) + der Job (일)
= der Traumjob (꿈의 직업)

## 007 ★★★

**der Techniker, -**

기술자

kaputt
reparieren (etw⁴)
*reparierte, hat repariert*

고장난
(~을) 고치다

Das Handy ist kaputt.
그 핸드폰은 고장이 났다.

funktionieren
*funktionierte, hat funktioniert*

작동하다

Es funktioniert nicht mehr.
이것은 더이상 작동하지 않는다.

die Funktion, -en
die Reparatur, -en
die Technik, -en

작동
수리, 복원
기술

Der Techniker repariert es.
그 기술자는 그것을 고친다.

## 008 ★★★

**der Polizist, -en**

경찰관

der Täter, -
die Polizei
der Beamte, -n
suchen (jn⁴/etw⁴)
*suchte, hat gesucht*

범인
경찰서, 경찰
공무원
(~을/를) 찾다

Der Polizist sucht gerade einen Täter.
그 경찰은 범인을 찾고 있다.

Er arbeitet als Beamter bei der Polizei.
그는 공무원으로서 경찰서에서 일한다.

## 009 ★★★

**der Meister, -**

장인, 스승

Der Meister ist geschickt.
그 장인은 솜씨가 좋다.

geschickt

숙련된, 솜씨 있는

## 010 ★★★

**der Journalist, -en** | 기자 | Ich bin Journalist bei der Süddeutschen Zeitung.
나는 남독일 신문의 기자이다.

das Problem, -e | 문제
die Gesellschaft | 사회
schreiben (über jn⁴/etw⁴) | (~에) 대해 쓰다
über⁴ (전치사) | ~에 대해

Ich schreibe über die Probleme der Gesellschaft.
나는 사회의 문제점들에 대해 쓴다.

**Tipp**
nord (북쪽의) / süd (남쪽의) / ost (동쪽의) / west (서쪽의)
nord (북쪽의) + Korea (한국) = Nordkorea (북한)
süd (남쪽의) + Korea = Südkorea (한국)
ost (동쪽의) + Berlin = Ostberlin (동베를린)
west (서쪽의) + Berlin = Westberlin (서베를린)

## 011 ★★★

**der Kellner, -** | 웨이터 | Wie lange arbeitet Max als Kellner?
막스는 웨이터로 일한 지 얼마나 됐어?

das Jahr, -e | 년

Er arbeitet schon seit drei Jahren.
그는 일한 지 벌써 3년 됐어.

## 012 ★★★

**der Vertrag**
*die Verträge* | 계약서, 계약

Der Arbeitgeber und der Arbeitnehmer unterschreiben den Vertrag.
그 고용자와 그 근로자는
그 계약서에 사인을 한다.

der Arbeitgeber, - | 고용주
der Arbeitnehmer, - | 근로자

unterschreiben (etw⁴) | (~에) 사인하다
*unterschrieb,*
*hat unterschrieben*

Der Vertrag ist ohne Unterschrift ungültig.
그 계약서는 사인 없이는
효력이 없다.

die Unterschrift, -en | 사인
ohne⁴ (전치사) | ~없이
gültig | 효력이 있는, 유효한

↔ ungültig | 효력이 없는, 무효한

## 013 ★★★

**auf | hören**
hörte...auf, hat aufgehört

멈추다, 끝나다

In Ägypten fängt die Woche am Samstag an und hört am Donnerstag auf.
이집트에서는 한 주가 토요일에 시작해서 목요일에 끝난다.

**an | fangen**
fing...an, hat angefangen

시작하다

**gefährlich**

위험한

Hör auf! Das ist gefährlich.
그만둬! 그건 위험해.

## 014 ★★★

**der/die Angestellte, -n**

회사원

Viele Angestellte machen jeden Tag Überstunden.
많은 사원들은 매일 초과근무를 한다.

**die Überstunde, -n**
**Überstunden machen**

초과 근무
초과 근무를 하다

Sie sind sehr müde.
그들은 아주 피곤하다.

## 015 ★★★

**kündigen**
*kündigte, hat gekündigt*

① (계약)해지를 통보하다
② 일을 그만두다
③ 해고를 통보하다

Sie können den Vertrag vor seinem Ablauf kündigen.
이 계약은 만료 전에 해지할 수 있습니다.

Der Chef wird mich entlassen, aber ich kündige lieber vorher.
그 사장은 나를 해고할 것이다.
하지만 나는 차라리 그전에 일을 그만둘 것이다.

= Der Chef wird mich feuern, aber ich kündige lieber vorher.

**die Kündigung, -en**

① 사직서
② 계약해지 통보서
③ 해고통보

**der Ablauf** — 만료, 만기
**vor³** (전치사) — ~전에
**entlassen (jn⁴)**
*entließ, hat entlassen* — (~을) 해고하다

**Tipp**
(동의어) entlassen = feuern
동사 "feuern"은 "불을 태우다"라는 표현이 있지만 Umgangssprache로 "해고하다"라는 뜻도 있습니다 :)

**vorher**
① 미리
② 이(그)전에

**lieber** — 차라리, 오히려

## 016 ★★★

**ein | reichen**
*reichte...ein, hat eingereicht*

(서류를) 제출하다

Ich habe meine Kündigung eingereicht und einen neuen Job gefunden.
나는 사직서를 제출하고 새로운 직업을 찾았다.

Ich finde den Job sehr gut.
나는 그 일을 아주 좋다고 생각한다.

**finden (jn⁴/etw⁴)** — (~을/~를) 찾다, 발견하다

**finden (jn⁴/etw⁴)**
*fand, hat gefunden* — ~을 어떻게 생각하다

Der Student reicht die Bewerbung per Post ein.
그 대학생은 지원서를 우편으로 제출한다.

Die Studentin reicht die Bewerbung online ein.
그 여대학생은 지원서를 온라인으로 제출한다.

## 017 ★★★

**der Bäcker, -** | 제빵사 | Der Bäcker arbeitet in der Bäckerei.
그 제빵사는 빵집에서 일한다.

die Bäckerei, -en | 빵집 | Er backt jeden Tag Brot.
backen | 빵을 굽다 | 그는 매일 빵을 굽는다.
*backte, hat gebacken*

## 018 ★★★

**der Bankangestellte, -** | 은행원 | Tim ist Bankangestellter.
팀은 은행원이다.

Er arbeitet in einer Bank.
die Bank, -en | 은행 | 그는 은행에서 일한다.

## 019 ★★

**die Industriestadt** | 산업도시 | Leipzig ist eine Industriestadt.
*die Industriestädte* | | 라이프치히는 산업도시이다.

Porsche und BMW produzieren dort Autos.
포르쉐와 BMW는 그곳에서 자동차를 생산한다.

die Industrie, -n | 산업, 공업
produzieren (etw⁴) | (~을) 생산하다
*produzierte, hat produziert*

**Tipp**
(복합명사) die Industrie (산업, 공업) + die Stadt (도시)
= die Industriestadt (산업도시)

das Produkt, -e | 제품, 생산물
dort | 거기서, 그곳에서

# TAG 07 Aufgaben

◎ 단어에 해당하는 뜻을 찾아 연결하시오.

1. der Pilot           ⓐ 기술자

2. der Arzt            ⓑ 은행원

3. der Techniker       ⓒ 파일럿

4. der Bankangestellte ⓓ 경찰

5. der Polizist        ⓔ 의사

◎ 다음 빈칸을 채우시오.

| ⓐ der Koch | ⓑ zum Arzt gehen | ⓒ malen | ⓓ der Sänger |
|---|---|---|---|

6. _____ arbeitet in einem Restaurant.   그 요리사는 식당에서 일한다.

7. _____ singt gut.   그 가수는 노래를 잘 부른다.

8. Ich _____.   나는 병원에 가.

9. Er ____ gerade die Hauptstadt Japans.   그 화가는 일본의 수도를 그리고 있어.

◎ 다음 불규칙 동사표를 채우시오. (정답은 단어 옆에 적혀진 번호에서 확인)

10. **werden** ~되다 (5번)

| ich | wir |
|---|---|
| du | ihr |
| er/sie/es | sie |
|  | Sie |

Lösungen : 1. ⓒ  2. ⓔ  3. ⓐ  4. ⓑ  5. ⓓ  6. ⓐ Der Koch  7. der Sänger  8. gehe zum Arzt.  9. malt

# Tag 07

## 쉐도잉 & 핵심표현

독일인이 문장을 천천히 두 번, 보통 속도로 한 번 말해줍니다.
큰소리로 따라해보세요!

MP3 듣기

독일어 부분을 책갈피로 가리고
한국어만 보고 독일어를 써보세요

| Koreanisch | Deutsch |
|---|---|
| 그 가수는 유명하다. | Der Sänger ist berühmt. |
| 그는 노래를 아주 잘 부른다. | Er singt sehr gut. |
| 그 가수는 많은 사람들을 감동시켰다. | Der Sänger hat viele Leute beeindruckt. |
| 나는 그 분야를 담당하지 않는다. | Ich bin für diesen Bereich nicht zuständig. |
| 나는 나의 새로운 직장에서 마케팅 담당이다. | Ich bin in meinem neuen Job für Marketing zuständig. |
| 그 프로젝트는 아주 성공적이었다. | Das Projekt war sehr erfolgreich. |
| 그 핸드폰은 고장이 났다. | Das Handy ist kaputt. |
| 이것은 더 이상 작동하지 않는다. | Es funktioniert nicht mehr. |
| 그 기술자는 그것을 고친다. | Der Techniker repariert es. |
| 그 계약서는 서명 없이는 효력이 없다. | Der Vertrag ist ohne Unterschrift ungültig. |
| 많은 사원은 매일 초과근무를 한다. | Viele Angestellte machen jeden Tag Überstunden. |
| 그들은 아주 피곤하다. | Sie sind sehr müde. |

 메모

# Tag 07

## 배운 내용으로 대화 하기

남자독일인과 여자독일인의 귀에 쏙쏙 들어오는 음성을 들어보세요.

MP3 듣기

### Ich suche einen Nebenjob.

| | | |
|---|---|---|
| Max | 너 거기서 뭐해? | Was machst du da gerade? |
| Lisa | 나 알바 찾아.<br>나 곧 방학이고 돈이 필요해.<br>너는 요즘 뭐해? | Ich suche einen Nebenjob.<br>Ich habe bald Ferien und brauche Geld.<br>Was machst du zurzeit? |
| Max | 나는 보쉬에서 인턴해. | Ich mache ein Praktikum bei Bosch. |
| Lisa | 오, 정말?<br>인턴한지 얼마나 됐어? | Oh, echt?<br>Seit wann machst du das? |
| Max | 나 인턴 한지 벌써 4개월 됐어. | Ich mache das schon seit 4 Monaten. |
| Lisa | 인턴은 어때? | Und wie ist es? |
| Max | 아주 힘들어.<br>나는 마케팅 담당이야.<br>나 거의 매일 초과근무해.<br>그래도 나는 아주 많이 배워. | Es st sehr anstrengend.<br>Ich bin zuständig für Marketing.<br>Ich mache fast jeden Tag Überstunden,<br>aber ich lerne sehr viel. |
| Lisa | 그거 좋게 들리다.<br>너는 많은 경험을 쌓으니까. | Das klingt gut.<br>Du sammelst viele Erfahrungen. |
| Max | 너 말이 맞아. | Du hast recht. |

 설명

**seit ~이후로:**

Seit wann wohnst du in Berlin? 너 베를린에 산지 얼마나 됐어?
Seit wann lernst du Deutsch? 너 독일어 배운지 얼마나 됐어?

Ich wohne seit einem Jahr in Berlin. 나 베를린에 산지 일년 됐어.
Ich lerne seit 3 Monaten Deutsch. 나 독일어 배운지 3개월 됐어.

# der Beruf, -e 직업 II

der Journalist, -en 기자

Der Journalist macht
fast jeden Tag Überstunden.
그 기자는 거의 매일 초과근무를 한다.

- fast 거의
- die Überstunde, -n 초과근무
- Überstunden machen 초과근무하다

der Polizist, -en 경찰

Der Polizist ist vorbildlich.
그 경찰은 모범적이다.

- vorbildlich 모범적인
- das Vorbild, -er 모범

**Tipp**
"das Vorbild"는 전치사 "vor"와
그림 "das Bild"가 합쳐진 단어입니다. "앞에서 보여지는
그림"이라고 해서 모범이란 단어가 생겨났습니다 :)

der Ingenieur, -e
엔지니어

Der Ingenieur arbeitet bei Bosch.
그 엔지니어는 보쉬에서 일한다.

**Tipp**
~ 회사에서 일한다고 할 때 전치사 "bei"를 씁니다. [bei + 회사]

der Sänger, - 가수

Die Sängerin ist wunderschön.
그 여가수는 정말 아름답다.

- das Wunder 놀라움, 기적
- schön 아름다운
- wunderschön 정말 아름다운

**Tipp**
wunderschön은 놀라움, 기적 "das Wunder"와
아름다운 "schön"이 만나서 생겨난 단어입니다.

der Verkäufer, - 판매원

Der Verkäufer ist glücklich.
그 판매원은 행복하다.

- glücklich 행복한
- das Glück 행복

der Maler, - 화가

Der Maler malt gerade ein Bild.
그 화가는 그림을 그리는 중이다.

- das Bild, -er 그림
- malen 그림을 그리다

동사 + gerade : ~하고 있는 중이다 (영어의 ing)

der Arzt 의사
die Ärzte

Der Arzt ist sehr freundlich.
그 의사는 아주 친절하다.

- freundlich 친절한
- unfreundlich 불친절한

der/die Büroangestellte, -n
회사원

Die Büroangestellte ist beschäftigt.
그 회사원은 바쁘다.

- beschäftigt 바쁜

# Tag 08

## Schule, Bildung I
학교, 교육 I

„Egal, wie wir aussehen,
im Herzen sind wir alle gleich."

우리들의 겉모습은 달라도
마음은 모두 같아.

# Tag 08

## Schule, Bildung I
학교, 교육 I

MP3 듣기

독일인이 모든 단어를 한번씩 읽어주고, 예문은 천천히 한 번, 보통 속도로 한 번 읽어줍니다.

---

☐ 001 ★★★

**studieren**
studierte, hat studiert

① 전공하다
② 대학을 다니다

Die Studentin studiert Germanistik.
그 여대생은 독어독문학을 전공한다.

Sie studiert an der Humbolt-Universität.
그녀는 훔볼트 대학을 다닌다.

**lernen** (etw⁴)
lernte, hat gelernt

(~을)공부하다

der Student, -en — 대학생
der Schüler, - — 학생
Deutsch — 독일어

Der Schüler lernt zurzeit fleißig Deutsch, weil er später in Deutschland studieren möchte.
그 학생은 요즘 부지런히 독일어를 공부한다. 왜냐하면 그는 나중에 독일에서 대학을 다니고 싶기 때문이다.

Germanistik — 독어독문학
das Studium — 대학 공부
die Studien — (복수) 연구, 조사

**Tipp**
우리가 보통 도서관이나 카페에서 하는 공부는 동사 "lernen"을 쓰고 "대학에서 어떠한 과목을 전공하다" 혹은 "~대학을 다닌다"라고 표현할 때에는 동사 "studieren"을 씁니다.

---

☐ 002 ★★★

**der Professor, -en** — 교수

Der Professor lehrt an der Goethe-Universität Philosophie.
그 교수는 괴테 대학에서 철학을 가르친다.

**lehren**
lehrte, hat gelehrt — 가르치다

die Universität, -en — 대학교
die Philosophie — 철학

**Tipp**
대학교에서 가르치거나 공부한다고 할 때는 전치사 "in"을 쓰지 않고 전치사 "an"을 씁니다.

---

☐ 003 ★★★

**die Schule, -n** — 학교

Nach der Schule geht der Schüler direkt in die Sprachschule.
학교가 끝난 후 그 학생은 곧바로 어학원에 간다.

direkt — 곧바로, 직행의
die Sprachschule, -n — 어학원
die Nachhilfe, -n — 과외

Er möchte sein Französisch und Chinesisch verbessern.
그는 자신의 불어와 중국어 실력을 늘리고 싶어한다.

**verbessern**
verbesserte, hat verbessert — 향상시키다, 개선하다

die Verbesserung, -en — 향상, 개선
nach³ (전치사) — ~하고 나서, 다음에

Er hat nach der Sprachschule immer Nachhilfe.
그는 어학원이 끝난 후에는 항상 과외가 있다.

## ☐ 004 ★★★

**die Bildung**

① 교육
② 구성, 형성

Das deutsche Bildungssystem ist für viele Länder vorbildlich.
독일 교육시스템은
많은 국가들에게 모범이 된다.

das System, -e
das Bildungssystem
bilden
*bildete, hat gebildet*

시스템
교육 시스템
① 교육시키다
② 형성하다

Das deutsche Bildungssystem hat Vor- und Nachteile.
독일 교육시스템에는
장단점이 있다.

der Vorteil, -e
der Nachteil, -e
das Teil, -e

장점
단점
부분

**Tipp**
(복합명사) die Bildung (교육) + das System (시스템)
= das Bildungssystem (교육 시스템)

## ☐ 005 ★★★

**der Unterricht, -e**
=der Kurs, -e

수업

Der Unterricht beginnt um 7 Uhr.
그 수업은 오전 7시에 시작한다.

Die Vorlesung endet um 17 Uhr.
그 수업은 오후 5시에 끝난다.

die Vorlesung, -en
beginnen
*begann, hat begonnen*
enden
*endete, hat geendet*

(대학) 수업
시작하다

끝나다

Der Unterricht ist so langweilig.
그 수업은 너무 지루하다.

Am liebsten möchte ich jetzt nach Hause gehen und schlafen.
마음 같아서는 나는 지금
집에 가서 자고 싶다.

der Beginn
das Ende

시작
끝, 결말

am liebsten

① 가장 좋아하는
② 마음 같아서는

**Tipp**
"Unterricht"는 보통 학원이나 학교에서 하는 수업이며
"Vorlesung"은 대학교에서 하는 수업입니다.

unterrichten
*unterrichtete, hat unterrichtet*

수업하다

## 006 ★★★

**faul**

↔ fleißig

viele
denn (접속사)
morgen

manche
Lust haben (auf etw⁴)

die Lust

게으른

부지런한

(셀 수 있는) 많은
왜냐하면
내일

몇몇의
(~할) 기분이다
(~할) 의욕이 있다
의욕, 소망

Viele Schüler lernen fleißig,
denn sie haben morgen eine Prüfung.
많은 학생들은 부지런히 공부를 한다.
왜냐하면 그들은 내일 시험이 있기 때문이다.

Manche Schüler sind faul und
haben keine Lust zu lernen.
몇몇 학생들은 게으르고
공부할 의욕이 없다.

## 007 ★★★

**die Note, -n**

immer
schwierig
der Sport

viel
bekommen (etw⁴)
bekam, hat bekommen

점수, 평점

항상
어려운
① 체육 ② 운동

(셀 수 없는) 많이
(~을) 받다

Tim hat immer sehr gute Noten in Sport.
팀은 항상 체육에서 아주 좋은 점수를 받는다.

Hast du gute Noten in Mathe bekommen?
너 수학에서 좋은 점수 받았어?

Nein, leider nicht.
Die Prüfung war viel zu schwierig.
아니. 아쉽게도 못 받았어.
그 시험 너무 많이 어려웠어.

**Tipp**

"~을 잘한다"라는 표현은 "gut sein (in etw⁴)"이라고 합니다.
보통 어떠한 과목을 잘한다고 할 때 쓰입니다.
z.B.) Ich bin gut in Sport.
나는 운동을 잘한다.
Ich bin gut in Mathe.
나는 수학을 잘한다.

## 008 ★★★

**der Anfänger, -**

der Fortgeschrittene, -n

fortgeschritten
an | fangen
fing...an, hat angefangen

초보자, 입문자

상급자,
상급반의 사람

앞선, 진보한
시작하다

Hier gibt es Unterricht
für Anfänger und Fortgeschrittene.
여기에는 입문자와 상급자를 위한 수업이 있다.

101

☐ 009 ★★★

**das Wörterbuch**
*die Wörterbücher*

사전

Ich lerne gern Fremdsprachen.
Zurzeit lerne ich Deutsch.
나는 외국어 공부하는 걸 좋아한다.
요즘에 나는 독일어를 공부한다.

**brauchen** (jn⁴/etw⁴)
*brauchte, hat gebraucht*

(~을/를) 필요로 하다

Ich brauche oft
ein Deutsch-Koreanisch Wörterbuch.
나는 자주 독한사전이 필요하다.

**das Wort**
*die Wörter*

단어

**Tipp**

die Wörter (단어들) + das Buch (책)
= das Wörterbuch (사전)

ein Deutsch - Deutsch Wörterbuch: 독독사전
ein Englisch - Koreanisch Wörterbuch: 영한사전

# TAG 08 Aufgaben

◎ 단어에 해당하는 뜻을 찾아 연결하시오.

1. der Schüler            ⓐ 수업
2. die Prüfung            ⓑ 사전
3. der Unterricht         ⓒ 시험
4. fleißig                ⓓ 학생
5. das Wörterbuch         ⓔ 부지런한

◎ 다음 빈칸을 채우시오.

ⓐ beginnen   ⓑ studieren   ⓒ brauchen   ⓓ bekommen

6. Ich _____ oft ein Wörterbuch.  나는 자주 사전이 필요하다.
7. Hast du gute Noten in Mathe _____?  니 수학에서 좋은 점수 받았어?
8. Der Unterricht _____ um 7 Uhr.  그 수업은 오전 7시에 시작한다.
9. Die Studentin _____ Germanistik.  그 여대생은 독어독문학을 전공한다.

◎ 다음 단어의 뜻을 독일어로 쓰시오. (명사의 경우 관사도 함께)

10. 마음 같아서는:

11. 교육 시스템:

12. 초보자:

---

Lösungen : 1.ⓓ  2.ⓒ  3.ⓐ  4.ⓔ  5.ⓑ  6.ⓒ brauche  7.ⓓ bekommen  8.ⓐ beginnt  9.ⓑ studiert
10. am liebsten  11. das Bildungssystem  12. der Anfänger

# Tag 08

## 쉐도잉 & 핵심표현

독일인이 문장을 천천히 두 번, 보통 속도로 한 번 말해줍니다. 큰소리로 따라해보세요!

MP3 듣기

★ 독일어 부분을 책갈피로 가리고 한국어만 보고 독일어를 써보세요

| Koreanisch | Deutsch |
|---|---|
| ☐ 그 여대학생은 독어독문학을 전공한다. | Die Studentin studiert Germanistik. |
| ☐ 그녀는 훔볼트 대학을 다닌다. | Sie studiert an der Humbolt Universität. |
| ☐ 그 학생은 독일어를 공부한다. | Der Schüler lernt Deutsch. |
| ☐ 학교가 끝난 후에 그 학생은 곧바로 어학원에 간다. | Nach der Schule geht der Schüler direkt in die Sprachschule. |
| ☐ 그는 자신의 불어와 중국어 실력을 늘리고 싶어한다. | Er möchte sein Französisch und Chinesisch verbessern. |
| ☐ 그 수업은 오전 7시에 시작한다. | Der Unterricht beginnt um 7 Uhr. |
| ☐ 그 수업(대학수업)은 오후 5시에 끝난다. | Die Vorlesung endet um 17 Uhr. |
| ☐ 그 수업은 너무 지루하다. | Der Unterricht ist so langweilig. |
| ☐ 마음 같아서 나는 지금 집에 가서 자고 싶다. | Am liebsten möchte ich jetzt nach Hause gehen und schlafen. |
| ☐ 너 수학에서 좋은 점수 받았어? | Hast du gute Noten in Mathe bekommen? |
| ☐ 아니, 아쉽게도 못 받았어. 그 시험 너무 많이 어려웠어. | Nein, leider nicht. Die Prüfung war viel zu schwierig. |

 메모

## 일상에서 자주 사용되는 동사

### verreisen 여행하다

Wir verreisen gern.
우리는 여행하는 것을 좋아한다.

- verreisen 여행하다

### kochen 요리하다

Mein Onkel kocht gern.
나의 삼촌은 요리하는 것을 좋아한다.

**Tipp**
동사 + gern : ~하는 것을 좋아한다
der Koch 요리사

### lesen (etw$^4$) (~을) 읽다

| ich lese | wir lesen |
|---|---|
| du liest | ihr lest |
| er/sie/es liest | sie lesen |
| | Sie lesen |

Meine Mutter liest jede Nacht Bücher.
나의 엄마는 매일 밤 책을 읽는다.

- das Buch (Bücher) 책
- Bücher lesen 책을 읽다
- die Nacht 밤
- jede Nacht 밤마다

**Tipp**
책을 한 권만 읽는 것이 아니기 때문에 책을 읽다 라는
표현을 할 때 '책을' 복수형으로 씁니다 :)

### Yoga machen 요가를 하다

Meine Freundin macht
jeden Morgen Yoga.
나의 여자친구는
매일 아침 요가를 한다.

- machen (etw) (~을)하다
- das Yoga 요가
- jeden Morgen 매일 아침

**malen** 그림을 그리다

Ich male gern in meiner Freizeit.
나는 여가 시간에 그림 그리는 것을 좋아한다.

• die Freizeit 여가시간
• in meiner Freizeit 내 여가시간에

**trinken (etw⁴) (~을) 마시다**

Meine Freunde trinken gern Kaffee.
나의 친구들은 커피를 즐겨 마시신다.

• der Kaffee, - 커피

① **sprechen (mit³ jm) (~와) 이야기 하다**
② **sprechen** 1) 언어를 구사하다 2) 말하다

| ich spreche | wir sprechen |
| --- | --- |
| du sprichst | ihr sprecht |
| er/sie/es spricht | sie sprechen |
|  | Sie sprechen |

Ich spreche gerne
mit meinem Vater.
나는 나의 아빠랑 이야기 하는 것을 좋아한다.

Ich spreche ein bisschen Deutsch.
나는 독일어를 조금 한다.

• ein bisschen 조금
• mit³ ~과 함께

**fahren (mit³ etw) (~을) 타고 가다**

| ich fahre | wir fahren |
| --- | --- |
| du fährst | ihr fahrt |
| er/sie/es fährt | sie fahren |
|  | Sie fahren |

Meine Schwester fährt mit dem Fahrrad
nach Hause.
나의 자매는 자전거를 타고 집에 간다.

• das Fahrrad (Fahrräder) 자전거
• nach ~향해

~향해 라는 전치사 "nach"는
1. 집 2. 도시 3. 국가에 갈 때 사용됩니다.

# Tag 09
# Schule, Bildung II
학교, 교육 II

„*Mit deinen Taten von heute kannst du die Zukunft verändern.*"

오늘 하는 일로 미래를 바꿀 수 있다.

# Tag 09

## Schule, Bildung II
## 학교, 교육 II

MP3 듣기

독일인이 모든 단어를 한번씩 읽어주고, 예문은 천천히 한 번, 보통 속도로 한 번 읽어줍니다.

---

### ☐ 001 ★★★

**verstehen**
(jn⁴/etw⁴)
*verstand, hat verstanden*

① 이해하다
② 알아듣다

Hast du die Aufgabe verstanden?
너 이 문제 이해했어?

Ja, die Aufgabe ist eigentlich einfach.
응. 이 문제 사실은 간단해.

Nein, ich habe die Aufgabe auch nicht verstanden.
아니, 나도 이 문제 이해 못 했어.

**die Aufgabe, -n**  문제, 과제
**einfach**  간단한, 쉬운
**kompliziert**
**=schwierig**  복잡한, 어려운
**eigentlich**  사실은, 원래는

#### 패턴 & 어휘
die Frage 질문, die Aufgabe (푸는)문제, die Person 사람, das Problem (일상)문제

Ich verstehe die Frage / die Aufgabe / dich / den Professor / das Problem nicht.
나는 그 질문을 / 그 문제를 / 너를 / 그 교수님을 / 그 문제를 이해하지 못한다.

---

### ☐ 002 ★★★

**lösen (etw⁴)**
*löste, hat gelöst*

(~을) 풀다

Kannst du die Aufgabe lösen?
너 이 문제 풀 수 있어?

Ja, aber die Aufgabe ist nicht einfach.
응. 그런데 이 문제 쉽지 않아.

Nein, die Aufgabe ist viel zu schwierig.
아니, 이 문제 너무 많이 어려워.

**die Lösung, -en**  정답, 해답
**können** (화법조동사)  할 수 있다
*konnte, hat gekonnt*

| ich kann | wir können |
| --- | --- |
| du kannst | ihr könnt |
| er/sie/es kann | sie können |
|  | Sie können |

Hast du eine Lösung für die Aufgabe?
너 이 문제 정답 있어?

#### Tipp
Probleme lösen (일상에서 일어나는) 문제를 풀다
Aufgaben lösen (푸는) 문제를 풀다

*한국어로는 "die Aufgabe"와 "das Problem" 모두 문제이지만 독일어로는 각각 다르게 쓰입니다.

예를 들면 우리가 시험 볼 때 푸는 "문제"는 "die Aufgabe"라고 하며 우리가 일상에서 생기는 "문제"는 "das Problem"이라고 합니다.

## 003 ★★★

**das Beispiel, -e**

zum Beispiel
geben (jm³ etw⁴)
*gab, hat gegeben*

| ich gebe | wir geben |
| du gibst | ihr gebt |
| er/sie/es gibt | sie geben |
| | Sie geben |

보기, 예

예로 들면
(~에게 ~을) 주다

Kannst du mir ein Beispiel geben?
나한테 예문 하나 들어줄 수 있어?

Ja, ich kann dir ein paar Beispiele geben.
응. 나 너한테 예문 몇 가지 들어줄 수 있어.

**Tipp**
"예를 들어" 라는 표현을 할 때에는 Beispiel 앞에 "zum"을 붙여줍니다.
"Zum Beispiel"의 축약형은 z.B. 입니다.

## 004 ★★★

**antworten
(auf etw⁴)**
*antwortete, hat geantwortet*

| ich antworte | wir antworten |
| du antwortest | ihr antwortet |
| er/sie/es antwortet | sie antworten |
| | Sie antworten |

(~에) 대답하다

Der Schüler antwortet auf die Frage.
그 학생은 그 질문에 대답을 한다.

Der Student hat die richtigen Antworten auf alle Fragen gegeben.
그 대학생은 모든 질문에
올바른 대답을 주었다.

die Antwort, -en

Antwort geben (auf etw⁴)
*hat (Antwort) gegeben*

richtig
die Frage, -n

① 대답, 답변
② 회신
(~에) 대답(답변)
을 주다

올바른, 맞는
질문

Ich habe noch keine Antwort auf meine Frage bekommen.
나는 나의 질문에 대한 대답을
아직 받지 못했다.

## ☐ 005 ★★★

**fragen**
**(jn⁴ nach etw³)**
*fragte, hat gefragt*

**dürfen** (조동사)
*durfte, hat gedurft*

| ich darf | wir dürfen |
| --- | --- |
| du darfst | ihr dürft |
| er/sie/es darf | sie dürfen |
| | Sie dürfen |

der Weg, -e

(~에게 ~에 대해)
물어보다, 질문하다

해도 좋다,
하는 것이
허락되다

길

Darf ich dich etwas fragen?
너한테 뭐 물어봐도 돼?

Ja, klar!
응. 당연하지.

Der Mann fragt nach dem Weg.
그 남자는 길을 묻는다.

## ☐ 006 ★★★

**ein paar**
= einige

jederzeit
willkommen
offen

몇몇의, 몇개의

언제나
환영받는
① 열린 ② 솔직한

Ich habe ein paar Fragen.
나 질문 몇 개 있어.

Viele Fragen sind noch offen.
많은 질문들은 아직 풀리지 않았다.

Fragen sind jederzeit willkommen.
질문은 언제나 환영입니다.

**Tipp**
"ein paar"는 "몇 개의", "몇몇"이라는 뜻으로 뒤에는 복수 명사가 옵니다.
z.B.) ein paar Autos 몇몇 자동차들
ein paar Fehler 몇 개의 실수들

## ☐ 007 ★★★

**Fragen stellen**

**stellen** (etw⁴)
*stellte, hat gestellt*

질문하다

세우다, 세워 놓다

Die Schüler haben im Unterricht ein paar Fragen gestellt.
그 학생들은 수업시간에 몇 가지 질문을 하였다.

Darf ich eine Frage stellen?
저 질문 하나 해도 괜찮을까요?

**Tipp**
Fragen stellen 은 동사 "fragen" 보다 격식있는 표현입니다. 예를 들어 수업시간에 선생님 혹은 교수님께 질문해도 될까요?라고 물어볼 때 쓸 수 있습니다.

### 008 ★★★
**das Abitur**

수능

Mein Sohn macht bald Abitur.
내 아들은 곧 수능을 본다.

nervös

① 불안해하는, 초조해하는
② 신경이 과민한

Er ist zurzeit sehr nervös.
그는 요즘에 아주 불안해한다.

### 009 ★★★
**das Gymnasium**

(인문계 중고등학교) 김나지움

Meine Tochter besucht das Gymnasium in Berlin.
내 딸은 베를린에서 김나지움을 다닌다.

**besuchen (jn⁴/etw⁴)**
*besuchte, hat besucht*

① 다니다
② 방문하다

### 010 ★★★
**der Grundschüler, -**

초등학생

Viele Grundschüler lernen oft zusammen.
많은 초등학생들은 자주 같이 공부한다.

**die Grundschule, -n**
**zusammen**

초등학교
함께, 같이

### 011 ★★★
**das Hauptfach**
*die Hauptfächer*

전공

Die Studenten müssen ein Hauptfach und zwei Nebenfächer auswählen.
그 대학생들은 전공 하나와 부전공 두 개를 선택해야 한다.

**das Nebenfach**
*die Nebenfächer*

부전공

**aus | wählen (jn⁴/etw⁴)**
*wählte...aus, hat ausgewählt*

(~을/~를) 고르다, 선택하다

Mein Hauptfach ist Deutsch und mein Nebenfach ist Betriebswirtschaft.
나의 주전공은 독일어이고 나의 부전공은 경영학이다.

**die Auswahl, -en**

선택

**die Betriebswirtschaft**

경영학

# TAG 09 Aufgaben

◎ 단어에 해당하는 뜻을 찾아 연결하시오.

1. die Aufgabe                ⓐ 수능
2. das Beispiel               ⓑ 문제, 과제
3. die Frage                  ⓒ 보기, 예
4. jederzeit                  ⓓ 질문
5. das Abitur                 ⓔ 언제나

◎ 다음 빈칸을 채우시오.

| ⓐ lösen | ⓑ machen | ⓒ fragen | ⓓ nervös |

6. Kannst du die Aufgabe _____ ?    너 이 문제 풀 수 있어?
7. **Er ist zurzeit sehr** _____.    그는 요즘 아주 긴장해 한다.
8. Ich _____ Hausaufgaben.          나 숙제해.
9. Darf ich dich etwas _____ ?      너한테 뭐 물어봐도 돼?

◎ 다음 불규칙 동사표를 채우시오. (정답은 단어 옆에 적혀진 번호에서 확인)

10. geben (jm³ etw⁴) (~에게 ~을) 주다 (3번)

| ich | wir |
|---|---|
| du | ihr |
| er/sie/es | sie |
| | Sie |

11. antworten (auf etw⁴) (~에) 대답하다 (4번)

| ich | wir |
|---|---|
| du | ihr |
| er/sie/es | sie |
| | Sie |

Lösungen: 1.ⓑ  2.ⓒ  3.ⓓ  4.ⓔ  5.ⓐ  6.ⓐ lösen  7.ⓓ einfach  8.ⓑ mache  9.ⓒ fragen

# Tag 09

## 쉐도잉 & 핵심표현

독일인이 문장을 천천히 두 번, 보통 속도로 한 번 말해줍니다. 큰 소리로 따라해보세요!

MP3 듣기

독일어 부분을 책갈피로 가리고 한국어만 보고 독일어를 써보세요

| Koreanisch | Deutsch |
|---|---|
| ☐ 너 이 문제 이해했어? | Hast du die Aufgabe verstanden? |
| ☐ 응, 이 문제 사실은 간단해. | Ja, die Aufgabe ist eigentlich einfach. |
| ☐ 아니, 나도 이 문제 이해 못 했어. | Nein, ich habe die Aufgabe nicht verstanden. |
| ☐ 너한테 뭐 물어봐도 돼? | Darf ich dich etwas fragen? |
| ☐ 응, 당연하지. | Ja, klar. |
| ☐ 나 질문 몇 개 있어. | Ich habe ein paar Fragen. |
| ☐ 많은 질문들은 아직 풀리지 않았다. | Viele Fragen sind noch offen. |
| ☐ 질문은 언제나 환영입니다. | Fragen sind jederzeit willkommen. |
| ☐ 내 아들은 곧 수능을 본다. | Mein Sohn macht bald Abitur. |
| ☐ 그는 요즘에 아주 불안해한다. | Er ist zurzeit sehr nervös. |

메모

# Tag 10

## Schule, Bildung III
학교, 교육 III

홈페이지

„ *Das Leben beginnt da,*
*wo die Angst endet.*"

두려움이 끝나는 곳에서
인생은 시작된다.

# Tag 10

## Schule, Bildung III
### 학교, 교육 III

독일인이 모든 단어를 한번씩 읽어주고, 예문은 천천히 한 번, 보통 속도로 한 번 읽어줍니다.

MP3 듣기

---

☐ 001 ★★★

**die Klasse, -n** | 반, 학급 | In meiner Klasse gibt es zwanzig Schüler.
나의 반에는 학생이 20명 있다.

**es gibt (jn⁴/etw⁴)**
es gab, es hat gegeben | (~이) 있다 |

**Tipp**
동사 주다 "geben"가 가주어 "es"랑 쓰여서 "Es gibt"으로 쓰일 경우 "~이 있다"라는 표현으로 쓰입니다. 이때 주의할 점은 "Es gibt" 다음에 4격을 쓴다는 점입니다.

Es gibt in Korea viele Probleme.
한국에는 많은 문제점들이 있다.

Es gibt zurzeit viele Schwierigkeiten.
요즘 많은 어려움들이 있다.

---

☐ 002 ★★★

**das Zeugnis, -se** | 성적표 | Nächste Woche bekomme ich mein Zeugnis.
다음 주에 나는 내 성적표를 받는다.

**bekommen (etw⁴)**
bekam, hat bekommen | (~을) 얻다, 받다 | Weitere Informationen bekommen Sie bei uns am Mittwoch und Freitag von 17.00 bis 19.00 Uhr.
더 많은 정보는 수요일과 금요일 오후 5시부터 7시까지 저희에게 받으실 수 있습니다.

**weiter** | ① 더 자세한, 그 이외의
② 계속하여 |

**nächste Woche** | 다음 주 |

**die Information, -en** | 정보 |

**Tipp**
nächste Woche 다음 주에 / nächsten Monat 다음 달에 / nächstes Jahr 내년에

---

☐ 003 ★★★

**bestehen (etw⁴)**
bestand, hat bestanden | (~에) 합격하다 | Hat dein Freund die Prüfung bestanden?
네 친구 그 시험 합격했어?

Ja, er hat sie bestanden.
응, 그는 그 시험에 합격했어.

**die Prüfung, -en** | 시험 | Nein, er ist leider durchgefallen.
아니, 그는 아쉽게도 시험에서 떨어졌어.

**durchgefallen sein**
(bei etw³) | (~에서) 시험에서 떨어지다 |

**Tipp**
"나 시험에서 떨어졌어"는 Ich bin bei der Prüfung durchgefallen. 이지만 문맥 안에서 "시험에서" 떨어졌음을 알 수 있는 "bei der Prüfung"을 생략하고 Ich bin durchgefallen. 이라고 간략히 말하기도 합니다.

## ☐ 004 ★★★

**erziehen (jn⁴)**
*erzog, hat erzogen*

| | (~를) 교육하다 | Die Eltern und die Lehrer erziehen die Kinder.<br>그 부모님들과 그 선생님들은 그 아이들을 교육한다. |

die Erziehung — 교육
der Erzieher, - — 교육자

Eine gute Erziehung ist wichtig für unsere Kinder.
좋은 교육은 우리 아이들에게 중요하다.

## ☐ 005 ★★★

**leihen (jm³ etw⁴)**
*lieh, hat geliehen*

① 빌려주다
② 빌리다

Kannst du mir einen Bleistift leihen?
나에게 연필 하나만 빌려줄 수 있어?

Tut mir leid, ich habe leider keinen Bleistift.
미안해. 나 아쉽게도 연필이 없어.

**zurück | geben**
*gab...zurück, hat zurückgegeben*

되돌려주다

Kannst du mir mein Geld zurückgeben?
너 나한테 내 돈 돌려줄 수 있어?

letztes Mal — 지난번에

Ich habe dir letztes Mal 20 Euro geliehen.
내가 너한테 지난번에 20유로 빌려 줬어.

## ☐ 006 ★★★

**das Stipendium**
*die Stipendien*

장학금

Ich bekomme ein Stipendium für mein Studium.
나는 대학 장학금을 받는다.

das Studium
① 대학공부
② 전공

**Tipp**
장학생은 "der Stipendiat, -en"라고 합니다.
z.B) Max ist Stipendiat. 막스는 장학생이야.

## ☐ 007 ★★★

**wiederholen**
*wiederholte, hat wiederholt*

반복하다

Entschuldigung. Können Sie das bitte wiederholen?
죄송해요. 다시 한 번 말씀해 주시겠어요?

die Entschuldigung, -en — 용서, 사과
die Wiederholung, -en — 반복, 되풀이
wieder — 다시
die Vokabel, -n — 어휘, 단어

Ich habe gestern Vokabeln wiederholt.
나는 어제 단어 복습했어.

## 008 ★★★

**erklären (jm³ etw⁴)**
*erklärte, hat erklärt*

die Erklärung, -en

| (~에게 ~을) 설명하다 | Kannst du mir das bitte erklären?<br>나에게 이것 좀 설명해 줄 수 있어?<br><br>Ich verstehe das nicht.<br>나 이거 이해 못 하겠어. |
|---|---|
| 설명 | |

## 009 ★★★

**korrigieren (etw⁴)**
*korrigierte, hat korrigiert*

die Korrektur, -en
die Arbeit, -en


der Aufsatz

(~을) 수정하다, 고치다

수정
① 과제, 일
② 작업

작문, 에세이, 논문

Unsere Lehrerin hat die Arbeiten noch nicht korrigiert.
우리 여선생님은 그 과제를 아직 안 고치셨다.

Ich habe einen Aufsatz geschrieben. Kannst du ihn bitte korrigieren?
나 어제 작문 하나를 썼어.
너 그거 고쳐줄 수 있어?

**Tipp**
선생님은 하나의 과제만 고치시는 게 아니라 "학생들의 여러 과제들을" 고치기 때문에 복수형을 적어야 합니다.

## 010 ★★★

**schreiben (jm³ etw⁴)**
*schrieb, hat geschrieben*




jeden Morgen
der Brief, -e
die E-mail, -s

**auf | schreiben (etw⁴)**
*schrieb...auf, hat aufgeschrieben*
die Information, -en
alles

(~에게~을) 쓰다





매일 아침
편지
메일

(~을) 메모하다

정보
모든 것

Der Mann schreibt der Frau einen Brief.
그 남자는 그 여자에게 편지를 쓴다.

Ich muss heute bis 17 Uhr meinem Chef eine E-mail schreiben.
나는 오늘 오후 5시까지
나의 사장님께 메일을 써야 한다.

Ich habe viele neue Informationen bekommen und habe alles aufgeschrieben.
나는 많은 새로운 정보들을 얻었고
모든 것을 메모하였다.

## 011 ★★★

**die Präsentation, -en**
=der Vortrag
*die Vorträge*

프레젠테이션, 발표

Der Student hält eine Präsentation.
그 대학생은 발표를 한다.

Seine Präsentation war ausgezeichnet.
그의 발표는 훌륭했다.

eine Präsentation halten — 발표를 하다

## 012 ★★★

**der Lebenslauf**

이력서

Bosch sucht Praktikanten.
보쉬는 인턴을 찾는다. (구하고 있다.)

schicken (jm³ etw⁴)
*schickte, hat geschickt*

(~에게~을) 보내다

Der Student schickt den Lebenslauf online.
그 대학생은 그 이력서를 온라인으로 보낸다.

der Praktikant, -en — 실습생, 인턴

suchen (jn⁴/etw⁴)
*suchte, hat gesucht*

(~을/를) 찾다

## 013 ★★★

**der Jugendliche, -n**

청소년

Die meisten Jugendlichen denken oft: "Meine Eltern verstehen mich nicht!"
대부분의 청소년들은 자주 생각한다. "나의 부모님은 나를 이해 못해!"

denken
*dachte, hat gedacht*

생각하다, 추측하다

Die meisten Jugendlichen hören gerne Musik.
대부분의 청소년들은 음악 듣는 것을 좋아한다.

verstehen (jn⁴/etw⁴)
*verstand, hat verstanden*

(~을/를) 이해하다

meistens — 대부분

# TAG 10  Aufgaben

◎ 단어에 해당하는 뜻을 찾아 연결하시오.

1. die Klasse　　　　　　　　　ⓐ 합격하다

2. das Zeugnis　　　　　　　　ⓑ 가지다

3. das Stipendium　　　　　　　ⓒ 증명서

4. bestehen　　　　　　　　　　ⓓ 장학금

5. haben　　　　　　　　　　　ⓔ 반, 학급

◎ 다음 빈칸을 채우시오.

> ⓐ der Bleistift　　ⓑ die Präsentation　　ⓒ schicken　　ⓓ erklären

6. Der Student hält ____ _____.　　그 대학생은 발표를 한다.

7. Kannst du mir ____ _____ leihen?　　나에게 연필 한 자루만 빌려줄 수 있어?

8. Kannst du mir das bitte _____ ?　　나에게 이것 좀 설명해줄 수 있어?

9. Der Student _____ den Lebenslauf online.　　그 대학생은 그 이력서를 온라인으로 보낸다.

◎ 다음 단어의 뜻을 독일어로 쓰시오. (명사의 경우 관사도 함께)

10. 인턴:

11. 수정:

12. 반복, 되풀이

---

Lösungen: 1.ⓔ 2.ⓒ 3.ⓓ 4.ⓐ 5.ⓑ 6.ⓑ eine Präsentation 7.ⓐ einen Bleistift 8.ⓓ erklären 9.ⓒ schickt
10. der Praktikant 11. die Korrektur 12. die Wiederholung

# Tag 10

## 쉐도잉 & 핵심표현

> 독일인이 문장을 천천히 두 번, 보통 속도로 한 번 말해줍니다. 큰소리로따라해보세요!

MP3 듣기

> 독일어 부분을 책갈피로 가리고
> 한국어만 보고 독일어를 써보세요

| Koreanisch | Deutsch |
|---|---|
| 다음주에 나는 내 성적표를 받는다. | Nächste Woche bekomme ich mein Zeugnis. |
| 네 친구 그 시험 합격했어? | Hat dein Freund die Prüfung bestanden? |
| 응, 그는 그 시험에 합격했어. | Ja, er hat sie bestanden. |
| 아니, 그는 아쉽게도 시험에서 떨어졌어. | Nein, er ist leider durchgefallen. |
| 나에게 연필 하나만 빌려줄 수 있어? | Kannst du mir einen Bleistift leihen? |
| 죄송해요. 다시 한 번 말씀해 주시겠어요? | Entschuldigung. Können Sie das bitte wiederholen? |
| 나에게 이것 좀 설명해 줄 수 있어? | Kannst du mir das bitte erklären? |
| 나 이거 이해 못 하겠어. | Ich verstehe das nicht. |

**메모**

# Tag 10

## 배운 내용으로 대화 하기

남자독일인과 여자독일인의 귀에 쏙쏙 들어오는 음성을 들어보세요.

MP3 듣기

### Was machst du da?

**Max**: 너 거기서 뭐해?

Was machst du da?

**Lisa**: 나 수학 숙제 하고 있어.
그런데 나 몇몇 질문을 이해 못 하겠어.
이 질문들은 너무 많이 어려워.

Ich mache gerade die Mathe-Hausaufgaben,
aber ich verstehe ein paar Fragen nicht.
Sie sind viel zu schwierig.

**Max**: 어쩌면 네가 너무 어렵게 생각하는 것 같아.
나는 이 문제들이 간단하고 생각해.

Vielleicht denkst du zu kompliziert.
Ich finde sie einfach.

**Lisa**: 아, 너는 수학도 잘 하잖아.
하지만 나는 정말 못 해.
지난번에 나는 시험에서 떨어졌어.

Ach, du bist (ja) auch gut in Mathe,
aber ich bin echt schlecht.
Letztes Mal bin ich durchgefallen.

**Max**: 어떤 문제를 너는 이해 못 하는데?

Welche Aufgaben verstehst du nicht?

**Lisa**: 여기 이 두 문제.
이 문제가 나를 미치게 만들어.
너 혹시 잠시 시간 있어?
나한테 이 문제 설명해 줄 수 있어?

Die zwei Aufgaben hier.
Sie machen mich verrückt.
Hast du vielleicht kurz Zeit?
Kannst du sie mir bitte erklären?

**Max**: 당연하지.
(막스가 설명해 줌)

Ja, klar.
(Max erklärt.)

**Lisa**: 와우, 너 진짜 설명 잘한다.
나 이제 모든 문제를 이해했어.
넌 정말 똑똑해. 정말 고마워.

Wow, du kannst wirklich gut erklären.
Ich habe jetzt alle Aufgaben verstanden.
Du bist echt schlau. Vielen Dank.

**Max**: 아, 나는 그저 부지런히 공부할 뿐이야.

Ach, ich lerne nur fleißig.

---

**설명**

(단어) Welche 어느, 어떤 / welche + 명사 + 동사 + 주어

Welche Sprachen sprichst du? 너 어떤 언어 해?
Welche Aufgaben verstehst du nicht? 너 어떤 문제 이해 못해?

(단어) schlau 똑똑한, 영리한: Du bist echt schlau. 너 정말 똑똑하다. = Du bist sehr klug.

(단어) da ① 거기(장소) ② 그때(시간) ③ 왜냐하면(weil) :
Was machst du da? 너 거기서 뭐해?

# Tag 11   Hobbys, Freizeit
## 취미, 여가 시간

„**Nimm dir Zeit, um glücklich zu sein.**"

행복해지기 위한 시간을 가져라.

# Tag 11

## Hobbys, Freizeit
취미, 여가 시간

독일인이 모든 단어를 한번씩 읽어주고, 예문은 천천히 한 번, 보통 속도로 한 번 읽어줍니다.

MP3 듣기

---

□ 001 ★★★

**das Hobby, -s** | 취미 | Was ist dein Hobby?
너의 취미는 뭐야?

das Singen | 노래하기 | Meine Hobbys sind Singen und Tanzen.
das Tanzen | 춤추기 | 내 취미는 노래 부르기와 춤추기야.

---

□ 002 ★★★

**das Fahrrad**
*die Fahrräder* | 자전거

fahren (etw⁴) | (~을) 운전하다 | Was macht Stephan gern in seiner Freizeit?
fahren (mit etw³) | (~을) 타고 가다 | 슈테판은 여가시간에 (그의 여가시간에) 뭐 하는 거 좋아해?
*fuhr, ist gefahren*

| ich fahre | wir fahren |
|---|---|
| du fährst | ihr fahrt |
| er/sie/es fährt | sie fahren |
|  | Sie fahren |

Ich glaube, er fährt gern Fahrrad.
내 생각에, 슈테판은 자전거 타는 거 좋아해.

### Tipp
(복합명사) frei (자유의) + die Zeit (시간)
= die Freizeit 자유시간, 여가시간

Fahrrad fahren | 자전거를 타다
glauben | 생각하다, 추측하다

glauben (an jn⁴/etw⁴) | (~을/를) 믿다
*glaubte, hat geglaubt*

---

□ 003 ★★★

**tanzen**
*tanzte, hat getanzt* | 춤추다 | Kannst du gut tanzen?
너 춤 잘 춰?

Ja, ich kann sehr gut tanzen.
응, 나 춤 아주 잘 춰!

der Tänzer, - | 댄서 | Nein, ich kann nicht so gut tanzen.
der Tanz | 춤, 무용 | 아니. 나 춤 그렇게는 잘 못 춰.
*die Tänze*

## ☐ 004 ★★★

**kochen**
*kochte, hat gekocht*

das Wasser
die Pasta
die Küche, -n

① 요리하다
② 끓이다, 삶다

물
파스타
부엌, 주방

Was kannst du gut kochen?
너 요리 뭐 잘해?

Ich kann gut Pasta kochen.
나 파스타 잘 만들어.

Das Wasser kocht gerade.
그 물은 끓고 있는 중이야.

## ☐ 005 ★★★

**zeichnen (etw$^4$)**
*zeichnete, hat gezeichnet*

**malen (etw$^4$)**
*malte, hat gemalt*

der Maler, -
der Künstler, -
der Zeichner, -

die Wand
*die Wände*

an (전치사)

(~을) 그리다

(~을) 그리다

화가
예술가
화가

벽

~옆에
(움직임이 있을 때 4격)

Der Maler kann super gut zeichnen.
그 화가는 그림을 아주 잘 그린다.

Der Künstler malt etwas an die Wand.
그 예술가는 무엇인가를 벽에 그리고 있다.

**Tipp**
zeichnen vs malen: "zeichnen"은 주로 연필로 그리는 걸 뜻하고, malen은 색으로 그리는 것을 뜻합니다.

## ☐ 006 ★★★

**besichtigen (etw$^4$)**
*besichtigte, hat besichtigt*

die Stadt
*die Städte*
die Sehenswürdigkeit, -en
die Besichtigung, -en

(~을) 구경하다

① 시내 ② 도시

명소, 구경거리
구경, 관람

Der Tourist besichtigt die Stadt.
그 여행객은 시내를 구경한다.

Die Touristen besichtigen alle Sehenswürdigkeiten in der Stadt.
그 여행객들은 시내에 있는 모든 명소들을 구경한다.

**Tipp**
Sehen (보다) + würdig (가치 있는)
= die Sehenswürdigkeit 명소, 볼거리
"~을 볼만한 가치가 있는 것"이라고 하여 "볼거리" 혹은 "명소"라는 표현이 생겨났습니다.

**패턴 & 어휘**
동사 "besichtigen"은 "보다, 구경하다"라는 뜻이지만 ~장소에 가서 무엇을 본다는 의미에서만 쓰입니다.
(z.B.: Museum 박물관, das Schloss 성)

## 007 ★★★

**der Ausflug**
*die Ausflüge*

einen Ausflug machen
nach³ (전치사)

| 소풍 | Heute machen wir einen Ausflug nach Köln.<br>오늘 우리는 쾰른으로 소풍을 간다. |
|---|---|
| 소풍 가다<br>~향해 (집, 도시, 국가) | Viele Familien machen am Wochenende einen Ausflug.<br>많은 가족들은 주말에 소풍을 간다. |

## 008 ★★★

**schlafen**
*schlief, hat geschlafen*

| ich schlafe | wir schlafen |
|---|---|
| du schläfst | ihr schlaft |
| er/sie/es schläft | sie schlafen |
| | Sie schlafen |

der Schlaf

| 잠을 자다 | Die Studentin schläft oft in der Pause.<br>그 여대생은 쉬는 시간에 자주 잠을 잔다.<br><br>Viele Schüler schlafen im Unterricht.<br>많은 학생들은 수업시간에 잠을 잔다. |
|---|---|
| 잠 | |

## 009 ★★★

**spazieren gehen**

der Spaziergang

| 산책하러 가다 | Wohin gehst du?<br>너 어디 가? |
|---|---|
| 산책 | Ich gehe mit meinem Hund spazieren.<br>나는 내 강아지랑 산책 가. |

## 010 ★★★

**fotografieren (jn⁴/etw⁴)**
*fotografierte, hat fotografiert*
= ein Foto machen

(~을/를) 사진을 찍다

Mein Freund fotografiert gern Vögel und andere Tiere.
내 친구는 새랑 다른 동물들 사진 찍는 것을 좋아한다.

Ich mache gern Fotos von Tieren.
나는 동물들 사진 찍는 것을 좋아한다.
= Ich fotografiere gern Tiere.

das Tier, -e — 동물
der Vogel — 새
*die Vögel*
von³ (전치사) — ~의 (소유격)
das Foto, -s — 사진

**Tipp**
한 마리의 새와 동물만을 찍는 것이 아닌 여러 마리의 새와 동물을 찍는 것이기 때문에 새의 복수형인 "Vögel", 동물의 복수형인 "Tiere"를 적어주셔야 합니다.

## 011 ★★★

**verbringen (mit jm³/etw³)**
*verbrachte, hat verbracht*

(~와 함께) 시간을 보내다

Ich verbringe viel Zeit draußen.
나는 많은 시간을 밖에서 보낸다.

Nach der Arbeit verbringe ich viel Zeit mit meinem Kind.
일이 끝난 후에는 나는
내 아이와 많은 시간을 보낸다.

draußen — 밖에서, 외부에서
meistens — 대부분

Ich verbringe am Wochenende meistens viel Zeit mit meiner Familie.
나는 주말에 주로
나의 가족과 많은 시간을 보낸다.

## 012 ★★★

**aus | gehen**
*ging...aus, ist ausgegangen*

외출하다

Gehen wir am Wochenende aus?
우리 주말에 외출할까?

lieber — ~을 더 하고 싶어 하는, 차라리 ~하고 싶어 하는

Ich möchte lieber zu Hause bleiben.
나는 차라리 집에 있고 싶어.

## 013 ★★★

**surfen**
*surfte, hat gesurft*

im Internet surfen
das Internet
die Leute
das Schlafengehen

서핑하다
(파도, 인터넷)

인터넷 서핑하다
인터넷
(복수) 사람들
취침

Viele Leute surfen
vor dem Schlafengehen im Internet.
많은 사람들은
자러 가기 전에 인터넷 서핑을 한다.

Im Sommer surfe ich gern.
여름에 나는 서핑하는 것을 좋아한다.

## 014 ★★★

**danken**
**(jm³ für etw⁴)**
*dankte, hat gedankt*

der Dank
die Unterstützung, -en
die Teilnahme, -n

(~에게 ~에 대해)
감사하다

감사, 고마움
지원
참가, 참여

Ich danke Ihnen für Ihre Hilfe/
Unterstützung/Teilnahme.
도와주셔서/지원해주셔서/참석해주셔서
감사드립니다.

=Vielen Dank für
Ihre Hilfe / Unterstützung / Teilnahme.

## 015 ★★★

**etw¹ steht jm³**
*stand, hat gestanden*

der Rock
*die Röcke*
der Anzug
*die Anzüge*
das Hemd, -en

~이 ~에게
어울리다

치마

양복

셔츠

Der Anzug steht dir.
그 양복은 너한테 어울린다.

Steht mir der Rock?
이 치마 나한테 잘 어울려?

Ja, der steht dir gut.
응. 그 치마 너한테 잘 어울려.

## 016 ★★★

**etw¹ passt jm³**
*passte, hat gepasst*

die Bluse, -n
die Hose, -n
überhaupt nicht

① 옷(크기)따위가
~에게 맞다

블라우스
바지
전혀 ~않은

Passt dir die Hose?
그 바지 너한테 맞아? (크기가)

Ja, die Hose passt mir sehr gut.
응, 그 바지 나한테 아주 잘 맞아. (크기가)

Die Bluse passt dir überhaupt nicht.
그 블라우스 너한테 전혀 안 맞아. (크기가)

Sie ist zu groß.
그거 너무 커.

## 017 ★★★

**etw¹ gehört jm³**
*gehörte, hat gehört*

~이 ~에게 속하다,
~의 것이다

Gehört dir das Auto?
= Ist das dein Auto?
이 자동차 너의 자동차야?

Ja, es gehört mir.
= Ja, das ist mein Auto.
응, 그거 내 자동차야.

das Herz, -en
das Auto, -s

심장
자동차

Mein Herz gehört dir.
내 심장은 너의 것이야.

# TAG 11 Aufgaben

◎ 단어에 해당하는 뜻을 찾아 연결하시오.

1. das Hobby             ⓐ 그림 그리다

2. zeichnen              ⓑ 여행객

3. der Ausflug           ⓒ 취미

4. singen                ⓓ 노래하다

5. der Tourist            ⓔ 소풍

◎ 다음 빈칸을 채우시오.

| ⓐ tanzen | ⓑ gehören | ⓒ heute | ⓓ kochen |

6. _____ machen wir einen Ausflug nach Köln.    오늘 우리는 쾰른으로 소풍을 간다.

7. Ich kann gut _____.    나는 요리 잘해.

8. _____ dir das Auto?    이 자동차 너 거야?

9. Kannst du gut _____?    너 춤 잘 춰?

◎ 다음 불규칙 동사표를 채우시오. (정답은 단어 옆에 적혀진 번호에서 확인)

10. **schlafen** 잠을 자다 (8번)

| ich | wir |
|---|---|
| du | ihr |
| er/sie/es | sie |
| | Sie |

10. **fahren** ~을 타고 가다 (2번)

| ich | wir |
|---|---|
| du | ihr |
| er/sie/es | sie |
| | Sie |

Lösungen : 1.ⓒ 2.ⓐ 3.ⓔ 4.ⓓ 5.ⓑ 6.ⓒ Heute 7.ⓓ kochen 8.ⓑ gehört 9.ⓐ tanzen

# Tag 11

## 쉐도잉 & 핵심표현

> 독일어 부분을 책갈피로 가리고
> 한국어만 보고 독일어를 써보세요

| Koreanisch | Deutsch |
|---|---|
| 너의 취미가 뭐야? | Was ist dein Hobby? |
| 내 취미는 노래 부르기와 춤추기야. | Meine Hobbys sind Singen und Tanzen. |
| 슈테판은 여가 시간에 뭐 하는 거 좋아해? | Was macht Stephan gern in seiner Freizeit? |
| 내 생각에는, 슈테판은 자전거 타는 거 좋아해. | Ich glaube, er fährt gern Fahrrad. |
| 너 무슨 요리 잘해? | Was kannst du gut kochen? |
| 나 파스타 잘 만들어. | Ich kann gut Pasta kochen. |
| 너 어디 가? | Wohin gehst du? |
| 나는 내 강아지랑 산책 가. | Ich gehe mit meinem Hund spazieren. |
| 우리 주말에 외출할까? | Gehen wir am Wochenende aus? |
| 나 차라리 집에 머물고 싶어. | Ich möchte lieber zu Hause bleiben. |

**메모**

# Tag 12

## Sport
운동

*„ Glaub an dich. Du schaffst das! "*

너를 믿어라. 너는 해낼 수 있다!

# Tag 12

## Sport
운동

독일인이 모든 단어를 한번씩 읽어주고, 예문은 천천히 한 번, 보통 속도로 한 번 읽어줍니다.

MP3 듣기

---

☐ 001 ★★★

**der Sport** | 운동 | Der Junge macht gern Sport.
그 소년은 운동을 즐겨 한다.

Sport machen
= Sport treiben | 운동하다 | Nach der Arbeit gehe ich für eine Stunde ins Fitnessstudio.
일이 끝난 후 나는 한 시간 동안 헬스장에 운동하러 간다.

das Fitnessstudio | 헬스장 |

---

☐ 002 ★★★

**trainieren**
*trainierte, hat trainiert* | 트레이닝하다, 훈련하다 | Der Mann trainiert dreimal die Woche.
그 남자는 일주일에 세 번 트레이닝 한다.

der Trainer, -
das Training
mehr | 트레이너
트레이닝
더 많은 | Immer mehr Menschen in Deutschland gehen ins Fitnessstudio.
점점 더 많은 사람들은 독일에서 헬스장에 간다.

das Gerät, -e
der Muskel, -n | 기구, 기기
근육 | Sie trainieren ihre Muskeln mit Geräten.
그들은 자신의 근육을 기구로 트레이닝 한다.

---

☐ 003 ★★★

**die Mannschaft, -en** | 팀 | Meine Mannschaft gewinnt bestimmt das Spiel.
내 팀은 분명히 그 경기에서 승리할 것이다.

das Spiel, -e
gewinnen (etw⁴)
*gewann, hat gewonnen* | ① 경기 ② 게임
(~을) 이기다, 승리하다 | Meine Mannschaft hat leider das Spiel verloren.
내 팀은 아쉽게도 그 경기에서 졌다.

verlieren (etw⁴)
*verlor, hat verloren* | ① 지다, 패배하다
② 잃어버리다 |

---

132

## ☐ 004 ★★★

**das Tennis**

(단수) 테니스

Luisa spielt sehr gut Tennis.
루이사는 테니스를 아주 잘 친다.

spielen
*spielte, hat gespielt*

① 운동하다
(공, 라켓)
② 악기를 다루다
③ 놀다

Das Mädchen spielt
in einer Fußballmannschaft.
그 소녀는 축구팀에서 축구를 한다.

Tennis ist mein Lieblingssport.
테니스는 내가 가장 좋아하는 운동이다.

Fußball spielen
die Fußballmannschaft, -en

축구하다
축구팀

## ☐ 005 ★★★

**der Fußball**

축구, 축구공

Die Deutschen sind verrückt nach Fußball.
독일인들은 축구에 열광한다.

verrückt
verrückt sein (nach etw³)
der Deutsche, -n

미친
(~에) 열광하다
독일인

**Tipp**
"~을 미칠 만큼 좋아하다"라는 표현은
verrückt sein (nach etw) 라고 합니다.
z.B.) Ich bin verrückt nach K-Pop.
나는 케이팝에 열광한다.

## ☐ 006 ★★★

**wichtig**

중요한

Lachen ist wichtig für die Gesundheit.
웃음은 건강에 중요하다.

lachen
*lachte, hat gelacht*
das Lachen

웃다

웃음

Training und gesundes Essen
sind wichtig beim Bodybuilding.
트레이닝과 건강한 음식은
보디빌딩에 중요하다.

**Tipp**
상대방이 재채기했을 때 독일에서는 건강하세요! "Gesundheit!"
라고 합니다. (영어의 "God bless you")
이에 "Danke!"라고 대답하시면 됩니다.

## ☐ 007 ★★★

**joggen**
*joggte, ist gejoggt*

조깅하다

Die Frau joggt täglich im Park.
그 여자는 매일 공원에서 조깅을 한다.

täglich

매일

## 008 ★★★

**der Zuschauer, -** | 관객 | Es gibt viele Zuschauer im Fußballstadion.
축구 경기장에 많은 관객들이 있다.

das Stadion
*die Stadien*
das Fußballstadion
*die Fußballstadien*
| 경기장
축구 경기장 |

**Tipp**
der Fußball 축구 + das Stadion 경기장
= das Fußballstadion 축구경기장

## 009 ★★★

**Probleme haben (mit etw³)** | (~에) 문제가 있다 | Er hat Probleme mit dem Rücken.
그는 허리에 문제가 있다.

Er geht nicht gern ins Fitnessstudio, aber er muss trainieren.
그는 헬스장에 가는 걸 좋아하지는 않지만 그는 트레이닝을 해야 한다.

nicht gern
der Rücken, -
| 좋아하지 않는
허리 |

## 010 ★★★

**schwimmen**
*schwamm, ist geschwommen*
| 수영하다 | Ich kann gut schwimmen.
나는 수영을 잘한다.

Ich gehe zweimal pro Woche ins Schwimmbad.
나는 일주일에 두 번 수영장에 간다.

das Schwimmbad
*die Schwimmbäder*
| 수영장 |

**Tipp**
"pro"는 "당,"이라는 표현으로 횟수를 말할 때 쓰입니다.
Ich gehe zweimal pro Monat ins Kino.
나는 한 달에 2번 영화관에 가.

## 011 ★★★

**fit** | 건강한,
컨디션이 좋은 | Mein Großvater ist noch sehr fit, denn er hat sein ganzes Leben lang viel Sport gemacht.
나의 할아버지는 아직 매우 건강하시다. 왜냐하면 그는 자신의 일생동안 많은 운동을 하셨기 때문이다.

ganz
das Leben
| 완전한, 모든
삶, 인생 |

**Tipp**
"gesund"는 병이나 아픈데가 없어서 건강하다는 뜻이고
"fit"는 운동을 해서 건강한 상태를 말합니다.

## 012 ★★★

**Ski fahren**

스키를 타다

Fährst du gern Ski?
너 스키 타는 것을 좋아해?

Nein, ich fahre nicht so gern Ski.
아니, 나는 스키 타는 것을 그렇게 좋아하지는 않아.

der Ski — 스키
nicht so gern — 그렇게 좋아하지 않는
der Anfänger, - — 초보자

Ich bin Anfänger im Skifahren.
나는 스키타는 데에 초보자이다.

## 013 ★★★

**laufen**
*lief, ist gelaufen*

| ich laufe | wir laufen |
| du läufst | ihr lauft |
| er/sie/es läuft | sie laufen |
| | Sie laufen |

① 뛰다
② 진행되다

Stephan läuft gerade auf dem Laufband.
슈테판은 러닝머신에서 뛰고 있다.

Laufen trainiert den ganzen Körper.
달리기는 몸 전체를 트레이닝 한다.

Das Projekt ist wie erwartet gut gelaufen.
그 프로젝트는 기대했던 바와 같이 잘 진행되었다.

das Laufen — 달리기
der Körper, - — 몸, 신체

wie — ~와 같이, ~처럼
wie erwartet — 기대했던 것처럼
erwarten — 기대하다
*erwartete, hat erwartet*

das Laufband — 러닝머신

**Tipp**
러닝머신 "Laufband" 위를 달리기 때문에 전치사 "auf"를 씁니다.

## 014 ★★★

**ab | nehmen**
*nahm...ab, hat abgenommen*

| ich nehme...ab | wir nehmen...ab |
| du nimmst...ab | ihr nehmt...ab |
| er/sie/es nimmt...ab | sie nehmen...ab |
| | Sie nehmen...ab |

살을 빼다

Ich möchte ein paar Kilo abnehmen.
나는 몇 킬로 빼고 싶어.

Mach oft Sport und iss keine Süßigkeiten!
운동 자주 하고
단거 먹지 마!

**Tipp**
abnehmen (살을 빼다) ⟨-⟩ zunehmen (살을 찌다)
Ich möchte ein paar Kilo zunehmen.
나는 몇 킬로 찌고 싶어.
⟨-⟩ Ich möchte ein paar Kilo abnehmen.
나는 몇 킬로 빼고 싶어.

die Süßigkeit, -en — 단것 (과자)

# TAG 12 Aufgaben

◎ 단어에 해당하는 뜻을 찾아 연결하시오.

1. der Sort          ⓐ 테니스

2. schwimmen       ⓑ 조깅하다

3. die Mannschaft    ⓒ 수영하다

4. das Tennis         ⓓ 운동

5. joggen            ⓔ 선수단

◎ 다음 빈칸을 채우시오.

> ⓐ spielen    ⓑ Sport machen    ⓒ das Schwimmbad    ⓓ verrückt

6. Der Junge _____ gern _____.    그 소년은 운동하는 것을 좋아한다.

7. Luisa_____ sehr gut Tennis.    루이사는 테니스를 정말 잘 친다.

8. Die Deutschen sind_____nach Fußball.    독일인들은 축구에 열광한다.

9. Ich gehe ins _____.    나 수영장 가.

◎ 다음 불규칙 동사표를 채우시오. (정답은 단어 옆에 적혀진 번호에서 확인)

10. **laufen** ①뛰다 ②진행되다 (13번)

| ich | wir |
|---|---|
| du | ihr |
| er/sie/es | sie |
|  | Sie |

11. **ab | nehmen** 살을 빼다 (14번)

| ich | wir |
|---|---|
| du | ihr |
| er/sie/es | sie |
|  | Sie |

Lösungen : 1.ⓓ 2.ⓒ 3.ⓔ 4.ⓐ 5.ⓑ 6.ⓑ macht, Sport 7.ⓐ spielt 8.ⓓ verrückt 9.ⓒ Schwimmbad

# Tag 12

## 쉐도잉 & 핵심표현

독일인이 문장을 천천히 두 번, 보통 속도로 한 번 말해줍니다. 큰 소리로 따라해보세요!

MP3 듣기

★ 독일어 부분을 책갈피로 가리고
한국어만 보고 독일어를 써보세요

| Koreanisch | Deutsch |
|---|---|
| 그 소년은 운동하는 것을 좋아한다. | Der Junge macht gern Sport. |
| 그 남자는 일주일에 세 번 트레이닝 한다. | Der Mann trainiert dreimal die Woche. |
| 그는 허리에 문제가 있다. | Er hat Probleme mit dem Rücken. |
| 그는 헬스장에 가는 걸 좋아하지는 않지만 트레이닝 해야 한다. | Er geht nicht gern ins Fitnessstudio, aber er muss trainieren. |
| 스키 타는 거 좋아해? | Fährst du gern Ski? |
| 아니야, 나 스키 타는 거 별로 안 좋아해. | Nein, ich fahre nicht so gern Ski. |
| 나는 스키 초보자이다. | Ich bin Anfänger im Skifahren. |
| 나는 몇 킬로 빼고 싶어. | Ich möchte ein paar Kilo abnehmen. |
| 운동 자주 하고 단 거 먹지 마! | Mach oft Sport und iss keine Süßigkeiten! |

 메모

# Tag 13 — Musik
음악

홈페이지

„Hunde sind die besten Freunde des Menschen."

강아지는 사람의 가장 친한 친구이다.

**인강개발** 리베도이치는 독일어 전문가들이 모여 다양한 인강 및 교재를 개발하고 있습니다.
리베도이치 홈페이지에서 쉽고 재밌게 공부할 수 있는 콘텐츠를 확인하실 수 있습니다.

# Tag 13

## Musik
음악

MP3 듣기

독일인이 모든 단어를 한번씩 읽어주고, 예문은 천천히 한 번, 보통 속도로 한 번 읽어줍니다.

---

### □ 001 ★★★

**talentiert**

musikalisch

der Musiker, -
das Talent, -e

| | |
|---|---|
| 재능이 있는 | Das Kind ist musikalisch talentiert. <br> 그 아이는 음악적으로 재능이 있다. |
| 음악적인, 음악적으로 | Es möchte später Musiker werden. <br> 그 아이는 나중에 음악가가 되고 싶어한다. |
| 음악가 | |
| 재능, 소질 | |

**패턴 & 어휘**

sprachlich, künstlerisch, sportlich
Das Kind ist sprachlich / künstlerisch / sportlich talentiert.
그 아이는 언어적으로 / 예술적으로 / 운동적으로 재능이 있다.

*Talent haben (für etw⁴): (~에 대한) 재능이 있다
Ich habe ein Talent für Sprachen / Kunst / Sport.
나는 언어에 / 예술에 / 운동에 재능이 있다.

---

### □ 002 ★★★

**das Konzert, -e**

der Pianist, -en
weltweit
statt | finden
*fand...statt,
hat stattgefunden*

| | |
|---|---|
| 콘서트 | Der Pianist gibt nächste Woche ein Konzert. <br> 그 피아니스트는 다음 주에 콘서트를 한다. |
| | Er ist weltweit berühmt. <br> 그는 세계적으로 유명하다. |
| 피아니스트 | |
| 세계적으로 | Es findet jedes Jahr ein großes Konzert in Frankfurt statt. |
| 개최되다 | 매년 프랑크푸르트에서는 큰 콘서트가 개최된다. |

**Tipp**
(복합명사) die Welt (세계) + weit (넓은) = weltweit

---

### □ 003 ★★

**der Chor**

die Dusche, -n
unter (전치사)
unter der Dusche

| | |
|---|---|
| 합창단 | Meine kleine Schwester singt seit einem Jahr im Chor. <br> 내 여동생은 합창단에서 노래한 지 일 년 되었다. |
| 샤워 | Mein älterer Bruder singt immer unter der Dusche. |
| 아래 | 나의 형은 샤워를 하면서 항상 노래를 부른다. |
| 샤워하면서 | |

| | | |
|---|---|---|
| ☐ 004 ★★ **klassisch** | 클래식의 | Klassische Musik ist immer schön.<br>클래식 음악은 항상 좋다. |
| etw¹ gefällt jm³<br>*gefiel, hat gefallen* | (~이 ~에게)<br>마음에 들다 | Die Musik von Mozart gefällt mir am besten.<br>모차르트 음악은 나에게 가장 마음에 든다. |
| am besten | ① 가장 마음에 드는<br>② 마음 같아서는 | Gefällt dir die Musik?<br>이 음악 마음에 들어? |
| schön | ① 좋은<br>② 아름다운, 예쁜 | Nein, sie gefällt mir nicht so gut.<br>아니, 그 음악 내 마음에 그렇게 들지는 않아. |
| ☐ 005 ★★★ **benutzen (etw⁴)** | (~을) 사용하다 | Ich benutze mein Handy zum Musikhören.<br>나는 나의 핸드폰을 음악 듣는 데 사용한다. |
| | | Kann ich kurz deinen Laptop benutzen?<br>내가 네 노트북을 잠깐 사용해도 괜찮아? |
| das Musikhören | 음악을 들음,<br>음악 감상 | Ja, klar.<br>응 당연하지. |
| ☐ 006 ★★★ **die Stimme, -n** | 목소리 | Ihre Stimme ist schön.<br>그녀의 목소리는 아름답다. |
| | | Sie hat eine schöne Stimme.<br>그녀는 아름다운 목소리를 가지고 있다. |
| ☐ 007 ★★★ **das Instrument, -e** | 악기 | Kannst du ein Instrument spielen?<br>너 악기 연주할 수 있어? |
| die Gitarre, -n<br>spielen<br>*spielte, hat gespielt* | 기타<br>① 악기를 다루다<br>② (공, 라켓) 운동하다<br>③ 놀다 | Ja, ich kann Gitarre und Geige spielen.<br>응, 나 기타랑 바이올린 연주할 수 있어. |
| | | Nein, ich kann leider kein Instrument spielen.<br>아니, 나는 아쉽게도 악기를 연주할 줄 몰라. |
| die Geige, -n | 바이올린 | |

| | | |
|---|---|---|
| ☐ 008 ★★★<br>**die Laune**<br><br><br>gut gelaunt sein<br>schlecht gelaunt sein | 기분<br><br><br><br>기분이 좋다<br>기분이 안좋다 | Musik macht gute Laune.<br>음악은 기분을 좋게 한다.<br><br>Ich habe heute echt gute Laune.<br>나는 오늘 정말 기분이 좋다.<br><br>Ich bin heute gut gelaunt.<br>나는 오늘 기분이 좋아.<br><br>Ich bin heute schlecht gelaunt.<br>나는 오늘 기분이 안 좋아. |
| ☐ 009 ★★★<br>**üben**<br>*übte, hat geübt*<br><br><br>das Klavier, -e<br>die Übung, -en | 연습하다<br><br><br><br>피아노<br>연습 | Am Wochenende übe ich viel Klavier.<br>주말에 나는 피아노 연습을 많이 한다.<br><br>Übung macht den Meister.<br>연습은 장인을 만든다.<br><br>Ich habe gestern den ganzen Tag Klavier geübt.<br>나는 어제 하루 종일 피아노를 연습하였다. |
| ☐ 010 ★★★<br>**der Koreaner, -**<br><br><br>günstig | 한국사람<br><br><br>저렴한 | Viele Koreaner studieren in Deutschland Musik, denn es ist günstiger als in Korea.<br>많은 한국인들은 독일에서 음악을 전공한다. 왜냐하면 한국보다 더 저렴하기 때문이다. |
| ☐ 011 ★★★<br>**laut**<br>↔ leise<br><br><br>ein bisschen<br>= ein wenig | (소리가) 큰<br>(소리가) 작은<br><br><br>조금 | Die Musik ist zu laut.<br>그 음악은 너무 크다.<br><br>Kannst du die Musik ein bisschen leiser machen?<br>그 음악 소리 조금 더 줄여줄 수 있어? |

## ☐ 012 ★★★

**das Lied, -er**

kostenlos
das Handy, -s
herunter | laden (etw⁴)
*lud...herunter, hat heruntergeladen*

hoch | laden (etw⁴)
*lud...hoch, hat hochgeladen*

노래

무료로
핸드폰
(~을) 다운받다


(~을) 업로드하다

Sie können Lieder kostenlos auf Ihr Handy herunterladen.
당신은 무료로 당신 핸드폰에 음악들을 다운 받으실 수 있습니다.

Ich habe ein paar Videos auf Youtube hochgeladen.
나는 영상 몇 개를 유튜브에 업로드하였다.

### Tipp
-los로 끝날 경우 "~없는"이란 뜻이 됩니다.
kosten (~값이 ~이다) + los (~없는) = kostenlos (무료인)
die Macht (힘) + los (없는) = machtlos (힘이 없는)
die Acht (주의, 배려) + los (없는) = achtlos (주의 없는)

## ☐ 013 ★★★

**die Lieblingsmusik**

가장 좋아하는 음악

Was ist deine Lieblingsmusik?
네가 가장 좋아하는 음악은 뭐야?

Meine Lieblingsmusik ist Pop.
내가 가장 좋아하는 음악은 팝이야.

### Tipp
"Liebling"은 복합명사로 많이 쓰입니다.
der Liebling(좋아하는 것) + das Essen (음식)
= das Lieblingsessen 가장 좋아하는 음식
der Liebling(좋아하는 것) + die Farbe (색깔)
= die Lieblingsfarbe 가장 좋아하는 색깔
der Liebling (좋아하는 것) + die Stadt (도시)
= die Lieblingsstadt 가장 좋아하는 도시

# TAG 13  Aufgaben

◎ 단어에 해당하는 뜻을 찾아 연결하시오.

1. die Musik            ⓐ 듣다

2. das Konzert          ⓑ 음악

3. die Stimme           ⓒ 콘서트

4. singen                ⓓ 목소리

5. hören                 ⓔ 노래하다

◎ 다음 빈칸을 채우시오.

> ⓐ das Instrument    ⓑ das Klavier    ⓒ spielen    ⓓ üben

6. Am Wochenende_____ ich viel Klavier.    나는 주말에 피아노 연습을 많이 한다.

7. Kannst du ein _____ spielen?    너 악기 연주할 수 있어?

8. Viele Mädchen können_____spielen.    많은 소녀들은 피아노를 연주할 줄 안다.

9. Ich kann Gitarre und Geige _____.    나는 기타와 바이올린을 연주할 수 있어.

◎ 다음 불규칙 동사표를 채우시오. (정답은 단어 옆에 적혀진 번호에서 확인)

10. **müssen** ~해야 한다 (9번)

| ich | wir |
|---|---|
| du | ihr |
| er/sie/es | sie |
|  | Sie |

Lösungen : 1.ⓑ  2.ⓒ  3.ⓓ  4.ⓔ  5.ⓐ  6.ⓓ übe  7.ⓐ Instrument  8.ⓑ Klavier  9.ⓒ spielen

# Tag 13

## 쉐도잉 & 핵심표현

독일인이 문장을 천천히 두 번, 보통 속도로 한 번 말해줍니다. 큰소리로 따라해보세요!

MP3 듣기

**독일어 부분을 책갈피로 가리고 한국어만 보고 독일어를 써보세요**

| Koreanisch | Deutsch |
| --- | --- |
| 그 아이는 음악적으로 재능이 있다. | Das Kind ist musikalisch talentiert. |
| 그 아이는 나중에 음악가가 되고 싶어한다. | Es möchte später Musiker werden. |
| 클래식 음악은 항상 좋다. | Klassische Musik ist immer schön. |
| 모차르트 음악은 나에게 가장 마음에 든다. | Die Musik von Mozart gefällt mir am besten. |
| 이 음악 마음에 들어? | Gefällt dir die Musik? |
| 그 음악 내 마음에 그렇게 들지는 않아. | Sie gefällt mir nicht so gut. |
| 그녀의 목소리는 아름답다. | Ihre Stimme ist schön. |
| 그녀는 아름다운 목소리를 가지고 있다. | Sie hat eine schöne Stimme. |
| 너 악기 연주할 수 있어? | Kannst du ein Instrument spielen? |
| 응, 나는 기타랑 바이올린 연주할 수 있어. | Ja, ich kann Gitarre und Geige spielen. |
| 아니, 나는 아쉽게도 악기를 연주할 줄 몰라. | Nein, ich kann leider kein Instrument spielen. |

메모

# Tag 13

## 배운 내용으로 대화 하기

남자독일인과 여자독일인의 귀에 쏙쏙 들어오는 음성을 들어보세요.

MP3 듣기

### Was ist dein Hobby?

**Max** 너 취미가 뭐야?

Was ist dein Hobby?

**Lisa** 내 취미는 운동이야.
나는 거의 매일 헬스장에 가.
나는 자전거도 즐겨 타.

Mein Hobby ist Sport.
Ich gehe fast jeden Tag ins Fitnessstudio.
Ich fahre auch gern Fahrrad.

**Max** 너 스포티하구나!

Du bist ja sportlich!

**Lisa** 너는 여가시간에 뭐 하는 거 좋아해?

Was machst du gern in deiner Freizeit?

**Max** 내 취미는 음악 듣는 거랑 노래하는 거야.
나는 나중에 가수가 되고 싶어.

Meine Hobbys sind Musikhören und Singen.
Ich möchte später Sänger werden.

**Lisa** 너 악기도 연주해?

Spielst du auch Instrumente?

**Max** 응, 나 바이올린이랑 피아노 그리고 기타 연주해.

Ja, ich spiele Geige, Klavier und Gitarre.

**Lisa** 와우, 너 악기 3개 연주해?

Wow, du spielst drei Instrumente?

**Max** 응. 나 (그런데) 연습도 많이 해.
연습으로 장인이 될 수 있어!

Ja, ich übe (aber) auch viel!
Übung macht den Meister!

### 설명

(단어) sportlich 스포티한 : Ich bin sportlich. 나는 스포티하다.

(팁) Spielst du auch Instrumente? 너 악기도 연주해?
→한국어로는 복수형을 쓰는 것을 지양하는 편이며 복수형도 단수형으로 쓰는 경우가 많습니다.
하지만 독일어에서는 단수인지 복수인지 정확히 써야 합니다.
너 악기 연주해? 라고 물어볼 때 하나의 악기만 연주할 수 있어?
라고 물어보는 것이 아니기 때문에 악기는 복수형 "Instrumente"로 써주셔야 합니다.

(명언) Übung macht den Meister 연습으로 장인이 될 수 있다.

# Tag 14

## Modalverben
화법 조동사

„ *Ich mag Pflanzen und Katzen. Und du?* "

**나는 식물이랑 고양이를 좋아해. 너는?**

# Tag 14

# Modalverben
### 화법 조동사

독일인이 모든 단어를 한번씩 읽어주고, 예문은 천천히 한 번, 보통 속도로 한 번 읽어줍니다.

MP3 듣기

주어 + 화법조동사 + 시간 + 장소 + 목적어 + 일반동사(원형)

□ 001 ★★★

**wollen**
*wollte, hat gewollt*

| ich will | wir wollen |
|---|---|
| du willst | ihr wollt |
| er/sie/es will | sie wollen |
| | Sie wollen |

unbedingt
zu Ende
der Anwalt
*die Anwälte*

~할 것이다



무조건
끝까지
변호사

Der Student kommt aus Österreich.
그 대학생은 오스트리아에서 왔다.

Er will später unbedingt
in Frankreich leben.
그는 나중에 무조건
프랑스에서 살려고 한다.

Ich will das Buch heute zu Ende lesen.
나는 그 책을 오늘 끝까지 읽을 것이다.

Ich möchte später Anwalt werden.
나는 나중에 변호사가 되고 싶다.

## ☐ 002 ★★★

**möchten**
*mochte, hat gemocht*

| ich möchte | wir möchten |
|---|---|
| du möchtest | ihr möchtet |
| er/sie/es möchte | sie möchten |
| | Sie möchten |

**überweisen**
*überwies, hat überwiesen*

**die Überweisung**
**das Formular, -e**

**aus | füllen** (etw⁴)
*füllte...aus, hat ausgefüllt*

**die Ausfüllung**
**die Kontonummer**

**gar**
**nichts**
**es tut jm³ leid**

원하다, (~을) 하고 싶어 하다

(계좌) 이체하다

(계좌) 이체
서식,
서식(신청)용지

(~을) 기입하다

기입, 기재
계좌번호

전혀
아무것도 ~않은
미안하다,
유감이다

Ich möchte Geld nach Deutschland überweisen.
저는 독일로 돈을 이체하고 싶어요.

Füllen Sie bitte dieses Formular aus.
이 서식 기입해주세요.

Oh, ich finde die Kontonummer nicht mehr.
오, 저는 계좌번호를 더이상 찾을 수 없어요.

Tut mir leid,
da können wir gar nichts machen.
미안해요.
그 부분은 저희가 아무것도 해드릴 수 없어요.

**Tipp**
wollen과 möchten 모두 "~을 하고 싶다"는 걸 나타냅니다. 하지만 wollen은 "~을 하겠다"는 강한 의지를 나타내는 반면 möchten은 "~하고 싶다"라는 뜻으로 소망이나 희망을 나타냅니다. 즉, 원하는 것에 대한 간접적인 표현 혹은 공손한 표현이라고 할 수 있습니다. 예를 들면 레스토랑에서 무엇을 주문할 때 "강한 의지"를 나타내는 "wollen"을 써서 "나 (이것을) 주문할 거야"라고 하기보다는 공손한 표현을 나타내는 "möchten"을 써서 "이거 주문하고 싶어요."라고 하면 좋습니다.

## ☐ 003 ★★

**müssen**
*musste, hat gemusst*

| ich muss | wir müssen |
|---|---|
| du musst | ihr müsst |
| er/sie/es muss | sie müssen |
| | Sie müssen |

**fleißig**
**fließend**

~해야 한다

부지런히
유창하게

Ich habe morgen eine Prüfung.
나는 내일 시험이 있다.

Ich muss heute fleißig lernen.
나는 오늘 열심히 공부해야 한다.

Die Studentin möchte fließend Deutsch sprechen.
그 여대학생은 유창하게 독일어를 말하고 싶어한다.

Sie muss fleißig Deutsch lernen.
그녀는 독일어를 부지런히 배워야 한다.

## 004 ★★★

### sollen
*sollte, hat gesollt*

| ich soll | wir sollen |
| --- | --- |
| du sollst | ihr sollt |
| er/sie/es soll | sie sollen |
| | Sie sollen |

(타인의 의지)
**~해야 한다**

Der Arzt hat sagt,
dass ich viel Wasser trinken soll.
그 의사는 내가 물을 많이 마셔야 한다고 말했다.

Meine Mutter hat gesagt,
dass ich mein Zimmer aufräumen soll.
나의 어머니께서는
내 방을 치우라고 하셨다.

### der Arzt
*die Ärzte*

의사

### sagen (jm³)
*sagte, hat gesagt*

(~에게/~을)
말하다

**Tipp**
müssen은 "~ 해야 한다"는 의무, 필요성, 본인의지를 나타냅니다.
반면 "sollen"은 남이 시키거나 정해진 규정, 법 때문에
행동해야 하는 것을 나타냅니다.
z.B) 내가 독일에 살고 싶어서 열심히 독일어를 공부해야 한다. (müssen)
z.B) 어머니께서 방을 치우라고 하셔서 방을 치워야 한다. (sollen)

### auf | räumen (etw⁴)
*räumte...auf, hat aufgeräumt*

(~을) 청소하다

### das Zimmer, -

방

### dass (접속사)

~한다는 것

## 005 ★★★

### dürfen
*durfte, hat gedurft*

| ich darf | wir dürfen |
| --- | --- |
| du darfst | ihr dürft |
| er/sie/es darf | sie dürfen |
| | Sie dürfen |

**허락되다,
해도 좋다**

Darf man hier rauchen?
여기서 담배 피워도 되나요?

Nein, man darf hier nicht rauchen.
아니요, 여기서 담배 피시면 안 돼요.

Du bist noch minderjährig.
너는 아직 미성년자야.

### man
### minderjährig
↔ volljährig

(단수) 사람들
미성년자의
성년의

Du darfst noch keinen Alkohol trinken.
너는 아직 술 마시면 안 돼.

"man"은 "보통 사람들"을 말할 때 쓰입니다.
하지만 단수이고 소문자로 쓰인다는 점 기억해주세요.

## ☐ 006 ★★★

### mögen
*mochte, hat gemocht*

| ich mag | wir mögen |
| du magst | ihr mögt |
| er/sie/es mag | sie mögen |
| | Sie mögen |

romantisch
nicht nur A sondern auch B

좋아하다

Viele Leute mögen den Film, denn er ist nicht nur romantisch, sondern auch spannend.
많은 사람들은 그 영화를 좋아한다. 왜냐하면 그 영화는 로맨틱할 뿐만 아니라 흥미진진하기 때문이다.

Ich mag meinen Hund sehr.
나는 나의 개를 아주 좋아한다.

로맨틱한
A뿐만 아니라 B도

Ich mag meinen Beruf als Lehrer.
나는 선생님으로서의 나의 직업을 좋아한다.

## ☐ 007 ★★★

### können
*konnte, hat gekonnt*

| ich kann | wir können |
| du kannst | ihr könnt |
| er/sie/es kann | sie können |
| | Sie können |

insgesamt
das Tischtennis
wie viele

할 수 있다

Wie viele Sprachen kannst du sprechen?
너는 언어 몇 개 할 줄 알아?

Ich kann insgesamt vier Sprachen sprechen.
나는 총 4개 국어 할 줄 알아.

Kannst du gut Tischtennis spielen?
너 탁구 잘 쳐?

총, 전부
탁구
얼마나 많은

Ja, ich kann gut Tischtennis spielen.
응, 나 탁구 잘 쳐.

Ich spiele schon seit 5 Jahren Tischtennis.
나 탁구 친 지 벌써 5년 됐어.

# TAG 14 Aufgaben

◎ 단어에 해당하는 뜻을 찾아 연결하시오.

1. sollen　　　　　　　　　　ⓐ 원하다

2. wollen　　　　　　　　　　ⓑ 할 것이다

3. können　　　　　　　　　　ⓒ 해야 한다 (타인이 시켜서)

4. möchten　　　　　　　　　ⓓ 좋아한다

5. mögen　　　　　　　　　　ⓔ 할 수 있다

◎ 다음 빈칸을 채우시오.

| ⓐ rauchen　　ⓑ aufräumen　　ⓒ ausfüllen　　ⓓ müssen |

6. _____ Sie bitte dieses Formular ____.　　이 서식 기입해주세요.

7. Ich habe morgen eine Prüfung.　　나는 내일 시험이 있다.
   Ich _____ heute fleißig lernen.　　나는 부지런히 공부해야 한다.

8. Darf man hier _____?　　여기서 담배 피워도 괜찮나요?

9. Meine Mutter sagt mir, dass　　나의 어머니께서는 나에게
   ich mein Zimmer _____ soll.　　내 방을 치우라고 하신다.

◎ 다음 불규칙 동사표를 채우시오. (정답은 단어 옆에 적혀진 번호에서 확인)

10. mögen 좋아하다 (5번)

| ich | wir |
|---|---|
| du | ihr |
| er/sie/es | sie |
|  | Sie |

11. können 할 수 있다 (6번)

| ich | wir |
|---|---|
| du | ihr |
| er/sie/es | sie |
|  | Sie |

Lösungen : 1.ⓒ 2.ⓑ 3.ⓔ 4.ⓐ 5.ⓓ 6.ⓒFüllen …aus 7.ⓓ muss 8.ⓐ rauchen 9.ⓑ aufräumen

# Tag 14

## 쉐도잉 & 핵심표현

독일인이 문장을 천천히 두 번, 보통 속도로 한 번 말해줍니다. 큰 소리로 따라해보세요!

MP3 듣기

★ 독일어 부분을 책갈피로 가리고 한국어만 보고 독일어를 써보세요

| Koreanisch | Deutsch |
| --- | --- |
| 나는 그 책을 오늘까지 읽을 것이다. | Ich will das Buch heute zu Ende lesen. |
| 나는 나중에 변호사가 되고 싶다. | Ich möchte später Anwalt werden. |
| 저 이 돈을 독일로 송금하고 싶어요. | Ich möchte Geld nach Deutschland überweisen. |
| 이 서식 가입해주세요. | Füllen Sie bitte dieses Formular aus. |
| 나는 내일 시험이 있다. | Ich habe morgen eine Prüfung. |
| 나는 오늘 부지런히 공부해야 한다. | Ich muss heute fleißig lernen. |
| 여기서 담배 피워도 되나요? | Darf man hier rauchen? |
| 아니요, 여기서 담배 피시면 안돼요. | Nein, man darf hier nicht rauchen. |
| 언어 몇 개 할 줄 알아? | Wie viele Sprachen kannst du sprechen? |
| 나는 총 4개 국어 할 줄 알아. | Ich kann insgesamt vier Sprachen sprechen. |

메모

# Tag 15

## sich verabreden
약속 잡기

„ **Nenne es nicht Traum, sondern Ziel.** "

꿈이라고 말하지 말고 목표라고 하라.

# Tag 15

## sich verabreden
약속 잡기

☐ 001 ★★★

**die Zeet** — 시간

Hast du am Freitag Zeit?
너 금요일에 시간 있어?

Nein, leider nicht.
Ich muss da arbeiten.
아니, 아쉽게도 없어.
나 그때 일해야 돼.

**da** — ① 그때(시간) ② 그곳(장소)

Wann hast du Zeit?
너 언제 시간 있어?

Ich habe am Sonntag Zeit.
나는 일요일에 시간 있어.

**Tipp**
시간은 셀 수 없기 때문에 관사를 붙이지 않습니다.
z.B.) Hast du Zeit? 너 시간 있어?
Ja, ich habe Zeit. 응, 나 시간 있어.

☐ 002 ★★★

**verabredet sein (mit jm³)** — (~와) 약속이 있다

Hast du heute Abend Zeit?
너 오늘 저녁에 시간 괜찮아?

= eine Verabredung haben (mit jm³) — (~와) 약속이 있다

Nein, leider nicht.
Ich bin schon verabredet.
아니, 아쉽게도 없어.
나 이미 약속 있어.

**die Verabredung, -en** — 약속

Ich habe heute eine Verabredung mit meinem Freund.
나는 오늘 내 친구랑 약속 있어.

= Ich bin heute mit meinem Freund verabredet.

**Tipp**
(동의어) verabredet sein = eine Verabredung haben

## 003 ★★★

**der Plan**
*die Pläne*

계획, 스케줄

Ich habe dieses Wochenende keine Pläne.
나는 이번 주말에 계획이 없어.

**planen**
*plante, hat geplant*

계획하다

Ich bleibe wahrscheinlich zu Hause.
나는 아마 집에 있을 거야.

**bleiben**
*blieb, ist geblieben*

머물다

Ich plane nächste Woche eine Reise.
나는 다음 주에 여행을 계획하고 있어.

**zu Hause bleiben**
**wahrscheinlich**

집에 머물다
아마도

## 004 ★★★

**vor | haben**
*hatte...vor, hat vorgehabt*

계획하다, 의도하다

Hast du heute etwas vor?
너 오늘 뭐 계획 있어?

Ja, ich lerne später mit Stephan Deutsch.
응. 나 이따가 슈테판이랑 독일어 공부해.

**etwas**

① 어떤 것
② 일부분, 조금

Nein, ich habe heute nichts vor.
아니, 나 오늘 계획 전혀 없어.

**nichts**

전혀 ~이 아닌

## 005 ★★★

**pünktlich**

시간을 잘 준수하는, 정확히 오는

Mein Freund kommt immer zu spät.
내 친구는 항상 늦게 온다.

**meistens**
**warten** (auf jn⁴/etw⁴)
*wartete, hat gewartet*

대부분, 보통
(~을/를) 기다리다

Ich muss immer auf ihn warten.
나는 항상 그를 기다려야 한다.

| ich warte | wir warten |
|---|---|
| du wartest | ihr wartet |
| er/sie/es wartet | sie warten |
| | Sie warten |

Mein Chef kommt meistens pünktlich.
나의 사장님은 대부분 제시간에 오신다.

Er ist pünktlich.
그는 시간을 잘 준수한다.

**die Pünktlichkeit**

시간 엄수

☐ 006 ★★★

### wissen (etw⁴)
*wusste, hat gewusst*

| ich weiß | wir wissen |
|---|---|
| du weißt | ihr wisst |
| er/sie/es weiß | sie wissen |
| | Sie wissen |

das Kino, -s

### wollen
*wollte, hat gewollt*

| ich will | wir wollen |
|---|---|
| du willst | ihr wollt |
| er/sie/es will | sie wollen |
| | Sie wollen |

von... bis
die Uhr, -en
erst

(~을) 알다

영화관

~할 것이다

~부터...까지
① 시간 ② 시계
① 우선, 먼저
② 첫 번째의

Wollen wir heute ins Kino gehen?
우리 오늘 영화 보러 갈래?

Ich weiß noch nicht.
Ich muss erst meine Hausaufgaben fertig machen.
나 아직 잘 모르겠어.
나 우선은 내 숙제를
끝내야 해.

Von wann bis wann arbeitest du?
너 언제부터 언제까지 일해?

Ich arbeite von 9 bis 15 Uhr.
나 9시부터 오후 3시까지 일해.

## ☐ 007 ★★★

### sich⁴ treffen (mit jm³)
*sich traf, hat sich getroffen*

| ich treffe mich | wir treffen uns |
|---|---|
| du triffst dich | ihr trefft euch |
| er/sie/es trifft sich | sie treffen sich |
| | Sie treffen sich |

treffen (jn⁴)
zufällig

(~와) 만나다

Ich treffe mich später mit Max.
나는 이따가 막스랑 만나.

Wir wollen später zusammen lernen.
우리는 이따가 같이 공부 할 거야.

Ich habe gestern zufällig meinen Lehrer getroffen.
나 어제 우연히
나의 선생님을 만났어.

(~를) 만나다
우연히

**Tipp**

보통 재귀대명사를 써서 "sich⁴ treffen mit jm³" 은 누구와 약속해서 만날 때 쓰이고, 우연히 만나거나, 약속해서 만나는 경우 동사+ 목적어 "treffen jn⁴"을 씁니다. (후자는 문맥으로 판단)

z.B.) Ich treffe mich mit meinem Freund.
　　　Wir wollen zusammen ins Kino gehen.
　　　나는 친구랑 만난다.
　　　우리는 같이 영화관에 가려고 한다.

z.B.) Ich habe heute zufällig Max getroffen.
　　　나는 오늘 우연히 막스를 봤다.

## ☐ 008 ★★★

### es geht

es geht jm³ + adj.
gehen
*ging, ist gegangen*

가능하다

형용사 ~지내다
가다

Treffen wir uns am Montag um 10 Uhr?
우리 월요일 10시에 만날래?

Um 10 Uhr geht es leider nicht.
10시는 아쉽게도 가능하지 않아.

Da muss ich leider arbeiten.
그때 나 아쉽게도 일해야 해.

**Tipp**

몇몇 독일어 동사들은 가주어 "es" 가 붙음으로써 뜻이 달라집니다.
1) geben 주다 -> es gibt ~이 있다
2) gehen 가다 -> es geht ~가능하다

☐ 009 ★★★

### tragen (etw⁴)
*trug, hat getragen*

| ich trage | wir tragen |
|---|---|
| du trägst | ihr tragt |
| er/sie/es trägt | sie tragen |
| | Sie tragen |

① 입다, 착용하다
② 나르다

Heute gibt es eine Party.
오늘은 파티가 있다.

Viele Frauen tragen
einen Rock und eine Bluse.
많은 여성들은 치마와 블라우스를 입는다.

Luisa trägt eine Brille und eine Tasche.
루이사는 안경을 쓰고 가방을 메고 있다.

**der Rock**
*die Röcke*
**die Bluse, -n**
**die Brille, -n**
**die Tasche, -n**

치마

블라우스
안경
가방

### 패턴 & 어휘
① die Jacke 자켓, das Hemd 셔츠 (입다)
② der Rucksack 백팩, die Tasche 가방 (메다)
③ die Verantwortung 책임, die Schuld 잘못 (지다)
④ 기타: die Brille 안경 (쓰다), die Uhr 시계 (차다)

① Der Student trägt eine Jacke
/ ein Hemd getragen.
그 대학생은 자켓을 / 셔츠를 입고 있다.

② Die Schülerin trägt gerade einen Rucksack
/ eine Tasche.
그 여학생은 백팩을 / 가방을 메고 있다.

③ Ich muss die Verantwortung
/ die Schuld tragen.
나는 그 책임을 / 그 잘못을 지어야 한다.
→ "책임 혹은 잘못을 지다"라고 할 때는 정관사 "die"를
꼭 써주셔야 합니다.

④ Ich trage eine Brille und eine Uhr.
나는 안경을 쓰고 시계를 차고 있다.

# TAG 15 Aufgaben

◎ 단어에 해당하는 뜻을 찾아 연결하시오.

1. nichts            ⓐ 계획하다
2. leider            ⓑ ~할 것이다
3. zufällig          ⓒ 전혀~아닌
4. vor | haben       ⓓ 우연히
5. wollen            ⓔ 아쉽게도

◎ 다음 빈칸을 채우시오.

| ⓐ die Zeit | ⓑ verabredet sein | ⓒ treffen | ⓓ wissen |

6. Nein, leider nicht. Ich ____ _____.   아쉽게도 안돼. 나 약속 있어.

7. Ich _____ noch nicht.   아직 잘 모르겠어.

8. Hast du heute Abend _____?   오늘 저녁에 시간 괜찮아?

9. Wann _____ wir uns heute?   우리 오늘 언제 만나?

◎ 다음 불규칙 동사표를 채우시오. (정답은 단어 옆에 적혀진 번호에서 확인)

10. warten (auf jn⁴/etw⁴) (~을/를) 기다리다 (5번)   11. wissen (etw⁴) (~을) 알다 (6번)

| ich | wir |
|---|---|
| du | ihr |
| er/sie/es | sie |
|  | Sie |

| ich | wir |
|---|---|
| du | ihr |
| er/sie/es | sie |
|  | Sie |

**Lösungen :** 1.ⓒ  2.ⓔ  3.ⓓ  4.ⓐ  5.ⓑ  6.ⓑ bin verabredet  7.ⓓ weiß  8.ⓐ Zeit  9.ⓒ treffen

# Tag 15

## 쉐도잉 & 핵심표현

**독일어 부분을 책갈피로 가리고 한국어만 보고 독일어를 써보세요**

| Koreanisch | Deutsch |
|---|---|
| 금요일에 시간 있어? | Hast du am Freitag Zeit? |
| 아쉽게도 없어. 나 그 때 일해야 돼. | Nein, leider nicht. Ich muss da arbeiten. |
| 너 언제 시간 있어? | Wann hast du Zeit? |
| 나 일요일에 시간 있어. | Ich habe am Sonntag Zeit. |
| 나 이번 주말에는 계획 없어. | Ich habe dieses Wochenende keine Pläne. |
| 나는 아마도 집에 있을 것이다. | Ich bleibe wahrscheinlich zu Hause. |
| 우리 오늘 영화 보러 갈래? | Wollen wir heute ins Kino gehen? |
| 아직 잘 모르겠어. 나 일단 내 숙제 끝내야 해. | Ich weiß noch nicht. Ich muss erst meine Hausaufgaben fertig machen. |
| 너 언제부터 언제까지 일해? | Von wann bis wann arbeitest du? |
| 나 9시부터 오후 3시까지 일해. | Ich arbeite von 9 bis 15 Uhr. |

**메모**

# Tag 15

## 배운 내용으로 대화 하기

남자독일인과 여자독일인의 귀에 쏙쏙 들어오는 음성을 들어보세요.

MP3 듣기

### Wollen wir ins Kino gehen?

**Max** 우리 오늘 영화관 갈까?
영화 "기생충" 요즘 인기가 많아.

Wollen wir heute ins Kino gehen?
Der Film "Parasite" ist zurzeit sehr beliebt.

**Lisa** 많은 사람들이 이 영화를 열광해.
나는 그 영화 보고 싶지만
오늘 나 아쉽게도 시간이 없어.
나 우선 숙제를 끝내야 해.
나 아마 집에서 머물 거야.

Viele Leute sind verrückt nach dem Film.
Ich möchte ihn auch sehen,
aber heute habe ich leider keine Zeit.
Ich muss erst meine Hausaufgaben fertig machen.
Ich bleibe wahrscheinlich zu Hause.

**Max** 너 언제 시간 있어?
너 혹시 내일 시간 있어?

Wann hast du Zeit?
Hast du vielleicht morgen Zeit?

**Lisa** 내일 나 아쉽게도 약속 있어.
하지만 일요일에는 나 시간 있어.

Morgen bin ich leider schon verabredet,
aber am Sonntag habe ich Zeit.

**Max** 그거 좋다. 우리 오후 8시에
중앙역에서 만날까?

Super, wollen wir uns um 20 Uhr
am Hauptbahnhof treffen?

**Lisa** 그래. (알겠어)

Alles klar.

---

### 설명

**(팁)** 독일 사람들은 같은 단어를 반복하는 것을 지양하는 편입니다.
"Ich möchte ihn auch sehen." 문장에서 "den Film" 대신 "ihn"을 쓴 이유는
앞 문장(Viele Leute sind verrückt *nach dem Film*.)에서 이미 영화를 언급했기 때문입니다.

**(단어)** beliebt sein 인기가 있다 : BTS ist zurzeit sehr beliebt. BTS는 요즘 인기가 많다.

**(패턴)** bestimmt 분명히 〉 wahrscheinlich 아마 〉 vielleicht 어쩌면
　　　　Ich bleibe heute bestimmt / wahrscheinlich / vielleicht zu Hause.
　　　　나 오늘 분명히 / 아마도 / 어쩌면 집에 있을 거야.

**(동의어)** Morgen bin ich verabredet. 내일 나 약속 있어.
　　　　 = Morgen habe ich eine Verabredung.

# Wie viel Uhr ist es?
# = Wie spät ist es? 몇 시야?
# Es ist…(시간)

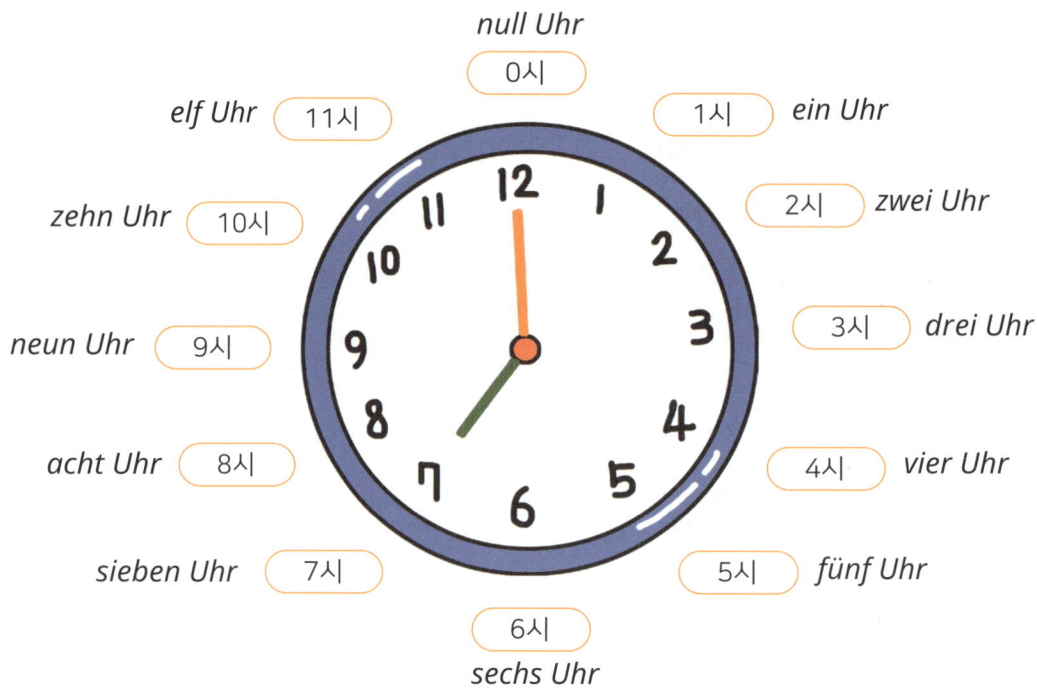

오전 8시 20분이야.
Es ist acht Uhr zwanzig.

오전 11시 10분이야.
Es ist elf Uhr zehn.

**Tipp**
독일에서 시간을 24시로 표현합니다. 즉, 저녁 7시 같은 경우는 독일에서 19시로 표현합니다.

오후 2시 40분이야.
Es ist vierzehn Uhr vierzig.

오후 4시 50분이야.
Es ist sechzehn Uhr fünfzig.

halb = 절반 = 30분

오전 3시 30분 : Es ist drei Uhr dreißig.
오후 3시 30분 :
Es ist fünfzehn Uhr dreißig.
= Es ist halb vier.

**Tipp**

"halb"는 절반이란 뜻으로 시간을 말할 때는 한 시간의 절반인 30분의 의미로 쓰입니다. 한국에서는 5시 반이라고 말하지만, 독일에서는 6시에서 30분 "halb"이 부족하다고 표현해서 Es ist halb sechs 라고 말합니다.

오전 10시 30분 :
Es ist zehn Uhr dreißig.
오후 10시 30분 :
Es ist zweiundzwanzig Uhr dreißig.
= Es ist halb elf.

오전 5시 30분 :
Es ist fünf Uhr dreißig.
오후 5시 30분 :
Es ist siebzehn Uhr dreißig.
= Es ist halb sechs.

*vor* : 시계반대방향

*nach* = 시계방향

오전 2시 15분 : Es ist zwei Uhr fünfzehn.
오후 2시 15분 : Es ist vierzehn Uhr fünfzehn.

= Es ist Viertel nach zwei.

**Tipp**
Viertel 은 4 분의 1 을 의미하며 60분 기준으로는 15분을 뜻합니다.
nach = 이후 / vor = 이전
따라서 "Es ist Viertel nach zwei." 는 2시에서 15분 이후인 "2시 15분"을 의미합니다.

오전 4시 15분 : Es ist vier Uhr fünfzehn.
오후 4시 15분 :
Es ist sechzehn Uhr fünfzehn.
= Es ist Viertel nach vier.

오전 8시 15분 : Es ist acht Uhr fünfzehn.
오후 8시 15분 :
Es ist zwanzig Uhr fünfzehn.
= Es ist Viertel nach acht.

# Tag 16

## Orte
장소

인스타그램

### „ *Fotos sind wie ein Ausflug in die Vergangenheit.* "

사진은 과거로 가는 소풍과 같다.

# Tag 16

## Orte 장소

독일인이 모든 단어를 한번씩 읽어주고, 예문은 천천히 한 번, 보통 속도로 한 번 읽어줍니다.

MP3 듣기

---

### ☐ 001 ★★★

**das Theater, -** — 연극

Ich habe ein Theaterticket.
Willst du mit mir ins Theater gehen?
나 연극 티켓 있어.
나랑 같이 연극 보러 갈래?

**das Ticket, -s** — 표(연극, 기차, 비행기 등)

**einfach** — ① 하나의 ② 단순한, 간단한

Möchten Sie ein einfaches Ticket oder auch ein Rückflugticket?
편도티켓을 원하시나요, 아니면 돌아오는 티켓까지 원하시나요?

**ein einfaches Ticket** — 편도 티켓
**zurück** — 되돌아, 원래대로, 뒤로
**der Flug (Flüge)** — 비행
**der Rückflug** — 돌아오는 비행

Ist es mit Rückflug billiger?
돌아오는 티켓이랑 같이 사면 더 싼가요?

**Tipp**
왕복 티켓: Hin- und Rückflug

---

### ☐ 002 ★★★

**die Messe, -n** — 박람회, 전시장

Leipzig ist eine Großstadt mit vielen Traditionen.
라이프치히는 많은 전통이 있는 대도시이다.

**die Großstadt** (die Großstädte) — 대도시

Seit 1497 finden hier Messen statt.
1497년 이래로 여기서는 박람회가 열린다.

**die Tradition** — 전통
**traditionell** — 전통적인

Die Messe Frankfurt ist die weltweit größte Messe.
프랑크푸르트 전시장은 세계에서 가장 크다.

---

### ☐ 003 ★★

**das Museum** (die Museen) — 박물관

Das Museum ist am Dienstag und am Donnerstag von 16.00 bis 18.00 Uhr geöffnet.
그 박물관은 화요일과 목요일에 오후 4시부터 6시까지 영업을 한다.

**geöffnet sein** — 영업을 하다
**↔ geschlossen sein** — 영업을 하지 않다, 닫혀 있다

**Tipp**
geöffnet sein 영업을 하다 ↔ geschlossen sein 영업을 하지 않는다

z.B.) Das Museum ist heute geöffnet.
그 박물관은 오늘 문을 열었다. (영업을 한다.)

Das Museum ist heute geschlossen.
그 박물관은 오늘 문을 닫았다. (영업을 하지 않는다.)

## ☐ 004 ★★★

**der Zoo, -s**

die Leute
der Feiertag, -e

| 동물원 | Es ist Feiertag und es sind viele Leute im Zoo.<br>공휴일이고 동물원에 사람이 많다. |
|---|---|
| (복수) 사람들<br>(공)휴일 | |

> **Tipp**
> die Feier (축제, 잔치) + der Tag (날) = 공휴일
> die Feier (축제, 잔치) + der Abend (저녁) = 퇴근

## ☐ 005 ★★★

**die Bibliothek, -en**

aus | leihen (etw⁴)
*lieh...aus, hat...ausgeliehen*
der Roman, -e

| 도서관 | Ich lerne gerne in der Bibliothek, denn es ist leise und kostenlos.<br>나는 도서관에서 공부하는 것을 좋아한다. 왜냐하면 조용하고 무료이기 때문이다. |
|---|---|
| (~을) 빌리다 | Ich gehe später in die Bibliothek, weil ich einen Roman ausleihen möchte.<br>나는 이따가 도서관에 간다. 왜냐하면 나는 소설 한 권을 빌리고 싶기 때문이다. |
| 소설 | |

> **Tipp**
> 접속사 "왜냐하면"에는 "denn"과 "weil"이 있습니다. "weil"은 원래 두번째에 위치할 동사가 문장의 끝으로 가서 초보자들이 쓰기 좀 어렵고, "denn"같은 경우 일반문장처럼 동사가 두 번째에 위치해서 말하기는 쉽지만 "weil"이 "denn"보다 독일인이 듣기에 좀 더 "고급적인" 표현이라고 할 수 있습니다.

## ☐ 006 ★★★

**die Buchhandlung, -en**

kaufen (etw⁴)
*kaufte, hat gekauft*

| 서점 | Wohin gehst du?<br>너 어디가? |
|---|---|
| (~을) 사다,<br>구입하다 | Ich gehe in die Buchhandlung. Ich muss ein paar Bücher kaufen.<br>나 서점에 가. 나 책 몇 권 사야 해. |

## ☐ 007 ★★★

**die Kirche, -n**

geradeaus
die Nähe, -n
in der Nähe von etw³
hier

| 교회 | Wo kann ich in der Nähe von hier eine Kirche finden?<br>여기 근처에 교회를 어디서 찾을 수 있나요? |
|---|---|
| 직진<br>가까움, 인접<br>~근처에<br>여기 | Sie müssen geradeaus gehen.<br>앞으로 직진하셔서 가셔야 돼요. |

## 008 ★★★

**die Bank, -en** | 은행 | Die Bank ist immer voll.
그 은행에는 항상 꽉 차 있다. (사람이 많다.)

voll | 가득 찬 | Der Bus ist voll.
그 버스는 꽉 찼다. (만석이다.)

## 009 ★★★

**der Park, -s** | 공원 | Ein paar Leute singen im Park.
몇몇 사람들은 공원에서 노래를 부른다.

liegen
*lag, hat gelegen* | ① 놓여 있다, 누워있다
② 위치해 있다, 있다 | Viele Leute liegen im Park und lesen Bücher.
많은 사람들은 공원에 누워서 책을 본다.

nahe
das Meer
an (전치사) | 가까운
바다
~옆에 | Die Stadt liegt nahe am Meer.
그 도시는 바다 근처에 위치해 있다.

## 010 ★★★

**der Fluss**
*die Flüsse* | 강가 | Was willst du später machen?
너 이따가 뭐 할 거야?

Ich will später am Fluss ein Bier trinken.
나 이따가 강가에서 맥주 한 잔을 할 거야.

trinken (etw⁴)
*trank, hat getrunken* | (~을) 마시다 |

## 011 ★★★

**die Apotheke, -n** | 약국 | Der Patient kauft gerade Medikamente in der Apotheke.
그 환자는 약국에서 약을 사는 중이다.

der Patient, -en
das Medikament, -e
erkältet sein
gleich | 환자
약
감기에 걸리다
곧, 바로 | Ich muss gleich in die Apotheke gehen.
나 곧 약국에 가야 해.

Meine Mutter ist erkältet.
나의 어머니께서 감기에 걸리셨어.

## 012 ★★★

**das Café, -s** — 카페

**sich⁴ unterhalten (mit jm³)** — (~와) 이야기를 나누다, 담소를 나누다
*sich unterhielt, hat sich unterhalten*

| ich unterhalte mich | wir unterhalten uns |
| --- | --- |
| du unterhältst dich | ihr unterhaltet euch |
| er/sie/es unterhält sich | sie unterhalten sich / Sie unterhalten sich |

Viele Koreaner lernen gern im Café.
많은 한국인들은 카페에서 공부하기를 좋아한다.

Ich unterhalte mich gern mit meinem Freund.
Er hört immer gut zu und ist lustig.
나는 나의 친구와 이야기하는 것을 좋아한다.
그는 항상 귀기울여 듣고 재미있다.

Wir unterhalten uns oft im Café.
우리는 자주 카페에서 담소를 나눈다.

**die Unterhaltung, -en** — 담소, 이야기

**zu | hören (jm³)** — (~에게) 귀기울여 듣다
*hörte...zu, hat zugehört*

**lustig** — 재미있는, 즐거운

## 013 ★★★

**die Kasse, -n** — 계산대, 매표소

Bezahlen Sie bitte an der Kasse.
카운터에서 계산해주세요.

**bezahlen** — 계산하다
*bezahlte, hat bezahlt*

**die Bezahlung, -en** — 계산

## 014 ★★★

**der Friseur, -e** — 미용사, 이발사

Was machst du heute?
너 오늘 뭐해?

**das Haar, -e** — 머리카락

Ich muss zum Friseur gehen.
Meine Haare sind viel zu lang.
나 미용실에 가야해.
내 머리카락 너무 많이 길어.

# TAG 16 — Aufgaben

◎ 단어에 해당하는 뜻을 찾아 연결하시오.

1. das Kino          ⓐ 동물원

2. der Zoo          ⓑ 도서관

3. die Bibliothek          ⓒ 어디, 어디에

4. wo          ⓓ 약국

5. die Apotheke          ⓔ 영화관

◎ 다음 빈칸을 채우시오.

> ⓐ es gibt    ⓑ der Fluss    ⓒ das Café    ⓓ das Museum

6. Ich will später ___ ___ ein Bier trinken.    나는 이따가 강가에서 맥주 한 잔 할 것이다.

7. ___ ___ viele Leute im Zoo.    동물원에 사람이 많다.

8. Ich bin gerade ___ ___.    나는 지금 박물관에 있다.

9. Willst du mit mir ___ ___ lernen?    너 나랑 카페에서 공부 할래?

◎ 다음 단어 혹은 문장의 뜻을 독일어로 쓰시오. (명사의 경우 관사도 함께)

10. 계산대:

11. 계산대에서 계산해주세요:

12. 바다:

13. 나는 방학 때 바다에 가고 싶다:

---

Lösungen : 1.ⓔ 2.ⓐ 3.ⓑ 4.ⓒ 5.ⓓ 6.ⓑ am Fluss 7.ⓐ Es gibt 8.ⓓ im Museum 9.ⓒ im Café
10. die Kasse 11. Bezahlen Sie bitte an der Kasse. 12. das Meer
13. Ich möchte in den Ferien ans Meer fahren.

# Tag 16

## 쉐도잉 & 핵심표현

독일인이 문장을 천천히 두 번, 보통 속도로 한 번 말해줍니다. 큰 소리로 따라해보세요!

MP3 듣기

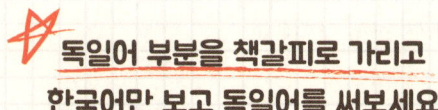

독일어 부분을 책갈피로 가리고
한국어만 보고 독일어를 써보세요

| Koreanisch | Deutsch |
|---|---|
| 나 티켓 있어.<br>같이 연극보러 갈래? | Ich habe ein Ticket.<br>Willst du mit mir ins Theater gehen? |
| 그 박물관은 화요일과 목요일에<br>오후 4시부터 6시까지 영업한다. | Das Museum ist am Dienstag und am Donnerstag<br>von 16.00 bis 18.00 Uhr geöffnet. |
| 나는 도서관에서 공부하는 것을 좋아한다.<br>왜냐하면 조용하고 무료이기 때문이다. | Ich lerne gerne in der Bibliothek,<br>denn es ist leise und kostenlos. |
| 나는 도서관에 간다. 왜냐하면<br>나는 소설 한 권을 빌리고 싶기 때문이다. | Ich gehe in die Bibliothek, denn<br>ich möchte einen Roman ausleihen. |
| 너 이따가 뭐 할 거야? | Was willst du später machen? |
| 나 이따가 강가에서 맥주 한 잔 할 거야. | Ich will später am Fluss<br>ein Bier trinken. |
| 많은 한국인들은 카페에서 공부하기를<br>좋아한다. | Viele Koreaner lernen gern im Café. |

 메모

# Tag 17 Verkehrsmittel
교통

„ **Lieber mit dem Fahrrad zum Strand, als mit dem Mercedes zur Arbeit.**"

자전거를 타며 해변가에 가는 것이
벤츠를 타고 일하러 가는 것보다 낫다.

# Tag 17

# Verkehrsmittel
교통

독일인이 모든 단어를 한번씩 읽어주고, 예문은 천천히 한 번, 보통 속도로 한 번 읽어줍니다.

MP3 듣기

---

☐ 001 ★★★

**das Verkehrsmittel, -**

교통수단

Die Verkehrsmittel in Korea sind gut.
한국의 교통수단은 좋다.

**Tipp**
교통수단은 한 개가 아니라 여러가지(버스, 전철, 택시 등)이기 때문에 복수형을 써줍니다.

---

☐ 002 ★★★

**die Haltestelle, -n**

정류장

die Bushaltestelle, -n
die Schlange, -n

버스정류장
① 뱀
② 긴 행렬, 줄

Es gibt an der Bushaltestelle eine lange Schlange.
버스정류장에 긴 줄이 있다.

Es gibt eine lange Schlange vor dem Restaurant.
레스토랑 앞에는 긴 줄이 있다.

**Tipp**
독일에서는 많은 사람들이 기다리는 모습이 마치 긴 뱀처럼 생겼다고 하여 줄이 많다는 표현을 "Es gibt eine lange Schlange." 긴 줄이 있다. (직역: 긴 뱀이 있다.) 라고 표현합니다.

---

☐ 003 ★★★

**unterwegs**

① 가는 중인
② 외출 중인

Ich bin noch unterwegs.
나 아직 가는 중이야.

der Stau, -s
im Stau stehen
die Autobahn, -en

교통체증
차가 막히다
고속도로

Ich stehe auf der Autobahn im Stau.
나 고속도로에 있는데 차가 막혀.

---

☐ 004 ★★★

**die S-Bahn, -en**

전철

die Schülerin, -nen
die Arbeit, -en
zur Arbeit gehen
zur Arbeit fahren

여학생
일
일을 가다
(버스나 전철 등을 타고)일을 가다

Die Schülerin fährt mit der S-Bahn zur Arbeit.
그 여학생은 전철을 타고 일하러 간다.

**Tipp**
Die U-Bahn은 대부분 구간이 지하에서 운행됩니다. 주로 도시 내부에 집중되어 있습니다.
Die S-Bahn은 일반적으로 지상과 지하를 오가며 운행합니다. 도시 중심부와 외곽 지역 인근 도시까지 서비스를 제공합니다.

## ☐ 005 ★★★

**der Zug**
*die Züge*

der Regionalzug
regional

verspätet sein
die Verspätung, -en
an | kommen
*kam...an, ist angekommen*

기차

보통열차
지역의, 지방의

연착되다
연착
도착하다

Mein Zug kommt schon wieder zu spät.
내 기차는 또 늦게 온다.

Der Regionalzug aus Hamburg kommt heute mit 15 Minuten Verspätung an.
함부르크에서 오는 그 보통열차는 오늘 15분 늦게 도착한다.

Mein Zug ist verspätet.
내 기차는 연착되었다.

## ☐ 006 ★★★

**Verspätung haben**

halb
der Streik

연착되다, 늦다

절반, 반
파업

Heute gibt es einen Streik.
오늘은 파업이 있어.

Mein Bus wird eine halbe Stunde Verspätung haben.
내 버스는 30분 늦을 거야.

### Tipp

Mein Bus hat zehn Minuten Verspätung.
내 버스는 10분 늦어.
= Mein Bus ist zehn Minuten verspätet.
= Mein Bus kommt 10 Minuten zu spät.

## 007 ★★★

**das Fahrrad**
*die Fahrräder*

**fahren** (etw⁴)
**fahren** (mit etw³)
*fuhr, ist gefahren*

| ich fahre | wir fahren |
| --- | --- |
| du fährst | ihr fahrt |
| er/sie/es fährt | sie fahren |
|  | Sie fahren |

**regelmäßig**
**die Regel, -n**

**der Fuß**
*die Füße*
**zu Fuß gehen**

자전거

(~을) 운전하다
(~을) 타고가다

규칙적으로
규칙, 규범

발

걸어서 가다

Fährst du oft mit dem Bus?
너 버스 자주 타고 다녀?

Nein, nicht so oft.
아니, 그렇게 자주 타진 않아.

Ich fahre oft mit dem Fahrrad oder gehe zu Fuß.
나는 자전거를 자주 타고 다니거나 걸어다녀.

Vierundachtzig Prozent der Deutschen fahren regelmäßig mit dem Auto.
독일인의 84 퍼센트는 정기적으로 차를 타고 다닌다.

## 008 ★★★

**der Flughafen**

**landen**
*landete, ist gelandet*
**das Taxi, -s**

공항

착륙(상륙)하다

택시

In wenigen Minuten landen wir auf dem Flughafen München.
몇 분 뒤에 저희는 뮌헨 공항에 착륙합니다.

Wie wollen wir zum Flughafen fahren?
우리 공항에 어떻게 갈까?

Wir sind ja zu dritt.
우리는 세명이잖아.

Ich glaube, wir können ein Taxi nehmen.
내 생각에 우리는 택시 잡아도 될 것 같아.
(택시 타고 가도 될 거 같아.)

**Tipp**
인원 수를 말할 때는 zu + 서수를 씁니다.
Wir sind zu zweit. 우리는 두 명이다.
Wir sind zu dritt. 우리는 세 명이다.
Wir sind zu viert. 우리는 네 명이다.

## 009 ★★★

**der Flug**
*die Flüge*

비행

Wie lange dauert ein Flug von Korea bis Deutschland?
한국에서 독일까지 비행기로 얼마나 걸리나요?

etw¹ dauern
*dauerte, hat gedauert*

~이 걸리다

Der Flug dauert ungefähr zwölf Stunden.
비행은 대략 12시간 정도 걸려요.

ab | fliegen
*flog...ab, ist abgeflogen*

(비행기를 타고) 출발하다

Ich fliege vom Flughafen Tegel ab.
나는 테겔공항에서 비행기를 타고 출발한다.

bis (전치사)
von... bis

~까지
~부터 ~까지

## 010 ★★★

**links**
↔ rechts

왼쪽에, 왼쪽으로
오른쪽에, 오른쪽으로

Entschuldigung, wie komme ich zur Naumannstraße?
실례합니다.
나우만(도)로로 어떻게 가는지 아시나요?

die Ampel, -n
zu³ (전치사)

신호등
~향해

Fahren Sie an der ersten Ampel nach links.
첫 번째 신호등에서 좌회전하세요.

## 011 ★★★

**die Fahrkarte, -n**
= das Ticket, -s

차표
(버스표, 기차표, 전철표)

Ich brauche unbedingt Fahrkarten für die S-Bahn.
나는 무조건 에스반 전철표가 필요하다.

brauchen (jn⁴/etw⁴)
*brauchte, hat gebraucht*

(~을) 필요로 하다

## 012 ★★★

**das Gleis, -e**

레일, 선로

Der Zug fährt von Gleis 2 ab.
그 기차는 2번 레일에서 출발한다.

ab | fahren
*fuhr...ab, ist abgefahren*

출발하다

Der Zug fährt in fünfzehn Minuten ab.
그 기차는 15분 뒤에 출발한다.

## 013 ★★★

**die Abfahrt, -en**
↔ die Ankunft
*die Ankünfte*

출발
도착

Wann kommt der Zug am Berliner Hauptbahnhof an?
이 기차는 베를린 중앙역에 언제 도착하나요?

Er kommt um elf Uhr an.
그 기차는 11시에 도착해요.

an | kommen
*kommt...an, ist angekommen*

도착하다

## 014 ★★★

**ein | steigen**
*stieg...ein, ist eingestiegen*

타다, 탑승하다

Bitte steigen Sie alle ein.
모두 승차하세요.

Der Zug fährt gleich ab.
이 열차는 곧 출발합니다.

alle

모든, 모두

## 015 ★★★

**um | steigen**
*stieg...um, ist umgestiegen*

갈아타다

Steigen Sie am Hauptbahnhof in den Bus um.
중앙역에서 버스로 갈아타세요.

der Hauptbahnhof
*die Hauptbahnhöfe*

중앙역

Sie müssen an der nächsten Station umsteigen.
다음 역에서 갈아타셔야 합니다.

die Station, -en

역

## 016 ★★★

**aus | steigen**
(aus etw³)
*stieg...aus, ist ausgestiegen*

~에서 내리다, 하차하다

Jetzt müssen wir aussteigen.
이제 우리는 내려야 한다.

Die Schüler steigen aus dem Bus aus.
그 학생들은 버스에서 내린다.

## 017 ★★★

**die Straßenbahn**
= die Tram

트램

Ich fahre jeden Morgen mit der Straßenbahn zur Arbeit.
나는 매일 아침 트램을 타고 출근한다.

der Bus, -se

버스

In Korea gibt es viele Taxis und Busse.
한국에는 많은 택시와 버스가 있다.

## 018 ★★★

**die Umwelt** — 환경

Fahrradfahren ist gesund und gut für die Umwelt.
자전거 타는 것은 건강에 좋고 환경에 좋다.

das Elektroauto, -s — 전기차
umweltfreundlich — 환경 친화적인

Das Elektroauto ist umweltfreundlich.
그 전기자동차는 환경 친화적이다.

> **Tipp**
> die Umwelt (환경) + freundlich (친절한)
> = umweltfreundlich (환경 친화적인)

## 019 ★★★

**parken**
*parkte, hat geparkt* — 주차하다

Hier darf man weder parken noch halten.
여기는 주차도 정차도 안된다.

weder ... noch — A도 B도 아니다

Wo habe ich nur mein Auto geparkt?
내가 어디에다가 내 차를 주차했지?

halten
*hielt, hat gehalten* — ① 멈추다 ② 잡다

Ich kann es nicht finden.
나는 내 차를 찾을 수 없어.

| ich halte | wir halten |
|---|---|
| du hältst | ihr haltet |
| er/sie/es hält | sie halten |
|  | Sie halten |

Ich habe morgen eine Operation.
나 내일 수술이 있어.

Ich darf weder essen noch trinken.
나는 먹어서도 마셔서도 안돼.

die Operation, -en — 수술

□ 020 ★★

## nehmen (etw⁴)
*nahm, hat genommen*

| ich nehme | wir nehmen |
| --- | --- |
| du nimmst | ihr nehmt |
| er/sie/es nimmt | sie nehmen |
| | Sie nehmen |

der ICE

① 타고가다
② 고르다

고속철도

Wie kommst du nach Berlin?
너 베를린에 어떻게 가?

Ich nehme den Bus.
나 버스 타고 가.

Ich nehme am Freitagabend um achtzehn Uhr den ICE.
나는 금요일
저녁 6시에 고속철도를 타고 간다.

### 패턴& 어휘 ⭐

① Verkehrsmittel 교통 수단 (이용하다/타고가다)
② Tabletten 알약 / Medikamente 약 (복용하다)
③ Bestellung 주문 (주문할 때)

① Ich nehme den Bus / die Bahn.
　나는 그 버스를 / 그 전철을 이용한다.

② Der Patient muss 3 mal am Tag Tabletten / Medikamente nehmen.
　그 환자는 하루에 세 번 알약을 / 약을 복용해야 한다.

③ Ich nehme das Schnitzel/ die Schweinshaxe.
　저 슈니첼/ 슈바인학세 주세요.

# TAG 17 Aufgaben

◎ 단어에 해당하는 뜻을 찾아 연결하시오.

1. das Verkehrsmittel        ⓐ 자전거

2. das Auto        ⓑ 전철역, 기차역

3. das Fahrrad        ⓒ 자동차

4. der Bahnhof        ⓓ 교통수단

5. ab | fahren        ⓔ 출발하다

◎ 다음 빈칸을 채우시오.

> ⓐ ein | steigen     ⓑ ab | fliegen     ⓒ dauern     ⓓ um | steigen

6. _____ Sie am Hauptbahnhof in den Bus _____ .     중앙역에서 버스로 갈아타세요.

7. Wie lange _____ ein Flug von Korea bis Deutschland?     한국에서 독일까지 비행기타고 얼마나 걸리나요?

8. Ich _____ vom Flughafen Tegel ____.     나는 테겔 공항에서 비행기를 타고 출발한다.

9. Bitte _____ Sie alle _____.     모두 타세요.

◎ 다음 불규칙 동사표를 채우시오. (정답은 단어 옆에 적혀진 번호에서 확인)

10. **halten** ①멈추다 ②잡다 (19번)

| ich | wir |
|---|---|
| du | ihr |
| er/sie/es | sie |
| | Sie |

11. **nehmen (etw⁴)** 타고가다 (20번)

| ich | wir |
|---|---|
| du | ihr |
| er/sie/es | sie |
| | Sie |

Lösungen : 1.ⓓ 2.ⓒ 3.ⓐ 4.ⓑ 5.ⓔ 6.ⓓ Steigen, um 7.ⓒ dauert 8.ⓑ fliege, ab 9.ⓐ steigen, ein

# Tag 17

## 쉐도잉 & 핵심표현

독일인이 문장을 천천히 두 번, 보통 속도로 한 번 말해줍니다. 큰 소리로 따라해보세요!

MP3 듣기

**독일어 부분을 책갈피로 가리고 한국어만 보고 독일어를 써보세요**

| Koreanisch | Deutsch |
|---|---|
| 나 아직 가는 중이야. | Ich bin noch unterwegs. |
| 나 고속도로에 있는데 차가 막혀. | Ich stehe auf der Autobahn im Stau. |
| 그 여학생은 전철을 타고 일하러 간다. | Die Schülerin fährt mit der S-Bahn zur Arbeit. |
| 내 기차는 또 다시 너무 늦게 온다. | Mein Zug kommt schon wieder zu spät. |
| 너 버스 자주 타고 다녀? | Fährst du oft mit dem Bus? |
| 아니, 그렇게 자주 타진 않아. | Nein, nicht so oft. |
| 나는 자주 자전거를 타고 다니거나 걸어다녀. | Ich fahre oft mit dem Fahrrad oder gehe zu Fuß. |
| 이 기차는 언제 베를린 중앙역에 도착하나요? | Wann kommt der Zug am Berliner Hauptbahnhof an? |
| 그 기차는 11시에 도착해요. | Der Zug kommt um elf Uhr an. |
| 너 베를린에 어떻게 가? | Wie kommst du nach Berlin? |
| 나는 금요일 저녁 6시에 고속철도를 타고 갈 거야. | Ich nehme am Freitagabend um achtzehn Uhr den ICE. |

 메모

# Tag 17

## 배운 내용으로 대화 하기

남자 독일인과 여자 독일인의 귀에 쏙쏙 들어오는 음성을 들어보세요

MP3 듣기

### Wollen wir am Wochenende in den Park gehen?

**Max**
우리 오늘 공원에 갈까?
날씨가 아주 좋아.
우리는 공원에 누워서 책 볼 수 있어.

Wollen wir heute in den Park gehen?
Das Wetter ist sehr gut.
Wir können im Park liegen und Bücher lesen.

**Lisa**
그거 좋게 들린다.
우리 그 다음에 박물관 갈까?

Das klingt gut.
Wollen wir danach ins Museum gehen?

**Max**
박물관 좋게 들린다.
박물관 언제까지 열어?

Museum klingt auch gut.
Bis wann ist es geöffnet?

**Lisa**
그 박물관은
9시부터 오후 8시까지 열어.
내 생각에 우리는 시간이 충분해.

Das Museum ist
von 9 bis 20 Uhr geöffnet.
Ich glaube, wir haben genug Zeit.

**Max**
좋다! 그 박물관 어디에 있어?

Schön! Wo ist das Museum?

**Lisa**
우리는 하케셔마르크역에서
내려서 몇 분 걸어가야 해.

Wir müssen an der Station "Hackescher Markt"
aussteigen und nur ein paar Minuten
zu Fuß gehen.

---

 설명

bis ~까지, wann 언제 : Bis wann arbeitest du heute? 너 오늘 언제까지 일해?
(bis wann 언제까지)    Bis wann hast du heute Zeit? 너 오늘 언제까지 시간 있어?
                             Bis wann lernst du heute? 너 오늘 언제까지 공부해?

genug 충분한: Wir haben Zeit. 우리는 시간이 있다.
                Wir haben genug Zeit. 우리는 시간이 충분히 있다.
                Ich habe Geld. 나는 돈이 있다.
                Ich habe genug Geld. 나는 돈이 충분히 있다.

# Tag 18 — Reise
여행

## „ Gehe einmal im Jahr irgendwohin, wo du noch nie warst. "

일 년에 한 번쯤은
네가 가보지 않은 곳에 가봐라.

# Tag 18

# Reise
여행

독일인이 모든 단어를 한번씩 읽어주고, 예문은 천천히 한 번, 보통 속도로 한 번 읽어줍니다.

MP3 듣기

---

☐ 001 ★★★

**die Reise, -n** | 여행 | Letzten Sommer habe ich eine Reise nach Prag gemacht.
작년 여름에 나는 프라하로 여행을 갔다.

eine Reise machen
*machte, hat gemacht* | 여행하다 | Der Student verreist gerne in den Ferien.
그 대학생은 방학 때 여행하기를 좋아한다.

**verreisen**
*verreiste, ist verreist* | 여행하다 | Nach der langen Reise war ich müde.
오랜 여행 후에 나는 피곤했다.

die Ferien | (복수) 방학
letzte | 지난
der Sommer, - | 여름

> **Tipp**
> 방학은 하루만 하지 않고 "여러 날"이기 때문에 항상 복수형으로 쓰입니다. (단수형 없음)
>
> eine Reise machen – "die Reise"는 여행이란 뜻이며 부정관사 "eine Reise"와 machen을 써서 "한 번 어디로 여행가다"라는 뜻으로 보시면 됩니다. 대부분 여행 간 곳의 특정한 목적지가 나옵니다.
>
> "verreisen"은 목적지 없이 일반적으로 여행한다고 말할 때 쓰입니다.

---

☐ 002 ★★★

**der Urlaub** | 휴가 | Was möchtest du im Urlaub machen?
너 휴가 때 뭐하고 싶어?

Deutschland | 독일 | Ich möchte im Urlaub nach Deutschland fliegen.
나는 휴가 때 독일에 가고 싶어.

---

☐ 003 ★★★

**das Reisebüro** | 여행사 | Ich habe in Vietnam bei einem Reisebüro eine Tour gebucht.
베트남에서 나는 여행사 투어를 예약하였다.

**buchen** (etw⁴)
*buchte, hat gebucht* | (~을) 예약하다
die Tour | 투어

> **Tipp**
> die Reise (여행) + das Büro (사무실)
> = das Reisebüro (여행사)

---

☐ 004 ★★★

**zeigen** (jm³ etw⁴)
*zeigte, hat gezeigt* | (~에게 ~을) 보여주다 | Ich bin neu hier.
나 여기 새로 왔어.

die Sehenswürdigkeit, -en | 볼거리, 명소 | Kannst du mir bitte alle Sehenswürdigkeiten zeigen?
너 나한테 모든 명소들을 보여줄 수 있어?

185

## ☐ 005 ★★★

**die Unterkunft**
*die Unterkünfte*

suchen (jn⁴/etw⁴)
*suchte, hat gesucht*

| | |
|---|---|
| 숙소 | Ich suche gerade eine Unterkunft in Berlin.<br>나는 지금 베를린에 있는 숙소를 찾고 있는 중이야. |
| (~을/를) 찾다 | Ich möchte dort für eine Woche bleiben.<br>나 거기서 일주일 동안 머물고 싶어. |

## ☐ 006 ★★

**die Jugendherberge, -n**

die Klasse, -n
übernachten
*übernachtete, hat übernachtet*
die Übernachtung, -en

| | |
|---|---|
| 유스호스텔 | Wo übernachtet deine Klasse?<br>너의 반은 어디서 숙박해? |
| 반<br>밤을 묵다,<br>숙박하다<br>숙박 | Meine Klasse übernachtet in einer Jugendherberge.<br>내 반은 유스호스텔에서 숙박해. |

## ☐ 007 ★★★

**der Tourist, -en**

das Hotel, -s
das Hostel, -s
kennen | lernen (jn⁴/etw⁴)
*lernte...kennen, hat kennengelernt*

bequem

kennen (jn⁴/etw⁴)
der Nachbar, -n

| | |
|---|---|
| 여행객 | Viele Touristen schlafen im Hostel, weil sie neue Leute kennenlernen können.<br>많은 여행객들은 호스텔에서 잠을 잔다.<br>왜냐하면 새로운 사람들을 사귈 수 있기 때문이다. |
| 호텔<br>호스텔<br>(~을/를) 아는 사이가 되다, (~를) 알게 되다 | Viele Touristen schlafen im Hotel, weil es bequem und sicher ist.<br>많은 여행객들은 호텔에서 잔다.<br>왜냐하면 편안하고 안전하기 때문이다. |
| 편안한, 안락한 | Ich kenne den Mann. Er ist mein Nachbar. |
| (~을) 알다<br>이웃 | 나는 그 남자를 안다.<br>그 남자는 나의 이웃이다. |

> **Tipp**
> 동사 "kennenlernen"은 동사
> 알다 "kennen"와 배우다 "lernen"가 합쳐진 동사입니다.
> kennen(알다) + lernen(배우다) = kennenlernen(알게 되다)

## ☐ 008 ★★★

**die Tour, -en**

eine Tour machen durch⁴ (전치사)

투어

투어를 하다
통해서, 횡단하여

Ich möchte eine Tour durch Freiburg machen.
나는 프라이부르크 투어를 하고싶어.

## ☐ 009 ★★★

**der Reiseführer,-**

werden
*wurde, ist geworden*

| ich werde | wir werden |
| du wirst | ihr werdet |
| er/sie/es wird | sie werden |
| | Sie werden |

der Berg, -e

여행 가이드

(sein의 미래형)
~되다

산

Was möchtest du später werden?
너는 나중에 뭐가 되고 싶어?

Ich möchte später Reiseführer werden.
나는 나중에 여행 가이드가 되고 싶어.

Meine Familie macht bald Urlaub in den Bergen.
나의 가족은 곧 산에서 휴가를 보낼 것이다.

## ☐ 010 ★★★

**die Erholung, -en**

die Ruhe

die Entspannung, -en

sich⁴ erholen

기분전환, 회복

안정, 고요, 평화

(근육, 정신 따위의)
이완, 휴식

휴식을 취하다,
회복하다

Hier finden Sie Ruhe, Entspannung und Erholung.
여기서 안정과 휴식,
그리고 회복을 찾을 수 있습니다.

Ich möchte in den Ferien ans Meer fahren und mich dort erholen.
나는 방학 때 바다에 가서
그곳에서 휴식을 취하고 싶다.

### ☐ 011 ★★★

**der Stadtplan**
*die Stadtpläne*

① 지도
② 도시계획

Hast du einen Stadtplan dabei?
너 지도 가지고 있어?

Nein, leider habe ich keinen Stadtplan dabei.
아니, 아쉽게도 지도 안 가지고 있어.

dabei
dabei haben
**der Fahrplan**
*die Fahrpläne*

① 곁에 ② 근처에
가지고 있다
승차시간표

#### Tipp

dabei haben 이란 뜻은
"소지하고 있다 혹은 몸에 지니고 있다"란 뜻입니다.
z.B.) Hast du Geld dabei? 너 돈 가지고 있어?
z.B.) Haben Sie Ihren Pass dabei? 여권 들고 오셨나요?

### ☐ 012 ★★★

**besuchen**
(jn⁴/etw⁴)
*besuchte, hat besucht*

① (~을/를)
**방문하다**
② (학교나 학원을)
**다니다**

Mein Freund lebt in Deutschland.
내 친구는 독일에 산다.

Nächstes Jahr will ich ihn besuchen.
내년에 나는 그를 방문할 것이다.

nächstes Jahr
einige
= ein paar

내년에
몇몇

#### 패턴 & 어휘

①die Person 사람, das Museum 박물관 (방문한다)
②die Schule 학교, die Sprachschule 학원
 (학교에, 어학원에 다닌다)

Ich besuche meine Oma / meinen Freund / das Museum.
나는 나의 할머니를 / 나의 친구를 / 그 박물관을 방문한다.

Der Schüler besucht die Schule / die Sprachschule
그 학생은 그 학교에 / 그 어학원에 다닌다.

der Ort, -e
der Besuch, -e
der Besucher, -

장소, 공간
방문
방문자

#### Tipp

"내일"이나 "내일 모레" 같은 시간을 나타내는 표현이 나오면
학교를 다닌다가 아닌 "방문한다"의 의미가 됩니다.
Meine Mutter besucht morgen die Schule.
나의 어머니는 내일 그 학교를 방문하신다.

# TAG 18 Aufgaben

◎ 단어에 해당하는 뜻을 찾아 연결하시오.

1. die Reise                          ⓐ (시중에) 가지고 있다

2. das Land                          ⓑ 여행

3. der Urlaub                       ⓒ 국가

4. die Sehenswürdigkeit        ⓓ 휴가

5. dabei haben                    ⓔ 볼거리, 명소

◎ 다음 빈칸을 채우시오.

| ⓐ der Tourist | ⓑ zeigen | ⓒ verreisen | ⓓ werden |
|---|---|---|---|

6. Der Student _____ gerne in den Ferien.    그 대학생은 방학에 여행하기를 좋아한다.

7. Kannst du mir bitte alle Sehenswürdigkeiten _____?    나한테 모든 명소들을 보여줄 수 있어?

8. Ich möchte später Reiseführer _____.    나는 나중에 여행 가이드가 되고 싶어.

9. Viele _____ schlafen in einem Hostel.    많은 여행객들은 호스텔에서 잠을 잔다.

◎ 다음 단어 및 문장의 뜻을 독일어로 쓰시오. (명사의 경우 관사도 함께)

10. 여행:

11. 오랜 여행 후에 그 여행객은 피곤했다:

12. 내년:

13. 내년에 나는 나의 친구를 방문할 것이다:

---

Lösungen: 1.ⓑ 2.ⓒ 3.ⓓ 4.ⓔ 5.ⓐ 6.ⓒ verreist 7.ⓑ zeigen 8.ⓓ werden 9.ⓐ Touristen
10. die Reise 11. Nach der Reise war der Tourist müde. 12. nächstes Jahr
13. Nächstes Jahr will ich meinen Freund besuchen.

# Tag 18

## 쉐도잉 & 핵심표현

MP3 듣기

> 독일어 부분을 책갈피로 가리고
> 한국어만 보고 독일어를 써보세요

| Koreanisch | Deutsch |
|---|---|
| 나는 여기 새로 왔어. | Ich bin neu hier. |
| 나에게 모든 명소들을 보여줄 수 있어? | Kannst du mir bitte alle Sehenswürdigkeiten zeigen? |
| 나는 지금 베를린에 있는 숙소를 찾고 있는 중이야. | Ich suche gerade eine Unterkunft in Berlin. |
| 나 거기서 일주일 동안 머물고 싶어. | Ich möchte dort für eine Woche bleiben. |
| 많은 여행객들은 호스텔에서 잠을 잔다. 왜냐하면 새로운 사람들을 사귈 수 있기 때문이다. | Viele Touristen schlafen im Hostel, weil sie neue Leute kennenlernen können. |
| 많은 여행객들은 호텔에서 잔다. 왜냐하면 편안하고 안전하기 때문이다. | Viele Touristen schlafen im Hotel, weil es bequem und sicher ist. |
| 넌 나중에 뭐가 되고 싶어? | Was möchtest du später werden? |
| 난 나중에 여행 가이드가 되고 싶어. | Ich möchte später Reiseführer werden. |
| 난 방학 때 바다에 가서 거기서 휴식을 취하고 싶다. | Ich möchte in den Ferien ans Meer gehen und mich dort erholen. |
| 너 지도 가지고 있어? | Hast du einen Stadtplan dabei? |
| 아니, 아쉽게도 지도 안 가지고 있어. | Nein, leider habe ich keinen Stadtplan dabei. |

메모

# Tag 19

## Präpositionen des Ortes
위치 전치사

„*Heute möchte ich von dir träumen.*"

오늘 나는 너의 꿈을 꾸고 싶어.

# Tag 19

## Präpositionen des Ortes
위치 전치사

□ 001 ★★

**auf** (전치사) — 위에

etw¹ liegen
*lag, hat gelegen*
der Tisch, -e
legen (etw⁴)
*legte, hat gelegt*

~이 놓여 있다

책상
(~을) 놓다

Wo liegt der Bleistift?
그 연필 어디에 놓여 있어?

Er liegt auf dem Tisch.
그것은 책상 위에 놓여 있어.

Wohin legt der Mann den Bleistift?
그 남자는 그 연필을 어디에 올려 놓아?

Er legt ihn auf den Tisch.
그는 그 연필을 책상 위에 올려 놓아.

**Tipp**
위치를 나타내는 전치사는 3격 혹은 4격으로 사용될 수 있습니다. 예를 들어 움직임이 없는 장소를 나타낼 때는 3격, 이동이나 움직임을 나타낼 때는 4격을 씁니다

□ 002 ★★★

**unter** (전치사) — 아래

der Ball
*die Bälle*
der Fußball
*die Fußbälle*
das Glas
*die Gläser*

공

축구공

① 유리잔, 유리컵
② 유리

Wo liegt das Glas?
그 유리병 어디에 놓여 있어?

Es liegt unter dem Tisch.
그것은 책상 아래 놓여 있어.

Wohin legt die Frau den Fußball?
그 여자는 그 축구공을 어디에 놓아?

Sie legt ihn unter den Tisch.
그녀는 그 축구공을 책상 아래에 놓아.

□ 003 ★★★

**vor** (전치사) — 앞에

der Koffer, -

캐리어, 여행용 가방

Wo liegt mein Koffer?
내 캐리어 어디에 (놓여) 있어?

Er liegt vor dem Schrank.
그것은 장롱 앞에 (놓여) 있어.

Wohin legt der Junge meinen Koffer?
그 소년은 내 캐리어를 어디에 놓아?

Er legt deinen Koffer vor den Schrank.
그는 너의 캐리어를 장롱 앞에 놓아.

## 004 ★★★

**hinter** (전치사)

die Tasche, -n
etw¹ stehen
*stand, hat gestanden*

stellen (etw⁴)
*stellte, hat gestellt*

| | |
|---|---|
| 뒤에 | Wo steht das Fahrrad?<br>그 자전거는 어디에 세워져 있어?<br><br>Es steht hinter dem Tisch.<br>그것은 책상 뒤에 세워져 있어. |
| 가방<br>~이 서 있다,<br>세워져 있다<br>(~을) 세우다 | Wohin stellt der Student das Fahrrad?<br>그 대학생은 그 자전거를 어디에 세워?<br><br>Er stellt es hinter den Tisch.<br>그는 그 자전거를 책상 뒤에 세워. |

## 005 ★★★

**in** (전치사)

der Schrank
*die Schränke*

der Handschuh, -e

| | |
|---|---|
| 안에 | Wo sind die Handschuhe?<br>그 장갑은 어디에 있어?<br><br>Sie sind in dem Schrank.<br>그것은 장롱 안에 있어. |
| 장롱 | |
| 장갑 | Wohin stellt der Sohn die Tasche?<br>그 아들은 그 가방을 어디에 (세워) 놓아?<br><br>Er stellt sie in den Schrank.<br>그는 가방을 장롱 안에 (세워) 놓아. |

## 006 ★★★

**an** (전치사)

die Uhr, -en
etw¹ hängen
*hing, hat gehangen*

hängen (etw⁴)
*hängte, hat gehängt*

| | |
|---|---|
| 옆에<br>(면적이 접촉해 있을 때) | Wo hängt die Uhr?<br>그 시계는 어디에 걸려있어?<br><br>Sie hängt am Schrank.<br>그것은 장롱에 걸려져 있어. |
| 시계<br>~이 걸려 있다<br>(~을) 걸다 | Wohin hängt die Tochter die Uhr?<br>그 딸은 어디에 시계를 걸어?<br><br>Sie hängt sie an den Schrank.<br>그녀는 장롱에 시계를 걸어. |

☐ 007 ★★★

**zwischen** (전치사)

der Schuh, -e
etw¹ stehen
*stand, hat gestanden*
stellen (etw⁴)
*stellte, hat gestellt*

사이에

신발
~이 세워져 있다,
서 있다
(~을) 세우다

Die Schuhe stehen
zwischen dem Schrank und dem Tisch.
그 신발은
장롱과 책상 사이에 세워져 있다.

Meine Mutter stellt die Schuhe
zwischen den Schrank und den Tisch.
나의 어머니께서는 그 신발을 장롱과 책상
사이에 (세워) 놓으신다.

☐ 008 ★★★

**neben** (전치사)

die Blume, -n
der Topf

der Blumentopf
*die Blumentöpfe*

옆에

꽃
냄비

화분

Wo steht der Blumentopf?
그 화분은 어디에 세워져 있어?

Er steht neben dem Tisch.
그것은 책상 옆에 세워져 있어.

Wohin stellt der Lehrer den Blumentopf?
그 선생님은 그 화분을 어디에 (세워) 놓으셔?

Er stellt ihn neben den Tisch.
선생님은 그 화분을 책상 옆에 (세워) 놓으셔.

> **Tipp**
> die Blume (꽃) + der Topf (냄비) = der Blumentopf (화분)
> 하나의 꽃뿐만 아니라 여러 꽃을 넣기 때문에 화분에서는
> 꽃의 복수형인 "Blumen"을 씁니다.

# TAG 19 Aufgaben

◎ 단어에 해당하는 뜻을 찾아 연결하시오.

1. auf          ⓐ 사이에

2. in          ⓑ 옆에 (면이 붙어져있는)

3. zwischen        ⓒ 안에

4. an          ⓓ 위에

5. hinter         ⓔ 뒤에

◎ 다음 빈칸을 채우시오.

> ⓐ unter    ⓑ neben    ⓒ liegen    ⓓ hängen

6. Die Tochter _____ die Uhr an den Schrank.   그 딸은 장롱에 시계를 건다.

7. Das Buch _____ auf dem Tisch.   그 책은 책상 위에 놓여져있다.

8. Der Lehrer stellt den Blumentopf _____ den Tisch.   그 선생님은 그 화분을 책상 옆에 놓는다.

9. Die Frau legt den Bleistift _____ den Tisch.   그 여자는 그 연필을 책상 아래에 놓는다.

◎ 다음 단어 및 문장의 뜻을 독일어로 쓰시오. (명사의 경우 관사도 함께)

10. 커리어(여행용 가방):

11. 내 여행용 가방 어디에 (놓여) 있어?:

12. 시계:

13. 그 시계는 어디에 걸려있어? :

---

Lösungen : 1.ⓓ 2.ⓒ 3.ⓐ 4.ⓑ 5.ⓔ 6.ⓓ hängt 7.ⓒ liegt 8.ⓑ neben 9.ⓐ unter
9. der Koffer 10. Wo liegt mein Koffer? 11. die Uhr 12. Wo hängt die Uhr?

# Tag 19

## 쉐도잉 & 핵심표현

독일인이 문장을 천천히 두 번, 보통 속도로 한 번 말해줍니다. 큰 소리로 따라해보세요!

MP3 듣기

★ 독일어 부분을 책갈피로 가리고 한국어만 보고 독일어를 써보세요

| Koreanisch | Deutsch |
|---|---|
| 그 연필 어디에 놓여 있어? | Wo liegt der Bleistift? |
| 그 연필 책상 위에 놓여 있어. | Der Bleistift liegt auf dem Tisch. |
| 그 남자는 그 연필 어디에 올려 놓아? | Wohin legt der Mann den Bleistift? |
| 그 남자 그 연필 책상 위에 올려 놓아. | Der Mann legt den Bleistift auf den Tisch. |
| 그 시계는 어디에 걸려있어? | Wo hängt die Uhr? |
| 그 시계는 장롱에 걸려져 있어. | Die Uhr hängt am Schrank. |
| 그 딸은 어디에 시계를 걸어? | Wohin hängt die Tochter die Uhr? |
| 그 딸은 장롱에 시계를 걸어. | Die Tochter hängt die Uhr an den Schrank. |
| 그 신발은 장롱과 책상 사이에 세워져 있다. | Die Schuhe stehen zwischen dem Schrank und dem Tisch. |
| 나의 어머니께서는 그 신발을 장롱과 책상 사이에 세워 놓으신다. | Meine Mutter stellt die Schuhe zwischen den Schrank und den Tisch. |

 메모

– Das Buch liegt auf dem Tisch.
– Der Bleistift liegt unter dem Tisch.
– Die Brille liegt vor dem Tisch.
– Das Fahrrad steht hinter dem Tisch.
– Die Tasche steht im Schrank.
– Die Uhr hängt am Schrank.
– Die Schuhe stehen zwischen dem Schrank und dem Tisch.
– Der Blumentopf steht neben dem Tisch.

# Tag 20 — **Alltag**
일상

„ *Lebe dein Leben,
liebe jeden Tag,
liebe ohne Grenzen!* "

너의 삶을 살고,
매일 사랑하고,
마음껏 사랑해라.

# Tag 20

## Alltag
일상

MP3 듣기

독일인이 모든 단어를 한번씩 읽어주고, 예문은 천천히 한 번, 보통 속도로 한 번 읽어줍니다.

---

☐ 001 ★★★

**auf | stehen**
*stand...auf, ist aufgestanden*

일어서다, 일어나다

Wann steht der Student normalerweise auf?
그 대학생은 보통 몇 시에 일어나?

normalerweise

보통, 일반적으로

Er steht normalerweise um 7 Uhr auf.
그는 보통 7시에 일어나.

---

☐ 002 ★★★

**frühstücken**
*frühstückte, hat gefrühstückt*

아침 식사하다

Ich frühstücke jeden Tag mit meiner Familie.
나는 매일 나의 가족과 아침식사를 한다.

das Frühstück

아침식사

nach³ (전치사)

이후에

Nach dem Frühstück trinke ich einen Kaffee.
아침 식사를 한 후 나는 커피 한 잔을 마신다.

---

☐ 003 ★★★

**waschen (jn⁴/etw⁴)**
*wusch, hat gewaschen*

(~을) 씻다

| ich wasche | wir waschen |
| du wäschst | ihr wascht |
| er/sie/es wäscht | sie waschen |
| | Sie waschen |

Ich wasche mittags mein Auto.
나는 점심에 나의 차를 씻는다. (세차를 한다.)

Meine Mutter wäscht jeden Abend meinen kleinen Bruder.
나의 어머니께서는 매일 저녁 나의 동생을 씻기신다.

die Wäsche

① 빨랫거리
② 빨래

Hast du die Wäsche gewaschen?
너 빨래했어?

mittags

① 점심에
② 매일 점심에

---

☐ 004 ★★★

**duschen**
*duschte, hat geduscht*

샤워하다

Der Mann duscht gerade.
그 남자는 샤워하고 있는 중이다.

199

## 005 ★★★

**sich³ die Zähne putzen**

der Zahn
*die Zähne*

putzen (etw⁴)
*putzte, hat geputzt*

| | |
|---|---|
| 양치질하다, 이를 닦다 | Ich putze mir die Zähne.<br>나는 양치질을 한다. |
| 치아, 이 | Das Mädchen putzt sich die Zähne.<br>그 소녀는 이를 닦는다. |
| (~을)닦다, 청소하다 | |

## 006 ★★★

**sich⁴ an | ziehen**
*zog sich...an, hat sich angezogen*

gleich

| | |
|---|---|
| 옷을 입다 | Der Junge zieht sich gerade an, denn er muss gleich in die Schule gehen.<br>그 소년은 옷을 입고 있다.<br>왜냐하면 그는 곧 학교에 가야 하기 때문이다. |
| 곧 | |

## 007 ★★★

**ab | holen (jn⁴/etw⁴)**
*holte...ab, hat abgeholt*

der Kindergarten

| | |
|---|---|
| (~를) 마중나가 데려오다<br>(~을/~를) 픽업하다 | Ich hole dich am Sonntag um 8.00 Uhr mit dem Auto ab.<br>내가 너를 일요일 아침 8시에 자동차로 데리러 갈게. |
| 유치원 | Ich muss um halb sechs mein Kind vom Kindergarten abholen.<br>나는 다섯 시 반에 내 아이를 유치원에서 데려와야 한다. |

## 008 ★★★

**teil | nehmen (an etw³)**
*nahm...teil, hat teilgenommen*

der Sprachkurs, -e

die Teilnahme, -n

Unterricht haben

| | |
|---|---|
| (~에) 참가하다 | Der Schüler nimmt am Unterricht teil.<br>그 학생은 수업을 듣는다. |
| | Ich nehme an einem Sprachkurs teil.<br>나는 어학코스를 듣는다. |
| 어학코스, 어학수업 | Ich habe heute Unterricht.<br>나는 오늘 수업 있어. |
| 참가, 참여 | |
| 수업이 있다 | Ich habe heute keinen Unterricht.<br>나는 오늘 수업 없어. |

### 009 ★★★

**auf | räumen (etw⁴)**
*räumte...auf, hat aufgeräumt*

der Schreibtisch

| | |
|---|---|
| (~을) 청소하다, 정리하다 | Räumst du heute noch deinen Schreibtisch auf?<br>너 오늘 네 책상 정리할 거지? |
| 책상 | Ich habe schon meinen Schreibtisch aufgeräumt.<br>나 벌써 내 책상 정리했어. |

### 010 ★★★

**auf jeden Fall**

↔ auf keinen Fall

versprechen (jm³ etw⁴)
*versprach, hat versprochen*

| | |
|---|---|
| (어떠한 일이 있어도) 반드시 | Ich werde auf jeden Fall zur Hochzeit gehen.<br>나는 무슨 일이 있어도 반드시 결혼식에 갈게. |
| (어떠한 일이 있어도) 절대로 ~하지 않는 | Das ist sicher.<br>이것은 확실해. |
| (~에게 ~을) 약속하다 | Ich werde auf keinen Fall rauchen. Das habe ich meiner Mutter versprochen.<br>나는 절대로 담배를 피우지 않을 거야. 그것을 나는 나의 어머니에게 약속했어. |

### 011 ★★★

**fern | sehen**
*sah...fern, hat ferngesehen*

der Fernseher

| | |
|---|---|
| 텔레비전을 보다 | Nach der Arbeit sehe ich oft fern.<br>일이 끝난 후 나는 자주 텔레비전을 본다. |
| 텔레비전 | |

### 012 ★★★

**der Feierabend**

endlich

| | |
|---|---|
| 퇴근 | Wann hast du Feierabend?<br>너 언제 퇴근해? |
| 마침내, 드디어 | Ich habe in dreißig Minuten Feierabend.<br>나 30 분 뒤에 퇴근해. |
| | Ich habe endlich Feierabend.<br>나는 드디어 퇴근이다. |

## ☐ 013 ★★★

**das Mittagessen kochen**

| 점심을 요리하다 | Hast du Mittagessen gekocht?<br>너 점심 요리 했어? |

**japanisch**
**Japanisch**

| 일본의<br>일본어 | Nein, ich gehe später in ein japanisches Restaurant.<br>아니. 나 이따가 일식집에 가. |

## ☐ 014 ★★★

**zu Mittag essen**

| 점심식사 하다 | Mit wem isst du zu Mittag?<br>너 누구랑 점심 먹어? |

**wem**
**mit wem** (의문사)

| ~에게 (wer의 3격)<br>~와 함께 | Ich esse wahrscheinlich mit meinem Chef.<br>나 아마도 내 사장님이랑 먹을 거 같아. |

## ☐ 015 ★★★

**zu Abend essen**

| 저녁을 먹다 | Mein Sohn isst mit seinen Freunden zu Abend.<br>나의 아들은 자신의 친구들과 저녁을 먹는다. |

> **Tipp**
> 점심을 먹다와 저녁을 먹다는 "zu Mittag essen", "zu Abend essen"이지만 아침을 먹다는 zu Frühstück essen이라고 하지 않고 "frühstücken"이라고 합니다.

## ☐ 016 ★★★

**telefonieren (mit jm³)**
*telefonierte, hat telefoniert*

| (누구와)<br>통화하다 | Abends telefoniere ich gerne mit meiner Freundin.<br>저녁에 나는 나의 여자친구와 통화하는 것을 좋아한다. |

**lange**
**das Telefon, -e**
**die Telefonnummer**

| 길게, 오랫동안<br>전화기<br>전화번호 | Meine Tochter telefoniert immer lange mit ihren Freundinnen.<br>내 딸은 그녀의 친구들이랑 항상 길게 통화한다. |

> **Tipp**
> lang 은 길이가 "긴" 이라는 뜻이고 lange는 시간적으로 "오랫동안, 길게" 라는 뜻입니다.

## ☐ 017 ★★★

**an | rufen (jn⁴)**
*rief...an, hat angerufen*

der Anruf, -e
nachher
= später

(~에게) 전화를 걸다

전화
이따가

Ich rufe dich später an.
내가 이따가 너에게 전화 걸게.

Kann ich dich später anrufen?
내가 이따가 너에게 전화 걸어도 될까?

### Tipp
한국어로는 "~에게 전화를 하다"라고 표현하지만 독일어로는 "~를 전화를 걸다"라고 말합니다.
anrufen + (jn⁴) Ich rufe den Mann an.
나는 그 남자에게 전화를 건다.

하지만 동사 telefonieren "~와 통화하다"같은 경우 통화하는 대상이 필요하기 때문에 전치사 "mit"과 함께 사용합니다.
telefonieren + (mit³) Ich telefoniere mit dem Mann.
나는 그 남자와 통화한다.

## ☐ 018 ★★★

**schwach**
↔ stark

sich⁴ fühlen
*sich fühlte, hat sich gefühlt*
kaum

약한, 빈약한
강한, 강인한

느끼다

거의 ~하지 않은

Ich fühle mich schwach.
나는 몸이 약한 것처럼 느껴진다.

Das Licht ist so schwach,
dass ich kaum etwas sehen kann.
그 불빛은 내가 무언가를 거의
못 볼 정도로 약하다.

◎ 추가표현: 빈도

## ☐ 019 ★★★

**immer**

wieder
versuchen
*versuchte, hat versucht*

der Versuch, -e

항상

다시
시도하다

시도

Mein Freund kommt immer zu spät.
내 친구는 항상 늦게 온다.

Der Student versucht immer wieder etwas Neues.
그 대학생은 항상 다시 새로운 것에 도전한다.

### Tipp
etwas 다음에 형용사가 오면 형용사 첫 철자는 대문자로 쓰고 형용사 뒤에는 "-es"를 붙여줍니다.

### 패턴 & 어휘

etwas 무언가 + Einfaches 간단한 / Leckeres 맛있는 / Günstiges 저렴한 / Gesundes 건강한

Ich möchte etwas Einfaches / Leckeres / Günstiges / Gesundes essen.
나 뭔가 간단한 거 / 맛있는 거 / 저렴한 거 / 건강한 거 먹고 싶어.

## 020 ★★★

**oft**

자주

Nachts habe ich oft Hunger.
밤에 나는 자주 배고프다.

unmöglich
↔ möglich

불가능한
가능한

Es ist unmöglich für mich, eine Diät zu machen.
내가 다이어트 하는 것은 불가능하다.

## 021 ★★★

**manchmal**
= ab und zu

가끔씩, 가끔

Manchmal bleibe ich am Wochenende bis 12 Uhr im Bett.
가끔 나는 주말에 12시까지 침대에 머문다.

## 022 ★★★

**selten**

별로~하지 않는

Ich sehe meine kleine Schwester selten, weil sie weit weg wohnt.
나는 내 여동생을 별로 보지 못한다. 왜냐하면 그녀는 멀리 떨어져 살기 때문이다.

weit

① 먼 ② 넓은

weg

① 떨어져 있는
② 없어진

Wo ist meine Uhr? Sie ist weg.
내 시계 어디에 있지? 내 시계 없어졌어.

weit weg

멀리 떨어져(있는)

Hände weg!
손 치워!

## 023 ★★★

**nie**

전혀

lügen
*log, hat gelogen*

거짓말하다

Meine Tochter hat noch nie gelogen.
내 딸은 거짓말을 한 적이 한 번도 없다.

rauchen
*rauchte, hat geraucht*

담배피다

Ich habe noch nie geraucht oder Alkohol getrunken.
나는 아직 담배를 핀 적이나 술을 마신 적이 없다.

der Alkohol
die Zigarette, -n
der Rauch

술
담배
연기

# TAG 20 Aufgaben

◎ 단어에 해당하는 뜻을 찾아 연결하시오.

1. frühstücken            ⓐ 항상
2. duschen                ⓑ 별로 ~하지 않는
3. später                 ⓒ 아침식사하다
4. selten                 ⓓ 샤워하다
5. immer                  ⓔ 이따가

◎ 다음 빈칸을 채우시오.

| ⓐ auf \| stehen | ⓑ sich anziehen | ⓒ an \| rufen | ⓓ teil \| nehmen |

6. Ich _____ dich später ___ .        내가 좀 이따가 전화 걸게.
7. Der Schüler _____ an dem Unterricht ____ .   그 학생은 수업을 듣는다.
8. Ich _____ jeden Tag um 7 Uhr ____ .   나는 매일 7시에 일어난다.
9. Der Junge _____ sich ____ .        그 소년은 옷을 입는다.

◎ 다음 불규칙 동사표를 채우시오. (정답은 단어 옆에 적혀진 번호에서 확인)

10. **waschen (jn⁴/etw⁴)** (~을)씻다 (3번)

| ich | wir |
|---|---|
| du | ihr |
| er/sie/es | sie |
|  | Sie |

Lösungen : 1.ⓒ 2.ⓓ 3.ⓔ 4.ⓑ 5.ⓐ 6.ⓒ rufe ,an 7.ⓓ nimmt, teil 8.ⓐ stehe, auf 9.ⓑ zieht, an

# Tag 20

## 쉐도잉 & 핵심표현

독일인이 문장을 천천히 두 번, 보통 속도로 한 번 말해줍니다. 큰소리로 따라해보세요!
MP3 듣기

독일어 부분을 책갈피로 가리고
한국어만 보고 독일어를 써보세요

| Koreanisch | Deutsch |
|---|---|
| ☐ 그 학생은 보통 몇 시에 일어나? | Wann steht der Student normalerweise auf? |
| ☐ 그는 보통 7시에 일어나. | Er steht normalerweise um 7 Uhr auf. |
| ☐ 나는 매일 아침 나의 가족과 아침식사를 한다. | Ich frühstücke jeden Morgen mit meiner Familie. |
| ☐ 아침 식사를 한 후 나는 커피 한 잔을 마신다. | Nach dem Frühstück trinke ich einen Kaffee. |
| ☐ 나는 무슨 일이 있어도 반드시 결혼식에 갈게. 이것은 확실해. | Ich werde auf jeden Fall zur Hochzeit gehen. Das ist sicher. |
| ☐ 나는 절대로 담배를 피우지 않을 것이다. 왜냐하면 나는 엄마와 약속했기 때문이다. | Ich will auf keinen Fall rauchen, denn ich habe es meiner Mutter versprochen. |
| ☐ 너 누구랑 점심 먹어? | Mit wem isst du zu Mittag? |
| ☐ 나 아마도 내 사장님이랑 먹을 거 같아. | Ich esse wahrscheinlich mit meinem Chef. |
| ☐ 내 딸은 친구들이랑 길게 통화하는 것을 좋아한다. | Meine Tochter telefoniert immer lange mit ihren Freundinnen. |
| ☐ 내가 좀 이따가 전화 걸게. | Ich rufe dich später an. |
| ☐ 밤에 자주 나는 배고프다. | In der Nacht habe ich oft Hunger. |

메모

# Tag 21

# Laune&Charakter
기분&성격

„ *Ich mag dich so, wie du bist.* "

나는 네 있는 그대로가 좋아.

# Tag 21

## Laune & Charakter
기분 & 성격

독일인이 모든 단어를 한번씩 읽어주고, 예문은 천천히 한 번, 보통 속도로 한 번 읽어줍니다.

MP3 듣기

---

□ 001 ★★★

**glücklich** — 행복한

Das Wetter ist gut. Ich bin glücklich.
날씨가 좋다. 나는 행복하다.

das Wetter — 날씨
bekommen (etw⁴) — (~을) 받다
*bekam, hat bekommen*

Das Kind hat ein Geschenk bekommen. Es ist glücklich.
아이는 선물을 받았다. 아이는 행복하다.

das Glück — ① 행복 ② 운
Glück haben — 운이 있다
das Geschenk, -e — 선물

Hast du echt im Lotto gewonnen?
너 정말 로또 당첨됐어?

Du hast ja Glück!
너 운이 좋구나!

---

□ 002 ★★★

**froh** — 기쁜

Mein Sohn hat mir ein kleines Geschenk und einen Brief gegeben.
나의 아들은 나에게 작은 선물과 편지를 주었다.

Ich bin sehr froh.
나는 아주 기쁘다.

das Weihnachten — 크리스마스, 성탄절

Frohe Weihnachten!
메리크리스마스!

---

□ 003 ★★★

**traurig** — 슬픈

Es gibt heute eine Abschiedsparty.
오늘 송별회 있어.

sich⁴ verabschieden (von jm³) — ① 작별 인사하다 ② 이별하다
*sich verabschiedete, hat sich verabschiedet*

Meine Freunde fliegen übermorgen wieder nach Deutschland.
내 친구들은 내일 모레 다시 독일로 가.

die Verabschiedung, -en — ① 이별 ② 작별
die Abschiedsparty, -s — 송별회

Ich muss mich von ihnen verabschieden. Ich bin sehr traurig.
나는 그들과 작별인사해야 해.
나 아주 슬퍼.

### Tipp

der Abschied (이별) + die Party (파티)
= die Abschiedsparty (송별회)

발음상으로 명사와 명사 사이에 "s"를 붙입니다.

## 004 ★★★
**böse**

böse sein (auf jn⁴)

| 나쁜 | Mein Chef ist böse und unfreundlich.<br>나의 사장은 나쁘고 불친절하다. |
|---|---|
| (~에게) 화나다,<br>화가 나있다 | Ich bin böse auf ihn.<br>나는 그에게 화가 나 있다. |

## 005 ★★★
**sauer sein (auf jn⁴)**

sauer
die Zitrone, -n

| (~에게) 화난 | Max lügt oft und kommt auch immer zu spät.<br>막스는 거짓말을 자주 하고 또 항상 늦게 온다. |
|---|---|
| 신 (레몬 등이)<br>레몬 | Ich bin sauer auf ihn.<br>나는 그에게 화가 나 있다. |
| | Die Zitrone ist sauer.<br>그 레몬은 시다. |

## 006 ★★★
**eifersüchtig sein (auf jn⁴)**

zusammen
zusammen sein

die Eifersucht

| (~를) 질투하다 | Ich mag Lisa, aber sie ist mit Max zusammen.<br>나는 리사를 좋아해. 하지만 리사는 막스와 사귀어. |
|---|---|
| 함께<br>① 사귀다<br>② 함께하다 | Ich bin eifersüchtig auf ihn.<br>나는 막스에게 질투가 나. |
| 질투, 시기 | Meine Freundin und ich sind seit drei Jahren zusammen.<br>나의 여자친구와 나는 사귄 지 3년 됐어. |

## 007 ★★★
**neidisch sein (auf jn⁴)**

der Neid
alles

| (~를) 부러워하다 | Der Mann hat alles.<br>그 남자는 모든 걸 가지고 있다. |
|---|---|
| 질투, 시기<br>모든 것 | Er hat ein großes Haus, ein neues Auto und eine glückliche Familie.<br>그는 큰 집과 새 차, 그리고 행복한 가정이 있다. |
| | Ich bin neidisch auf ihn.<br>나는 그가 부럽다. |

### 008 ★★★

**geizig**

aus | geben
*gab...aus, hat ausgegeben*

die Ausgabe, -n

인색한, 구두쇠인

돈을 지출하다,
돈을 내다

지출

Er gibt nie Geld für seine Freunde aus.
그는 자신의 친구들을 위해 절대 돈을 쓰지 않는다.

Er ist geizig.
그는 인색하다.

### 009 ★★★

**schüchtern**

etwas

sich⁴ befreunden
(mit jm³)
*sich befreundete,
hat sich befreundet*

수줍어 하는

① 어느 정도,
일부분
② 어떤 것

(~와) 친해지다

Meine kleine Schwester
ist sehr schüchtern.
내 여동생은
아주 수줍음이 많다.

Sie braucht etwas Zeit,
sich mit anderen zu befreunden.
그녀는 다른 사람들과 친해지는 데
어느 정도 시간이 필요하다.

### 010 ★★★

**erschöpft**

der Stress
Stress haben
deshalb (접속사)
wirklich

지친

스트레스
스트레스가 있다
그렇기 때문에
진짜로

Ich habe zurzeit viel Stress
von der Arbeit.
나는 요즘 일하는 데 스트레스를 많이 받는다.

Ich bin erschöpft.
나는 지쳤다.

Ich habe den ganzen Tag gearbeitet,
deshalb bin ich jetzt wirklich erschöpft.
나는 하루종일 일했다.
그렇기 때문에 나는 지금 정말 지쳤다.

### 011 ★★★

**verzweifelt**

die Verzweiflung

절망적인

절망

Ich habe die Prüfung nicht bestanden.
나는 그 시험을 합격하지 못했다.
= Ich bin (bei der Prüfung) durchgefallen.
( = 나는 (시험에서) 떨어졌다.)

Ich bin verzweifelt.
나는 절망적이다.

## 012 ★★★

**schuldig**  죄가 있는, 빚이 있는

Ich fühle mich schuldig.
나는 죄책감을 느낀다.

sich⁴ fühlen  느끼다
*sich fühlte, hat sich gefühlt*

Du hast dich nicht gut um den Hund gekümmert und jetzt ist er krank.
네가 그 강아지를 잘 안 돌보았고 지금 그 강아지는 병이 났어.

die Schuld  ① 잘못, 책임
② 채무, 빚

Es ist alles deine Schuld.
모든 게 다 너의 책임이야.

Schuld haben (an etw³)  (~에) 책임이 있다

= Du hast Schuld daran.
그것은 너의 책임이야.

## 013 ★★★

**aktiv**  활동적인

Der Junge ist laut und aktiv.
그 소년은 시끄럽고 활동적이다.

die Aktivität, -en  ① 적극성, 활동력
② (주로 복수) 활동

Der Sportclub bietet Jugendlichen viele Aktivitäten an.
그 스포츠클럽은 청소년들에게 많은 활동을 제공한다.

an | bieten (jm³ etw⁴)  (~에게~을) 제공하다
*bot...an, hat angeboten*

das Angebot, -e  ① 팔려고 내놓은 제품
② 제의

## 014 ★★★

**ruhig**  조용한

Die Schülerin redet wenig.
그 여학생은 말을 적게 한다.

reden  이야기하다
*redete, hat geredet*

Sie ist ruhig und spricht auch sehr leise.
그녀는 조용하고 말도 아주 작게 한다.

die Rede  ① 이야기
② 연설, 강연

die Ruhe  고요함, 조용함

Ruhe!
조용히 해!

## 015 ★★★
**lustig**

die Geschichte, -n

재미있는, 즐거운

① 이야기, 스토리
② 역사

Die Geschichte ist lustig und spannend.
그 이야기는 재미있고 흥미진진하다.

Der Lehrer ist lustig und kann gut unterrichten.
그 선생님은 재미있고 수업을 잘하신다.

Er ist bei vielen Schülern sehr beliebt.
그는 많은 학생들에게 아주 인기가 있다.

## 016 ★★★
**langweilig**

jm³ langweilig sein
sich⁴ langweilen
*sich langweilte,
hat sich gelangweilt*

langweilen (jn⁴)
der Humor
Humor haben
überhaupt + (부정형)

지루한

~에게 지루하다
지루해하다

(~를) 지루하게 하다
유머
유머가 있다
전혀 ~이 없는

Mir ist langweilig.
지루해.
= Ich langweile mich.

Mein Professor ist sehr langweilig.
나의 교수님께서는 아주 재미가 없으시다.
(직역: 아주 지루하시다.)

Er hat überhaupt keinen Humor.
그는 전혀 유머가 없어.

**Tipp**
"지루해"라고 할 때 나 자체가 지루한 것이 아니라 지루한 활동이 나에게 지루한 것이기 때문에 "나에게 지루하다" "Mir ist langweilig" 라고 합니다. "Ich bin langweilig" 라고 하면 "나는 지루한 사람이다" 라는 뜻이 됩니다.

## 017 ★★★
**einsam**

der Senior, -en

외로운, 고독한

고령자, 노인

Viele Senioren wohnen allein.
많은 노인들은 혼자 산다.

Sie sind einsam.
그들은 외롭다.

## 018 ★★★
**ängstlich**

der Einstufungstest
die Einstufung, -en

① 걱정되는
② 겁먹은, 두려운

레벨테스트
분류함,
등급을 매김

Morgen habe ich einen Einstufungstest.
내일 나는 레벨테스트가 있다.

Ich bin ängstlich.
나는 두렵다.

## ☐ 019 ★★★

**Angst haben
(vor jm³/etw³)**

die Angst

(~을/를)
무서워하다,
두려워하다

두려움

Das Kind hat Angst vor Hunden.
그 아이는 강아지를 무서워한다.

Viele Schüler haben Angst
vor Prüfungen.
많은 학생들은
시험을 두려워한다.

**Tipp**
한 마리의 강아지 또는 하나의 시험만 두려워하는 것이 아니라
여러 강아지, 여러 시험에 두려움이 있기 때문에 복수형을 써줍니다.
복수형 "Hunden"끝에 "n"이 붙은 이유는 3격 복수형에는 끝에 "n"
을 써주는데 전치사 "vor"는 3격이랑 쓰이기 때문입니다.
vor + 복수형 + n
("Prüfungen" 같은 경우 이미 끝에 "n"이 있기 때문에 추가적으로
쓰지 않습니다.)

## ☐ 020 ★★★

**überrascht sein**

überraschen (jn⁴)
*überraschte, hat überrascht*

die Überraschung, -en

die Überraschungsparty

(깜짝)놀라다

(~를) 놀라게 하다

① 놀람
② 뜻밖의 일
깜짝파티

Meine Freunde haben für mich
eine Überraschungsparty gemacht.
나의 친구들은 나를 위해서
깜짝파티를 하였다.

Ich war sehr überrascht
und auch beeindruckt.
나는 아주 놀랐고 또한 감동하였다.

**Tipp**
die Überraschung (놀람) + die Party (파티)
= die Überraschungsparty (깜짝파티)
발음상으로 명사와 명사 사이에 "s"가 붙습니다.

## ☐ 021 ★★★

**vorsichtig**

die Tür, -en
öffnen (etw⁴)
*öffnete, hat geöffnet*
niemand
die Vorsicht

um ... zu

신중한,
조심스러운

문
(~을) 열다

아무도
주의, 조심

~하기 위하여

Mein Freund ist vorsichtig.
나의 친구는 신중하다.

Ich habe vorsichtig die Tür geöffnet,
um niemanden zu stören.
나는 아무도 방해하지 않기 위해
조심스럽게 문을 열었다.

Sei vorsichtig! = Vorsicht!
조심해!

213

# TAG 21  Aufgaben

◎ 단어에 해당하는 뜻을 찾아 연결하시오.

1. glücklich          ⓐ 슬픈
2. traurig            ⓑ 행복한
3. lustig             ⓒ 두려운, 겁먹은, 걱정되는
4. sauer              ⓓ 재미있는
5. ängstlich          ⓔ 화난

◎ 다음 빈칸을 채우시오.

| ⓐ glücklich | ⓑ überrascht | ⓒ langweilig | ⓓ einsam |

6. Sie sind _____.                              그들은 외롭다.
7. Ich war sehr ____ und auch beeindruckt.         나는 아주 놀랐고 또한 감동하였다.
8. Mein Professor ist sehr _____.               나의 교수님께서는 굉장히 지루하시다.
9. Das Kind hat ein Geschenk bekommen. Es ist _____.   아이는 선물을 받았다. 아이는 행복하다.

◎ 다음 단어 및 문장의 뜻을 독일어로 쓰시오. (명사의 경우 관사도 함께)

10. 깜짝파티:                    11. 오늘은 깜짝파티가 있다:

12. 외로운, 고독한:              13. 나의 친구는 요즘 외롭다:

14. 스트레스가 있다:             15. 나는 요즘 스트레스가 많다:

---

**Lösungen :** 1.ⓑ 2.ⓐ 3.ⓓ 4.ⓔ 5.ⓒ 6.ⓓ einsam 7.ⓑ überrascht 8.ⓒ langweilig 9.ⓐ glücklich
10. die Überraschungsparty 11. Es gibt heute eine Überraschungsparty. 12. einsam
13. Mein Freund ist zurzeit einsam. 14. Ich habe zurzeit viel Stress.
15. Ich habe zurzeit viel Stress.

# Tag 21

## 쉐도잉 & 핵심표현

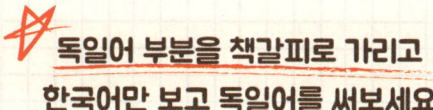

독일어 부분을 책갈피로 가리고
한국어만 보고 독일어를 써보세요

| Koreanisch | Deutsch |
|---|---|
| 아이는 선물을 받았다. 아이는 행복하다. | Das Kind hat ein Geschenk bekommen. Es ist glücklich. |
| 나의 아들은 나에게 작은 선물과 편지를 주었다. | Mein Sohn hat mir ein kleines Geschenk und einen Brief gegeben. |
| 내 친구들은 내일 모레 다시 독일로 가. | Meine Freunde fliegen übermorgen wieder nach Deutschland. |
| 나의 사장은 나쁘고 불친절하다. | Mein Chef ist böse und unfreundlich. |
| 막스는 자주 거짓말을 하고 항상 늦게 온다. | Max lügt oft und kommt auch immer zu spät. |
| 나는 그에게 화가 나 있다. | Ich bin sauer auf ihn. |
| 나는 리사를 좋아한다. 하지만 리사는 막스와 사귄다. | Ich mag Lisa, aber sie ist mit Max zusammen. |
| 나는 그들에게 질투가 난다. | Ich bin eifersüchtig auf sie. |
| 그는 자신의 친구들을 위해 절대 돈을 쓰지 않는다. | Er gibt nie Geld für seine Freunde aus. |
| 나는 시험에 통과하지 못했다. | Ich habe die Prüfung nicht bestanden. |
| 나의 친구들은 나를 위해서 깜짝파티를 하였다. | Meine Freunde haben für mich eine Überraschungsparty gemacht. |

메모

# Tag 21

## 배운 내용으로 대화 하기

남자 독일인과 여자 독일인의 귀에 쏙쏙 들어오는 음성을 들어보세요.

MP3 듣기

### Ich stehe normalerweise um 7 Uhr auf.

| | |
|---|---|
| 나는 보통 7시에 일어난다.<br>아침에 나는 음악 듣는 것을 좋아한다. | Ich stehe normalerweise um 7 Uhr auf.<br>Morgens höre ich gerne Musik. |
| 아침 8시쯤 나는 나의 가족이랑 아침식사를 한다.<br>아침식사를 하고 난 후<br>나는 어학원에 간다. | Gegen 8 Uhr frühstücke ich mit meiner Familie.<br>Nach dem Frühstück<br>gehe ich in die Sprachschule. |
| 나는 요즘 독일어를 배운다. 나는 나의<br>독일어 실력을 향상시키고 싶다. 왜냐하면 나는<br>나중에 독일에서 대학을 다니고 싶기 때문이다. | Ich lerne zurzeit Deutsch. Ich möchte gerne<br>mein Deutsch verbessern, denn ich möchte<br>später in Deutschland studieren. |
| 나는 독일어를 아주 어렵다고 생각한다.<br>하지만 언어가 아주 멋지게 들린다. | Ich finde Deutsch sehr schwierig,<br>aber die Sprache klingt sehr schön. |
| 나는 나의 선생님을 아주 좋아한다.<br>그는 재미있고 수업을 잘 한다. | Ich mag meinen Lehrer sehr.<br>Er ist lustig und kann gut unterrichten. |
| 하지만 많은 학생들은 너무 수줍다.<br>나의 선생님은 자주 질문을 하신다. 하지만<br>대부분의 학생들은 대답을 하지 않는다. | Aber viele Schüler sind zu schüchtern.<br>Mein Lehrer stellt oft Fragen, aber<br>die meisten Schüler antworten nicht. |
| 12시에 나는 점심을 먹는다.<br>대부분 나는 혼자서 먹는다. | Um 12 Uhr esse ich zu Mittag.<br>Meistens esse ich allein. |
| 점심을 먹은 후 나는 자주<br>카페에 가고 책을 읽는다. | Nach dem Mittagessen gehe ich oft<br>ins Café und lese Bücher. |
| 오후 6시쯤 나는 자주 나의 친구들이랑<br>저녁을 먹는다. | Gegen 18 Uhr esse ich oft<br>mit meinen Freunden zu Abend. |
| 저녁마다 나는 운동을 한다.<br>밤에 나는 나의 여자친구랑 통화를 한다.<br>나는 그녀와 아주 행복하다. | Abends mache ich Sport.<br>In der Nacht telefoniere ich<br>mit meiner Freundin.<br>Ich bin sehr glücklich mit ihr. |

 설명    die Aussprache 발음, klingen 들리다: Die Aussprache klingt gut. 그 발음은 좋게 들린다.
meisten 대부분: Die meisten Schüler sind schüchtern. 대부분의 학생들은 수줍음이 있다.

# Tag 22

# Wetter
날씨

„*Lieber Herbst, du bist so wunderschön.*"

사랑하는 가을아, 너는 정말 아름다워.

# Tag 22

## Wetter
날씨

독일인이 모든 단어를 한번씩 읽어주고, 예문은 천천히 한 번, 보통 속도로 한 번 읽어줍니다.

MP3 듣기

---

날씨를 표현할 때는 대부분 가주어 es를 사용합니다.
Es ist + (날씨를 나타내는)형용사

| Es ist | warm 따뜻한/ heiß 더운, 뜨거운/ kühl 시원한/ kalt 추운, 차가운/ windig 바람이 부는/ neblig 안개낀/ sonnig 햇빛이 비치는/ regnerisch 비가 오는 |
|---|---|

날씨를 나타내는 동사와 쓰일 때는 Es + (날씨를 나타내는)동사로 쓰입니다.

| Es | regnet. | 비가 내리다. |
|---|---|---|
|  | schneit. | 눈이 내리다 |
|  | blitzt und donnert. | 번개가 치고 천둥이 치다. |

---

☐ 001 ★★★

**das Wetter** — 날씨
Wie ist das Wetter heute?
오늘 날씨 어때?

**die Sonne** — 해, 태양
**scheinen** — 빛나다
*schien, hat geschienen*

Das Wetter ist echt gut.
날씨가 정말 좋아.

**die Sonne scheint** — 햇빛이 비치다
Die Sonne scheint.
햇빛이 비쳐.

☐ 002 ★★★

**regnen** — 비가 오다
*regnete, hat geregnet*

Hast du einen Schirm oder eine Regenjacke mitgebracht?
너 우산이나 우비 가지고 왔어?

**der Schirm, -e** — 우산
**mit | bringen (jn⁴/etw⁴)** — (~을/를) 가지고 가다
*brachte...mit, hat mitgebracht*

Es regnet draußen.
밖에 비가 와.

Ja, ich habe einen Schirm mitgebracht.
응. 나 우산 가지고 왔어.

**der Regen** — 비
**die Regenjacke, -n** — 우비, 비옷

### Tipp
(복합명사) der Regen (비) + die Jacke (자켓)
= die Regenjacke (우비)

## 003 ★★

**schneien**
*schneite, hat geschneit*

kalt
sich⁴ an | ziehen
*zog sich...an, hat sich angezogen*
der Schnee
extrem

sonst (접속사)

| | |
|---|---|
| 눈이 오다 | |
| 추운 | |
| 옷을 입다 | |
| 눈 | |
| 극도의, 몹시, 대단히 | |
| 그렇지 않으면 | |

Es ist extrem kalt hier.
여기는 대단히 춥다.

Mir ist sehr kalt.
나 매우 추워.

Es schneit auch sehr viel.
눈도 아주 많이 와.

Du musst dich warm anziehen, sonst wirst du krank.
너 따뜻하게 입어야 해.
그렇지 않으면 너 감기에 걸려.

**Tipp**
(어순) 일반문장, sonst + 동사 + 주어 + 목적어

## 004 ★★★

**bewölkt**

windig
der Wind
die Wolke

| | |
|---|---|
| 구름이 낀 | |
| 바람 부는 | |
| 바람 | |
| 구름 | |

Das Wetter ist schlecht.
날씨가 나쁘다.

Es ist etwas bewölkt und ein bisschen windig.
구름이 어느 정도 있고
바람이 조금 분다.

## 005 ★★★

**der Himmel**

klar

| | |
|---|---|
| 하늘 | |
| ① 밝은, 맑은 ② 명료한 | |

Der Himmel ist blau und klar.
하늘이 푸르고 맑다.

Alles klar?
잘 지내지? /별일 없지?

## ☐ 007 ★★★

**der Frühling** | 봄 | Es ist Frühling.
Viele Leute gehen spazieren.
봄이다.
많은 사람들은 산책을 한다.

warm | 따뜻한
trocken | 건조한 | Es ist zurzeit warm und trocken.
Du musst viel Wasser trinken.
요즘 따뜻하고 건조해.
너는 물을 많이 마셔야 해.

## ☐ 008 ★★★

**der Sommer** | 여름 | Es ist Sommer.
Wir fahren morgen ans Meer.
Wir wollen dort schwimmen.
여름이다. 우리는 내일 바다로 간다.
우리는 거기서 수영을 할 것이다.

heiß | 뜨거운
schwül | 습한
schwitzen | 땀나다, 땀을 흘리다
*schwitzte, hat geschwitzt*

Es ist heiß und schwül. Man schwitzt viel.
덥고 습하다. 사람들은 땀을 많이 흘린다.

der Schweiß | 땀
die Klimaanlage, -n | 에어컨
das Klima | 기후

Im Sommer muss man in Korea immer eine dünne Jacke dabei haben, denn es ist wegen der Klimaanlagen in der U-Bahn oder im Büro sehr kalt.
한국 여름에는 항상 얇은 자켓을 가지고 다녀야 한다. 왜냐하면 에어컨 때문에
전철이나 사무실이 매우 춥기 때문이다.

## ☐ 009 ★★★

**der Herbst** | 가을 | Es ist Herbst. Viele Leute wandern in den Bergen.
가을이다. 많은 사람들이 등산을 간다.

kühl | 시원한, 쌀쌀한
wandern | ① 도보 여행을 하다 ② 이주하다
*wanderte, ist gewandert*

Es ist kühl.
Ich bleibe heute lieber zu Hause.
날씨가 쌀쌀하다.
나는 오늘 차라리 집에 있는다.

die Wanderung, -en | ① 나들이, 도보여행 ② 이주

**Tipp**
(복합명사) kühl (시원한) + der Schrank (장롱)
= der Kühlschrank (냉장고)

## 010 ★★★

**der Winter** — (단수) 겨울

Es ist Winter.
Ich will mit meinen Freunden Ski fahren.
겨울이다.
나는 친구들이랑 스키를 탈 것이다.

ohne⁴ (전치사) — ~없이
die Heizung, -en — 난방, 난방 장치
heizen — 뜨겁게 하다, 데우다
*heizte, hat geheizt*

Man kann im Winter ohne Heizung nicht leben.
겨울에는 난방 없이 살 수가 없다.

auf | passen (auf jn⁴/etw⁴) — ① (~에) 주의하다 (조심하다) ② 돌보다
*passte...auf, hat aufgepasst*

Im Winter kann man leicht krank werden.
Du musst auf deine Gesundheit aufpassen.
겨울에는 쉽게 아플 수 있어.
너는 너의 건강을 주의 해야 해.

gesund — 건강한
die Gesundheit — 건강
krank — 아픈, 병이 난

**패턴 & 어휘**
① (주의하다/조심한다) die Wertsache 귀중품, die Tasche 가방, das Handy 핸드폰, die Gesundheit 건강
② (돌보다) das Kind 아이, das Haustier 애완동물, der Hund 개, die Katze 고양이
① Der Tourist passt auf seine Tasche / sein Handy auf.
그 여행객은 자신의 가방을 / 자신의 핸드폰을 조심한다.
② Ich passe auf mein Kind / meinen Hund auf.
나는 나의 아이를 / 나의 강아지를 돌본다.

## 011 ★★

**der Wetterbericht** — 일기 예보

Der Wetterbericht war vor 20 Jahren oft falsch.
20년 전에는 일기 예보가 자주 틀렸다.

falsch — 틀린, 잘못된
der Bericht, -e — 보고, 보고서
heutzutage — 오늘날에는

Heutzutage ist er meistens richtig.
오늘날 일기예보는 대부분 맞다.

**Tipp**
(복합명사) das Wetter (날씨) + der Bericht (보고, 보고서)
= der Wetterbericht 일기 예보

## ☐ 012 ★★★

**das Gewitter** | 거친 날씨 (천둥번개와 함께 비가 오는) | Wie ist das Wetter in Berlin?
베를린 날씨는 어때?

es gibt (jn⁴/etw⁴) | (~이) 있다 | In Berlin gibt es ein Gewitter. Es donnert und blitzt.
donnern | 천둥치다 | 베를린 날씨는 좋지 않아.
*donnerte, hat gedonnert* | | 천둥 치고 번개 쳐.
blitzen | 번개치다 |
*blitzte, hat geblitzt* | | Es geht so. Der Himmel ist blau, die Sonne scheint, aber es ist sehr heiß, über 35 Grad.
der Donner | 천둥 | 그저 그래. 하늘은 푸르고
der Blitz, -e | 번개 | 햇빛은 비치는데
der Grad | 도 | 아주 더워. 35도 이상이야.

## ☐ 013 ★★★

**der Schneemann** | 눈사람 | Der Schnee ist toll!
눈 멋있다!

bauen (etw⁴) | (~을)만들다, 건설하다 | Kommt, wir bauen einen Schneemann.
*baute, hat gebaut* | | 이리로 와. 우리 눈사람 만들자.

## ☐ 014 ★★★

**der Juli** | 7월 | Im Juli wird es am Vormittag sehr heiß.
7월에는 오전에 아주 더워진다.

werden | ~이 되다 | Im Dezember arbeite ich als Weihnachtsmann und bringe Kindern Geschenke.
*wurde, ist geworden* | | 12월에 나는 산타클로스로 일하고
아이들에게 선물을 가져다준다.

| ich werde | wir werden |
|---|---|
| du wirst | ihr werdet |
| er/sie/es wird | sie werden |
| | Sie werden |

### Tipp

1) 계절과 달의 시간을 표현할 때에는 전치사 in³을 씁니다.
< in dem Juli → im Juli >

2) (복합명사) die Weihnacht (성탄절) + der Mann (남자)
= der Weihnachtsmann 산타클로스

der Schnee (눈) + der Mann (남자)
= der Schneemann (눈사람)

der Traum (꿈) + der Mann (남자)
= der Traummann (꿈의 남자)

der Weihnachtsmann | 산타클로스 |
bringen (jm³ etw⁴) | (~에게~을) 가져다주다 |
*brachte, hat gebracht* | |
das Weihnachten | 성탄절, 크리스마스 |

# TAG 22 Aufgaben

◎ 단어에 해당하는 뜻을 찾아 연결하시오.

1. das Wetter      ⓐ 추운

2. regnen      ⓑ 날씨

3. kalt      ⓒ 봄

4. der Frühling      ⓓ 성탄절

5. das Weihnachten      ⓔ 비가 오다

◎ 다음 빈칸을 채우시오.

| ⓐ schneien | ⓑ das Gewitter | ⓒ schwül | ⓓ klar |

6. Es ist heiß und _____. Man schwitzt viel.    덥고 습하다. 사람들은 땀을 많이 흘린다.

7. Es ____ viel. Du musst dich warm anziehen.    눈이 많이 온다. 너는 옷을 따뜻하게 입어야한다.

8. Der Himmel ist _____.    하늘이 맑다.

9. In Berlin gibt es _____. Es donnert und blitzt.    베를린 날씨는 좋지 않아요. 천둥번개가 쳐요.

◎ 다음 단어 및 문장의 뜻을 독일어로 쓰시오. (명사의 경우 관사도 함께)

10. 오늘날:

12. 오늘날 한국에는 많은 문제점들이 있다:

13. ~없이(전치사):

14. 나 너 없이 살 수 없어:

15. 계절:

16: 한국에는 4계절이 있다:

---

Lösungen : 1.ⓑ 2.ⓔ 3.ⓐ 4.ⓒ 5.ⓓ 6.ⓒ schwül 7.ⓐ schneit 8.ⓓ klar 9.ⓑ ein Gewitter
10. heutzutage 11. Heutzutage gibt es viele Probleme in Korea. 13. ohne
14: Ich kann ohne dich nicht leben. 15. die Jahreszeit 16. Es gibt in Korea vier Jahreszeiten.

# Tag 22

## 쉐도잉 & 핵심표현

독일인이 문장을 천천히 두 번, 보통 속도로 한 번 말해줍니다. 큰 소리로 따라해보세요!

MP3 듣기

독일어 부분을 책갈피로 가리고
한국어만 보고 독일어를 써보세요

| Koreanisch | Deutsch |
|---|---|
| 너 우산이나 우비 가지고 왔어? | Hast du einen Schirm oder eine Regenjacke mitgebracht? |
| 밖에 비가 와. | Es regnet draußen. |
| 응, 나 우산 가지고 왔어. | Ja, ich habe einen Schirm mitgebracht. |
| 눈도 아주 많이 와. | Es schneit auch sehr viel. |
| 너 따듯하게 입어야 해. 안 그러면 너 감기에 걸려. | Du musst dich warm anziehen, sonst wirst du krank. |
| 봄이다. 많은 사람들은 산책을 간다. | Es ist Frühling. Viele Leute gehen spazieren. |
| 가을이다. 많은 사람들은 등산을 간다. | Es ist Herbst. Viele Leute wandern in den Bergen. |
| 날씨가 쌀쌀하다. 나는 오늘 차라리 집에 있는다. | Es ist kühl. Ich bleibe heute lieber zu Hause. |
| 겨울이다. 나는 친구들이랑 스키를 탈 것이다. | Es ist Winter. Ich will mit meinen Freunden Ski fahren. |
| 겨울에는 난로 없이 살 수 없다. | Man kann im Winter ohne Heizung nicht leben. |
| 7월에는 오전에 아주 더워진다. | Im Juli wird es am Vormittag sehr heiß. |

메모

# Tag 23

## 배운 내용으로 대화 하기

남자독일인과 여자독일인의 귀에 쏙쏙 들어오는 음성을 들어보세요

MP3 듣기

### Welche Jahreszeit magst du?

| | |
|---|---|
| 봄이다.<br>나는 봄을 아주 좋아한다.<br>날씨가 정말 좋다.<br>따뜻하고 화창하다.<br>모든 것이 완벽하다. | Es ist Frühling.<br>Ich mag den Frühling sehr.<br>Das Wetter ist echt gut.<br>Es ist so warm und die Sonne scheint.<br>Alles ist perfekt. |
| 여름이다.<br>나는 여름을 전혀 좋아하지 않는다.<br>날씨가 너무 덥고 습하다.<br>가끔 비가 아주 강하게 내린다. | Es ist Sommer.<br>Ich mag den Sommer gar nicht.<br>Das Wetter ist zu heiß und schwül.<br>Manchmal regnet es sehr stark. |
| 가을이다.<br>나는 가을을 좋아한다.<br>날씨가 대부분 좋다.<br>서늘하고 바람이 불지만<br>하늘은 푸르고 화창하다.<br>많은 사람들은 등산을 간다. | Es ist Herbst.<br>Ich mag den Herbst.<br>Das Wetter ist meistens gut.<br>Es ist kühl und windig, aber<br>der Himmel ist blau und die Sonne scheint.<br>Viele Leute wandern in den Bergen. |
| 겨울이다.<br>나는 겨울도 좋아한다.<br>날씨는 대부분 춥고<br>난로 없이는 살 수가 없다.<br>하지만 나는 눈을 사랑한다.<br>나는 자주 나의 친구들과<br>스키를 타러 간다. | Es ist Winter.<br>Ich mag den Winter auch gerne.<br>Das Wetter ist meistens kalt<br>und man kann ohne Heizung nicht leben.<br>Aber ich liebe Schnee.<br>Ich gehe oft mit meinen Freunden<br>Ski fahren. |

 메모

# der Monat, -e 달

# Tag 23

## Haus
집

„*Wie schön, euch zu sehen!
Du bleibst für mich immer
mein kleiner Sohn.*"

너희를 보는 게 얼마나 기쁜지!
너는 나에게 항상 작은 아들이란다.

# Tag 23

## Haus
집

독일인이 모든 단어를 한번씩 읽어주고, 예문은 천천히 한 번, 보통 속도로 한 번 읽어줍니다.

MP3 듣기

### ☐ 001 ★★★

**das Haus**
*die Häuser*

집 (건물자체)

Das Haus ist groß und elegant.
그 집은 크고 멋지다.

Das Haus hat eine Treppe.
그 집에는 계단이 하나 있다.

die Wohnung, -en — 집 (여러 방으로 이루어진 주거 공간)

elegant — 멋진, 우아한
die Treppe, -n — 계단
ziehen — 이사하다
*zog, ist gezogen*

Ich ziehe nächsten Monat nach Berlin.
나 다음 달에 베를린으로 이사해.

Deshalb suche ich zurzeit eine Wohnung.
그래서 나는 요즘 집을 찾고 있어.

### ☐ 002 ★★★

**das Zimmer** — 방

Das Zimmer ist klein aber gemütlich.
그 방은 작지만 아늑하다.

gemütlich — 아늑한, 편안한
möbliert — 가구가 비치된, 가구 옵션이 있는

das Möbel, - — (주로 복수) 가구

Das Zimmer ist möbliert.
그 방에는 가구가 비치되어 있다.

### ☐ 003 ★★★

**das Kinderzimmer, -** — 어린이 방

Die Kinder spielen gerade im Kinderzimmer.
그 어린이들은 어린이방에서 놀고 있다.

das Schlafzimmer — 침실
das Arbeitszimmer — 작업실
normalerweise — 보통, 일반적으로

Ich arbeite normalerweise im Arbeitszimmer.
나는 보통 작업실에서 일한다.

### Tipp

**복합명사**

die Kinder (아이들) + das Zimmer (방) → Kinderzimmer 어린이 방
der Schlaf (잠) + das Zimmer (방) → Schlafzimmer 침실
die Arbeit (일)s + das Zimmer (방) → Arbeitszimmer 작업실

## ☐ 004 ★★★

**die Wohngemeinschaft (WG)** | 쉐어하우스 | Ich wohne in einer WG.
나는 쉐어하우스에 산다.

| | | Ich habe 3 Mitbewohner.
나는 3명의 룸메이트가 있다.

der Mitbewohner, -
die 1-Zimmer-Wohnung, -en | 룸메이트
원룸 | Viele Studenten wohnen in Deutschland in einer WG, weil es günstiger als eine 1- Zimmer-Wohnung ist.
많은 대학생들은 독일에서 쉐어하우스에 산다. 왜냐하면 원룸보다 저렴하기 때문이다.

## ☐ 005 ★★★

**das Apartment** | 아파트 | 

die Anzeige, -n | (신문 등의) 광고, 게시글, 공고 | In der Anzeige steht, Sie vermieten eine Wohnung.
광고에 집 임대하신다고 적혀 있네요.

etw¹ stehen
*stand, hat gestanden* | ① 쓰여져 있다
② 서있다 | Ja, ein Apartment in der Holländerstraße.
네. 홀랜더(도)로에 있는 아파트에요.

der Termin, -e | ① 예약 ② 일정 | Kann ich die Wohnung besichtigen?
저 그 방 볼 수 있을까요?

vermieten (etw⁴)
*vermietete, hat vermietet* | 세놓다, 임대하다, 방을 돈 받고 빌려주다 | Der Termin steht seit einem Monat im Kalender!
그 예약은 한 달 전부터 달력에 쓰여 있어!

der Vermieter, - | 집주인, 임대인 |

## ☐ 006 ★★★

**das Wohnzimmer** | 거실 | Die Familie sieht im Wohnzimmer fern.
그 가족은 거실에서 텔레비전을 본다.

das Schlafzimmer | 침실 | Max schläft gerade im Schlafzimmer.
막스는 침실에서 자고 있다.

| | | |
|---|---|---|
| ☐ 007 ★★★<br>**die Küche, -n**<br><br>koreanisch<br>das Gericht, -e | 부엌<br><br>한국의<br>음식, 요리 | Ich koche manchmal<br>mit meinen deutschen Freunden<br>in der Küche koreanische Gerichte.<br>나는 가끔<br>내 독일인 친구들이랑<br>부엌에서 한국 음식을 요리한다. |
| ☐ 008 ★★★<br>**die Toilette, -n**<br><br>dringend | 화장실<br><br>급하게 | Ich muss dringend auf die Toilette gehen,<br>aber mein Sohn ist gerade auf der Toilette.<br>나는 급하게 화장실에 가야 한다.<br>하지만 나의 아들이 지금 화장실에 있다. |
| ☐ 009 ★★★<br>**das Bad**<br>*die Bäder*<br><br><br>das Fenster, -<br>putzen (etw⁴)<br>*putzte, hat geputzt*<br>der Flur, -e | 욕실<br><br><br><br>창문<br>(~을) 닦다<br><br>현관, 복도 | Das Bad hat kein Fenster.<br>그 욕실에는 창문이 없다.<br><br>Hast du das Bad<br>und den Flur geputzt?<br>너 욕실이랑 현관 청소했어?<br><br>Nein, noch nicht. Ich war sehr beschäftigt.<br>아니, 아직 안 했어. 나는 아주 바빴어. |
| ☐ 010 ★★★<br>**die Kaution**<br><br><br>erst | 보증금<br><br><br>① ~이 돼서야,<br>비로소<br>② 처음에는 | In Deutschland zahlt man viel weniger<br>für die Kaution als in Südkorea.<br>독일에서는 한국보다<br>보증금을 훨씬 적게 지불한다.<br><br>In Deutschland geben einige Vermieter<br>die Kaution erst nach ein paar Monaten<br>zurück.<br>독일에서 몇몇 집주인들은<br>보증금을 몇 달이 지나서야 돌려준다. |
| ☐ 011 ★★★<br>**der Balkon, -e**<br><br><br>das Meer | 베란다, 발코니<br><br><br>바다 | Mein Onkel raucht auf dem Balkon.<br>나의 삼촌은 베란다에서 담배를 핀다.<br><br>Wir haben einen Balkon<br>mit Blick aufs Meer.<br>우리는 바다가 보이는 베란다가 있다. |

## 012 ★★★
**die Garage, -n** — 차고

Neben dem Haus ist eine Garage.
집 옆은 차고이다.

In meiner Garage steht mein Auto.
차고에는 내 차가 있다.

neben (전치사) — 옆

## 013 ★★★
**der Garten**
*die Gärten* — 정원

Im Garten sind viele Blumen.
정원에 꽃이 많다.

Ich habe zu Hause einen Garten.
나는 집에 정원이 하나 있다.

die Blume, -n — 꽃

## 014 ★★★
**der Ort, -e** — 장소

Ich habe gestern einige schöne Orte in München besucht.
나는 어제 뮌헨에서 몇몇 예쁜 곳을 방문하였다.

## 015 ★★★
**die Tür, -en** — 문

Der Mann macht die Tür auf.
그 남자는 그 문을 연다.

auf | machen (etw⁴)
*machte...auf, hat aufgemacht* — (~을) 열다

Die Frau macht das Fenster zu.
그 여자는 그 창문을 닫는다.

zu | machen (etw⁴) — (~을) 닫다

## 016 ★★★
**das Erdgeschoss** — 지층

im Erdgeschoss 1층에
im ersten Stock 2층에
im zweiten Stock 3층에
im dritten Stock 4층에

der Stock
= das Stockwerk, -e
= die Etage, -n — 층

Ich bin im ersten Stock.
나는 2층에 있다.

Ich habe eine tolle Aussicht:
전망이 멋있다.

die Aussicht — ① 전망 (넓고 먼 곳을 봄), 경치
② (미래에 대한 희망)
가망, 전망

Mein Haus hat 31 Stockwerke und ich wohne ganz oben.
나의 집은 32층으로 되어 있고 나는 가장 위에 산다.

**Tipp**
독일에서는 1층을 "지층" "Erdgeschoss"라고 하고 2층부터 1층이라고 합니다.

☐ 017 ★★★

## die Miete, -n

die Kaltmiete

die Nebenkosten

die Warmmiete

**betragen**
*betrug, hat betragen*

---

월세

난방비와 다른
비용을 제외한 월세

집세 이외에
내는 돈(전기세, 난방비)

난방비를 포함한
임대료(월세)

(금액이)~이다

---

Wie viel Miete zahlst du?
너 월세 얼마나 내?

Ich zahle 400 Euro.
나는 400유로 내.

Das ist aber teuer.
그거 너무 비싸다.

Du hast recht, aber die Miete in Frankfurt ist etwas teurer als in anderen Städten.
너 말이 맞아. 그런데 프랑크푸르트 월세가 다른 도시보다는 어느정도 더 비싸.

Die Miete beträgt dreihundert Euro.
월세는 300유로이다.

Die Kaltmiete beträgt zweihundert fünfzig Euro und die Nebenkosten betragen fünfzig Euro.
난방비 및 전기세를 제외한 비용은
250 유로이고
난방비, 전기세는
50유로이다.

# Tag 23 Aufgaben

◎ 단어에 해당하는 뜻을 찾아 연결하시오.

1. das Haus　　　　　　　　　　ⓐ 거실
2. das Zimmer　　　　　　　　　ⓑ 계단
3. das Wohnzimmer　　　　　　　ⓒ 집
4. das Bad　　　　　　　　　　　ⓓ 방
5. die Treppe　　　　　　　　　　ⓔ 욕실

◎ 다음 빈칸을 채우시오.

| ⓐ die Küche　　ⓑ die Toilette　　ⓒ putzen　　ⓓ auf│machen |

6. Der Mann _____ die Tür _____.　그 남자는 그 문을 연다.
7. Mein Vater _____ gerade den Flur.　나의 아버지께서는 복도를 닦고 계신다.
8. Ich muss dringend auf _____ gehen.　나는 급하게 화장실을 가야한다.
9. Meine Mutter kocht gerade in _____.　나의 어머니께서는 부엌에서 요리를 하신다.

◎ 다음 불규칙 동사표를 채우시오. (정답은 단어 옆에 적혀진 번호에서 확인)

10. **betragen** (금액이)~이다 (17번)

| ich | wir |
|---|---|
| du | ihr |
| er/sie/es | sie |
|  | Sie |

Lösungen : 1.ⓒ 2.ⓓ 3.ⓐ 4.ⓔ 5.ⓑ 6.ⓓ macht, auf 7.ⓒ putzt 8.ⓑ die Toilette 9.ⓐ der Küche

# Tag 23

## 쉐도잉 & 핵심표현

독일인이 문장을 천천히 두 번, 보통 속도로 한 번 말해줍니다. 큰 소리로 따라해보세요!

MP3 듣기

독일어 부분을 책갈피로 가리고
한국어만 보고 독일어를 써보세요

| Koreanisch | Deutsch |
|---|---|
| 어린이들은 어린이방에서 놀고 있다. | Die Kinder spielen gerade im Kinderzimmer. |
| 광고에 집 임대하신다고 적혀있네요. | In der Anzeige steht, Sie vermieten eine Wohnung. |
| 그 예약은 한 달 동안 달력에 써져있어. | Der Termin steht seit einem Monat im Kalender! |
| 너 욕실이랑 현관 청소했어? | Hast du das Bad und den Flur geputzt? |
| 아니, 아직 안 했어. 나 아주 바빴어. | Nein, noch nicht. Ich war sehr beschäftigt. |
| 독일에서는 한국보다 훨씬 적게 보증금을 지불한다. | In Deutschland zahlt man viel weniger für die Kaution als in Südkorea. |
| 그 남자는 그 문을 연다. | Der Mann macht die Tür auf. |
| 그 여자는 그 창문을 닫는다. | Die Frau macht das Fenster zu. |
| 경치가 멋지다. 나의 집은 31층이고 나는 가장 위에 산다. | Ich habe eine tolle Aussicht: Mein Haus hat 31 Stockwerke und ich wohne ganz oben. |
| 월세는 300유로이다. | Die Miete beträgt dreihundert Euro. |

 메모

# Tag 24

# Krankheiten
병

*„Ich mache gern Yoga.
Damit fühle ich mich viel besser."*

나는 요가 하는 걸 좋아해.
기분이 훨씬 좋아져.

# Tag 24

# Krankheiten
병

독일인이 모든 단어를
한번씩 읽어주고,
예문은 천천히 한 번,
보통 속도로 한 번
읽어줍니다.

MP3 듣기

---

☐ 001 ★★★

**erkältet sein**

감기가 걸리다

Ich bin erkältet.
나는 감기 걸렸다.

---

☐ 002 ★★★

**die Kopfschmerzen**

두통

Ich habe Kopfschmerzen.
나는 머리가 아프다.

Kopfschmerzen haben
Zahnschmerzen haben
das Fieber

두통이 있다
치통이 있다
열

Das Kind hat Fieber.
그 아이는 열이 있다.

Fieber haben
der Schmerz, -en

열이 있다
아픔, 고통

### Tipp

(복합병사)

der Kopf (머리) + die Schmerzen (통증)
= die Kopfschmerzen (두통)

der Hals (목) + die Schmerzen (통증)
= die Halsschmerzen (목아픔)

der Zahn (치아) + die Schmerzen (통증)
= die Zahnschmerzen (치통)

*통증 같은 경우는 한 군데만 "콕" 아픈 것이 아니라
보통 여러 군데가 아프기 때문에 통증을 복수형으로 씁니다.

---

☐ 003 ★★★

**die Krankenkasse, -n**

의료보험

Die Krankenkasse empfiehlt Sport für Senioren.
의료보험은 노인분들에게
운동할 것을 추천한다.

der Senior, -en
**empfehlen** (jm³ etw⁴)
*empfahl, hat empfohlen*

노인, 고령자
(~에게 ~을)
추천하다,
권유하다

| ich empfehle | wir empfehlen |
|---|---|
| du empfiehlst | ihr empfehlt |
| er/sie/es empfiehlt | sie empfehlen |
| | Sie empfehlen |

Der Arzt hat mir empfohlen, regelmäßig Sport zu machen.
그 의사는 나에게
규칙적으로 운동할 것을 권유하였다.

Der Arzt hat mir empfohlen, viel Wasser zu trinken.
그 의사는 나에게 많은 물을 마실 것을 권유하였다.

## 004 ★★★

**untersuchen (jn⁴/etw⁴)**
*untersuchte, hat untersucht*

| | |
|---|---|
| ① 진찰하다 | Ich bin krank. Ich gehe zum Arzt. |
| ② 조사하다 | 나는 아프다. 나는 병원에 간다. |

Die Ärztin untersucht den Patienten.
그 여의사는 그 환자를 진찰한다.

die Untersuchung, -en — ① 진찰 ② 조사
die Ärztin, -nen — 여의사
der Patient, -en — 환자
zum Arzt gehen — 병원에 가다

**Tipp**
사전을 찾아보면 병원은 "Krankenhaus"입니다. 하지만 독일어의 "Krankenhaus"는 종합병원이라는 뜻으로 보통 수술을 해야 하는 큰 병에 걸렸을 때 가며, 보통 감기나 작은 병에 걸렸을 때는 "zum Arzt gehen"이라고 합니다.

## 005 ★★★

**die Krankenschwester, -n** — 간호사

Die Krankenschwester arbeitet im Krankenhaus.
그 간호사는 병원에서 일한다.

das Krankenhaus — 병원
*die Krankenhäuser*

die Nachtschicht — 야간 근무

Ich habe heute Nachtschicht.
나는 오늘 야간근무가 있다.

## 006 ★★★

**der Termin, -e** — 예약

Ich muss einen Termin beim Arzt vereinbaren.
나는 병원에 예약을 해야 한다.

einen Termin beim Arzt vereinbaren — 병원에 예약하다

vereinbaren (etw⁴) — (~을) 합의하다
*vereinbarte, hat vereinbart*

Es ist wichtig, vorher einen Termin beim Arzt zu vereinbaren.
미리 병원 예약을 하는 것은 중요하다.

vorher — ① 이전에 ② 사전에

## 007 ★★★

**das Medikament, -e** — 약

Wie oft muss ich am Tag die Medikamente einnehmen?
하루에 몇 번이나 약을 복용해야 하나요?

Medikamente ein│nehmen — 약을 복용하다

wie oft — 얼마나 자주

Sie müssen dreimal am Tag die Medikamente einnehmen.
하루에 3번 약을 복용하셔야 합니다.

## 008 ★★★

**wünschen**
(jm³ etw⁴)

der Wunsch
*die Wünsche*

(~에게 ~을)
바라다

소망, 희망, 바람

Ich wünsche Ihnen eine gute Besserung.
쾌차하시길 바랍니다.

Gute Besserung!
쾌유를 빌어!

## 009 ★★★

**weh | tun**
*tat...weh, hat wehgetan*

| ich tue..weh | wir tun..weh |
|---|---|
| du tust..weh | ihr tut..weh |
| er/sie/es tut...weh | sie tun..weh |
|  | Sie tun..weh |

weh

아프다

아픈

Mein Kopf tut weh.
나 머리 아파.

Meine Ohren tun weh.
나 귀 아파.

# TAG 24 Aufgaben

◎ 단어에 해당하는 뜻을 찾아 연결하시오.

1. krank                ⓐ 예약
2. das Fieber           ⓑ 약
3. der Arzt             ⓒ 의사
4. der Termin           ⓓ 아픈
5. das Medikament       ⓔ 열

◎ 다음 빈칸을 채우시오.

| ⓐ die Kopfschmerzen   ⓑ erkältet sein   ⓒ vereinbaren   ⓓ untersuchen |

6. Der Mann _____ einen Termin beim Arzt.   그 남자는 진료를 예약한다.
7. Ich bin _____. Ich muss zum Arzt gehen.   나는 감기에 걸렸다. 나는 병원에 가야한다.
8. Ich habe _____.   나는 머리가 아프다.
9. Der Arzt _____ mich.   의사는 나를 진찰한다.

◎ 다음 불규칙 동사표를 채우시오. (정답은 단어 옆에 적혀진 번호에서 확인)

10. empfehlen (jm³ etw⁴) (~에게 ~을)추천하다 (3번)

| ich | wir |
|---|---|
| du | ihr |
| er/sie/es | sie |
|  | Sie |

**Lösungen :** 1.ⓓ  2.ⓔ  3.ⓒ  4.ⓐ  5.ⓑ  6.ⓒ vereinbart  7.ⓑ erkältet  8.ⓐ Kopfschmerzen  9.ⓓ untersucht

# Tag 24

## 쉐도잉 & 핵심표현

독일인이 문장을 천천히 두 번, 보통 속도로 한 번 말해줍니다. 큰 소리로 따라해보세요!

MP3 듣기

★ 독일어 부분을 책갈피로 가리고 한국어만 보고 독일어를 써보세요

| Koreanisch | Deutsch |
|---|---|
| 그 의사는 나에게 규칙적으로 운동할 것을 권유했다. | Der Arzt hat mir empfohlen, regelmäßig Sport zu machen. |
| 나는 아프다. 나는 병원에 간다. | Ich bin krank. Ich gehe zum Arzt. |
| 그 여의사는 그 환자를 진찰한다. | Die Ärztin untersucht den Patienten. |
| 그 간호사는 병원에서 일한다. | Die Krankenschwester arbeitet im Krankenhaus. |
| 나는 오늘 야간근무가 있다. | Ich habe heute Nachtschicht. |
| 나는 병원에 예약을 해야 한다. | Ich muss einen Termin beim Arzt vereinbaren. |
| 미리 병원 예약을 하는 것은 중요하다. | Es ist wichtig, vorher einen Termin beim Arzt zu vereinbaren. |
| 하루에 몇 번이나 약을 복용해야 하나요? | Wie oft muss ich am Tag die Medikamente einnehmen? |
| 하루에 3번 약을 복용하셔야 합니다. | Sie müssen dreimal am Tag die Medikamente einnehmen. |
| 쾌차하시길 바랍니다. | Ich wünsche Ihnen eine gute Besserung. |
| 나 머리 아파. | Mein Kopf tut weh. |

 메모

# Tag 24

## 배운 내용으로 대화 하기

남자 독일인과 여자 독일인의 귀에 쏙쏙 들어오는 음성을 들어보세요

MP3 듣기

### Ich habe seit drei Tagen Kopfschmerzen.

**Max**: 좋은 아침입니다. 저 11시에 예약 있어요.
Guten Morgen. Ich habe um 11 Uhr einen Termin.

**Krankenschwester**: 안녕하세요. 이름이 어떻게 되세요?
Hallo, wie ist Ihr Name?

**Max**: 저의 이름은 막스 라스 입니다.
Mein Name ist Max Rath.

**Krankenschwester**: 보험카드 가지고 오셨나요?
Haben Sie Ihre Versicherungskarte dabei?

**Max**: 네, 가지고 왔어요. 여기 있습니다.
Ja, habe ich. Hier, bitte.

**Krankenschwester**: 자리에 앉으세요.
Nehmen Sie bitte Platz.

**Max**: 감사해요.
Danke schön.

**Arzt**: 어디가 불편하세요?
Was für Beschwerden haben Sie?

**Max**: 저 머리가 아픈지 3일 됐어요.
Ich habe seit 3 Tagen Kopfschmerzen.

**Arzt**: 열도 있으세요?
Haben Sie auch Fieber?

**Max**: 네, 있어요.
(그 의사는 그 환자를 진찰한다.)
Ja, habe ich.
(Der Arzt untersucht den Patienten.)

**Arzt**: 충분히 주무시나요?
Schlafen Sie genug?

**Max**: 아쉽게도 아니오. 저 요즘 자주 초과근무를 해요.
Leider nicht. Ich mache zurzeit oft Überstunden.

**Arzt**: 오, 그거 안 좋네요. 운동은 규칙적으로 하시나요?
Oh, das ist nicht gut. Machen Sie regelmäßig Sport?

**Max**: 아쉽게도 안 해요.
Leider nicht.

# Tag 24

## 배운 내용으로 대화 하기

남자 독일인과 여자 독일인의 귀에 쏙쏙 들어오는 대화를 들어보세요

MP3 듣기

| | | |
|---|---|---|
| Arzt | 규칙적으로 운동하는 것을 추천합니다. 충분히 주무시기도 하고 많은 물을 마시셔야 해요. | Ich empfehle Ihnen, regelmäßig Sport zu machen. Sie müssen auch genug schlafen und viel Wasser trinken. |
| Max | 알겠습니다. | Okay. |
| Arzt | 하루에 세 번 약 복용하셔야 해요. | Sie müssen dreimal am Tag Medikamente einnehmen. |
| Max | 네, 그렇게 할게요. | Ja, mache ich. |
| Arzt | 쾌유하세요! | Gute Besserung! |
| Max | 감사합니다. 좋은 하루 되세요. | Vielen Dank. Schönen Tag noch! |

## 설명

(단어) die Krankenkarte 보험카드, dabei l haben ~을 소지하다 :
　　Haben Sie Ihre Krankenkarte dabei? 보험카드 가지고 오셨나요?
　　Haben Sie Ihren Pass dabei? 여권 가지고 오셨나요?
　*동사 "dabei l haben" 같은 경우 현 시점에 무엇인가를 가지고 있는지 말합니다.

(단어) die Beschwerden (pl) 불편함, 아픔:
　　Was für Beschwerden haben Sie? 어디가 아프셔서 오셨어요?

(단어) der Platz 자리 :
　　Nehmen Sie Platz. 앉으세요. (관사 없이 사용함)

# der Körper, - 몸

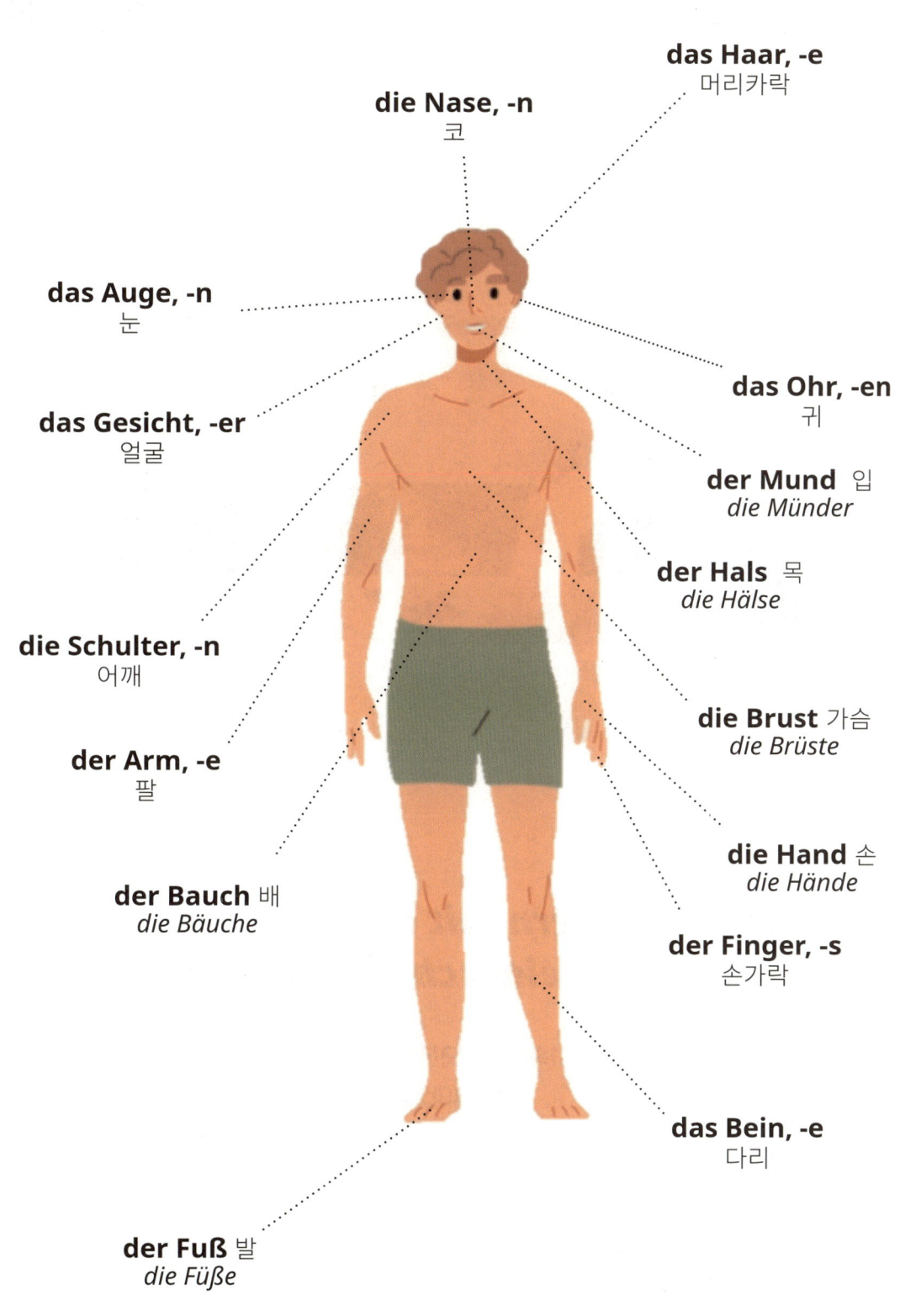

# Tag 25 — Essen
## 음식

„ *Ich koche gern mit meiner Familie.*
*Es macht einfach so viel Spaß!* "

나는 가족이랑 요리하는 거 좋아해.
너무 재미있어!

**테스트** 리베도이치 홈페이지는 독일어 레벨테스트를 제공하고 있습니다. 본인의 독일어 레벨을 알고 싶다면 언제든지 리베도이치 홈페이지에 방문하셔서 레벨테스트를 진행해보세요.

# Tag 25

## Essen
음식

□ 001 ★★★

**die Diät, -en**　　식단, 다이어트

eine Diät machen　　다이어트를 하다
so　　그렇게
wenig　　적은
essen　　먹다
*aß, hat gegessen*

| ich esse | wir essen |
|---|---|
| du isst | ihr esst |
| er/sie/es isst | sie essen |
|  | Sie essen |

Warum isst du so wenig?
너 왜 이렇게 조금 먹어?

Ich mache eine Diät.
나 다이어트 해.

Ich werde morgen eine neue Diät beginnen.
나는 내일 새로운 다이어트를 시작할 거야.

Hast du schon mal Sushi gegessen?
너 스시 먹어본 적 있어?

Nein, leider noch nie.
아니, 아쉽게도 아직 한 번도 없어.

□ 002 ★★

**die Salatplatte**　　샐러드 플레이트

die Platte　　쟁반
möglichst　　① 될 수 있는 대로
　　　　　　② 가급적이면
ausreichend　　충분한, 넉넉히

Ich möchte eine Salatplatte mit möglichst vielen Tomaten und auch ausreichend Brot dazu.
저 샐러드 플레이트에 토마토 가능한 많이 주시고 거기에다가 빵도 넉넉히 주세요.

□ 003 ★★★

**die Mahlzeit, -en**　　식사, 음식

gesund　　건강한
↔ ungesund　　건강하지 않은

Meine Frau kocht gern gesunde Mahlzeiten.
나의 아내는 건강한 음식을 요리하는 것을 좋아한다.

| | | |
|---|---|---|
| ☐ 004 ★★★ **das Lebensmittel, -** | 식료품 | Im Supermarkt gibt es viele Lebensmittel.<br>슈퍼마켓에는 많은 식료품이 있다. |
| die Qualität, -en | 품질 | Lebensmittel in Deutschland sind sehr günstig und haben eine gute Qualität.<br>독일 식료품은 아주 저렴하고 품질이 좋다. |
| ☐ 005 ★★★ **der Reis** | 쌀, 밥 | Mehr als 90% der Koreaner essen jeden Tag Reis.<br>90퍼센트가 넘는 한국인들은 매일 쌀(밥)을 먹는다. |
| mehr als | ~보다 더 많은 | |
| ☐ 006 ★★★ **das Brötchen, -** | 빵조각 | Jeden Morgen esse ich ein Brötchen mit Käse.<br>매일 아침 나는 치즈와 함께 빵을 먹는다. |
| der Käse<br>jeden Morgen<br>mit³ (전치사) | 치즈<br>매일 아침<br>~과 함께 | Die Familie isst Brötchen mit Butter und Honig zum Frühstück.<br>그 가족은 빵에 버터와 꿀을 아침 식사로 먹는다. |
| zum Frühstück essen<br>=frühstücken | 아침 식사하다 | **Tipp**<br>"Brötchen"은 작은 빵을 말하고 "Brot"는 빵 자체를 말합니다.<br>독일어 단어 뒤에 "-chen"이 들어가면 보통 작은 걸 뜻합니다.<br>z.B.) Blümchen (작은 꽃), Tischchen (작은 책상) |
| ☐ 007 ★★★ **der Löffel, -** | 숟가락 | In Korea isst man oft mit Löffel und Stäbchen, aber in Deutschland isst man oft mit Messer und Gabel.<br>한국에서는 숟가락과 젓가락으로 자주 먹지만 독일에서는 나이프랑 포크로 자주 (음식을) 먹는다. |
| das Stäbchen, -<br>die Gabel | 젓가락<br>포크 | |
| ☐ 008 ★★★ **das Fleisch** | 육류, 고기 | Der Fisch ist heute sehr frisch.<br>이 생선은 오늘 아주 신선하다. |
| der Fisch<br>frisch | 생선, 물고기<br>신선한 | Ich esse aber lieber Fleisch.<br>나는 하지만 고기 먹는 것을 더 좋아한다. |

## ☐ 009 ★★★

**die Wurst**
*die Würste*

소시지

Ich bin Vegetarier.
Deswegen esse ich keine Wurst.
나는 채식주의자이다.
그렇기 때문에 나는 소시지를 먹지 않는다.

der Vegetarier, -
vegetarisch

채식주의자
채식의

Ich esse meistens vegetarisch.
나는 대부분 식물성 음식만 먹는다.

## ☐ 010 ★★★

**der Appetit**

식욕

Guten Appetit.
잘 먹겠습니다. (맛있게 드세요.)

Warum isst du heute so wenig?
너 오늘 왜 이렇게 조금 먹어?

Ich habe heute keinen Appetit.
나는 오늘 식욕이 없어.

## ☐ 011 ★★★

**das Ei, -er**

달걀

Mein Freund macht regelmäßig Sport, um gesund zu bleiben.
내 친구는 건강을 유지하기 위해 규칙적으로 운동을 한다.

regelmäßig
wichtig

규칙적으로
중요한

Es ist wichtig, jeden Tag Eier zu essen.
매일 계란을 먹는 것은 중요하다.

## ☐ 012 ★★★

**braten**
*briet, hat gebraten*

굽다, 볶다, 데우다
(후라이팬으로)

Das Fleisch soll man lange braten.
그 고기는 오랫동안 구워야 한다.

die Pfanne, -n
man

후라이팬
(단수)(일반적인)
사람들

Ich habe das Gemüse in der Pfanne gebraten.
나는 그 채소를
후라이팬에 데웠다.

## ☐ 013 ★★

**grillen**
*grillte, hat gegrillt*

석쇠로 굽다

Wir wollen heute Abend im Garten grillen.
우리는 오늘 저녁에
정원에서 그릴을 하려고 한다.

knusprig
das Hähnchen
bis (접속사)

바삭한
닭고기
~할 때까지

Ich habe das Hähnchen gegrillt, bis es knusprig wurde.
나는 그 닭고기를
바삭해질 때까지 구웠다.

☐ 014 ★★★

**die Mensa**
*die Mensen*

학생식당

Die Studenten sind zum Mittagessen in die Mensa gegangen.
그 대학생들은 점심을 먹으러 학생식당에 갔다.

Für sie ist das Essen in der Mensa sehr günstig.
그들에게 학생식당 음식은 아주 저렴하다.

☐ 015 ★★★

**das Rezept, -e**

조리법

Ich möchte ein neues Rezept ausprobieren.
나는 새로운 레시피를 도전해보고 싶다.

aus | probieren
*probierte...aus, hat ausprobiert*

(새로운 것을) 도전하다, 시도하다

Ich probiere gerne neue Dinge aus.
나는 새로운 일들을 시도해 보는 것을 좋아한다.

das Ding, -e

① 일, 사건
② 물건, 사물

☐ 016 ★★★

**etw$^1$ schmeckt jm$^3$**
*schmeckte, hat geschmeckt*

~에게 맛이 나다

Wie finden Sie das Hähnchen?
치킨 어떻게 생각하세요? (맛이 어때요?)

Es schmeckt mir wunderbar.
맛이 훌륭해요.

der Geschmack
wunderbar
lecker

맛
훌륭한, 멋진
맛있는

= Es ist sehr lecker.
아주 맛있어요.

☐ 017 ★★★

**bringen**
**(jm$^3$ etw$^4$)**
*brachte, hat gebracht*

(~에게 ~을)
가져다주다

Was kann ich Ihnen bringen?
뭐 가져다 드릴까요?

Ich nehme Tee, drei Brötchen und ein Ei.
저 차랑 빵 3개 그리고 달걀 하나 주세요.

der Tee

(마시는) 차

## 018 ★★★

**süß**

die Schokolade, -n
nichts

① 단, 달콤한
② 귀여운

초콜릿
전혀(아무것도)...
않다

Die Schokolade ist süß.
그 초콜릿은 달다.

Das Baby ist voll süß.
그 아기는 완전 귀엽다.

Ich mag am Morgen nichts Süßes.
나는 아침에 단 것을 전혀 좋아하지 않는다.

## 019 ★★★

**der Zucker**

ein bisschen
die Milch

설탕

조금, 약간
우유

Trinken Sie Ihren Kaffee mit Zucker?
커피에 설탕 넣어서 드시나요?

Ja, und auch ein bisschen Milch, bitte.
네. 그리고 우유도 조금 부탁해요.

## 020 ★★★

**salzig**

das Salz
die Katastrophe, -n

schrecklich

짠,
소금기가 있는

소금
① 대참사
② 재앙

끔찍한

Die Suppe ist zu salzig.
이 수프는 너무 짜다.

Sie ist eine Katastrophe.
이것은 최악이다.
=Sie schmeckt schrecklich.
이것은 맛이 끔찍하다.

## 021 ★★★

**sauer**

sauer sein (auf jn⁴)
die Zitrone, -n

신

(~에게) 화가나다
레몬

Die Zitrone ist zu sauer.
그 레몬은 너무 셔.

Ich kann sie nicht mehr essen.
나는 그것을 더 이상 못 먹겠어.

## 022 ★★★

**trinken (etw⁴)**
*trank, hat getrunken*

der Saft
*die Säfte*
der Liter, -
jeder
das Getränk, -e

(~을) 마시다

주스

리터
각자, 각각, 누구나
음료

Im Jahr 2012 hat jeder Deutsche 28 Liter Saft getrunken.
2012년에는 독일인 1인당 28리터 주스를 마셨다.

Hast du Durst?
너 목 말라?

Nein, danke.
Ich habe schon etwas getrunken.
아니야, 괜찮아.
나 벌써 뭐 마셨어.

## 023 ★★★
**das Essen, -**

fertig

| | |
|---|---|
| 음식 | Das Essen ist fertig.<br>그 음식은 다 됐다. |
| 마친, 끝 마친 | Ich bin fertig mit dem Essen.<br>나 음식 다 먹었어. |

## 024 ★★★
**die Soße, -n**

scharf

| | |
|---|---|
| 소스 | Die Soße ist sehr scharf.<br>이 소스는 아주 맵다. |
| ① 매운<br>② 날카로운 | Sei vorsichtig.<br>Das Messer ist sehr scharf.<br>조심해.<br>그 칼 아주 날카로워. |

## 025 ★★★
**das Stück, -e**

der Kuchen, -
übrig

nehmen (etw⁴)
*nahm, hat genommen*

die Tablette, -n

| | |
|---|---|
| 조각 | Das Mädchen isst gerade ein Stück Kuchen.<br>그 소녀는 케익 한 조각을 먹는 중이다. |
| 케이크<br>남은, 여분의 | Nimm dir ein weiteres Stück Kuchen. Drei sind noch übrig.<br>케이크 한 조각 더 먹어.<br>아직 3조각 남았어. |
| ① 고르다, 선택하다<br>② 타고가다 | Du siehst krank aus.<br>Nimm dir eine Tablette. |
| 알약 | 너 아파 보인다.<br>약 먹어. (약을 건네면서) |

## 026 ★★★
**ein | kaufen**

einkaufen gehen
mehr
der Einkauf
*die Einkäufe*

| | |
|---|---|
| ① 장을 보다<br>② 쇼핑을 하다 | Was musst du heute noch machen?<br>너 오늘 뭐 해야 해? |
| 장을 보러가다<br>더 많은<br>구입, 구매 | Ich muss noch einkaufen gehen.<br>나 장보러 가야해.<br><br>Ich habe zu Hause kein Essen mehr.<br>나 집에 음식이 더 이상 없어. |

## 027 ★★★

**das Getränk, -e** | 음료 | In Deutschland mischt man oft Apfelsaft mit Mineralwasser.
독일에서는 사과주스를 자주 탄산수와 섞는다.

**mischen** (mit³)
*mischte, hat gemischt* — (~이랑) 섞다, 혼합하다

**das Mineralwasser** — 탄산수

**die Apfelschorle, -n** — 사과주스와 탄산수를 섞어 만든 음료수

Das Getränk heißt dann Apfelschorle und schmeckt nicht so süß.
이 음료는 아펠쇼를레라고 불리고 그렇게 달지는 않다.

**dann** — ① 그런 다음, 다음에 ② 그러면

Der Gastgeber bietet den Gästen Getränke und Speisen an.
그 집주인은 손님들에게 음료와 음식을 제공한다.

**der Gastgeber, -** — (집)주인
**der Gast**
*die Gäste* — 손님

**Tipp**
(복합명사) der Apfel (사과) + der Saft (주스)
der Apfelsaft (사과주스)

der Gast (손님) + der Geber (주는 사람)
= der Gastgeber (손님을 대접하는 사람, 주인)

## 028 ★★★

**der Platz**
*die Plätze* — ① 순위 ② 자리 ③ 공간

Deutschland steht im Safttrinken international auf dem ersten Platz.
독일은 주스를 마시는 것으로는 세계적으로 1위이다.

**auf dem ersten Platz stehen**
**=auf dem ersten Platz sein** — 일등이다, 1순위다

Es gibt genug Platz für alle.
모든 사람들을 위한 자리가 충분하다.

**international** — 국제적으로

**Platz nehmen** — 자리에 앉다

Nehmen Sie bitte Platz.
자리에 앉으세요. (공손한 표현)

## 029 ★★★

**lieber** — 차라리

Ich trinke lieber Wasser als Cola und Saft.
나는 콜라나 주스보다는 물을 마시는 것을 좋아한다.

**die Cola, -s** — 콜라
**der Saft**
*die Säfte* — 주스

**Tipp**
비교급에서는 "~보다"라는 뜻을 지닌 "als"를 비교 대상 앞에 적어줍니다.

# TAG 25 Aufgaben

◎ 단어에 해당하는 뜻을 찾아 연결하시오.

1. die Wurst          ⓐ 음료
2. das Ei             ⓑ 맛있는
3. süß                ⓒ 소시지
4. lecker             ⓓ 달걀
5. das Getränk        ⓔ 단, 달콤한

◎ 다음 빈칸을 채우시오.

| ⓐ essen | ⓑ trinken | ⓒ schmecken | ⓓ einkaufen gehen |

6. Ich muss _____.                          나는 장을 보러 가야 한다.
7. Ich habe Durst. Ich _____ viel Wasser.   나는 목 마르다. 나는 물을 많이 마신다.
8. Die Suppe _____ mir gut.               그 수프는 나에게 맛있다.
9. Warum _____ du so wenig?                 너 왜 이렇게 조금 먹어?

◎ 다음 단어 및 문장의 뜻을 독일어로 쓰시오. (명사의 경우 관사도 함께)

11. 설탕:                    12. 커피에 설탕 넣어서 드세요?:

13. 자리, 공간:              14. 모든 사람들을 위한 자리가 충분하다:

---

Lösungen : 1.ⓒ 2.ⓓ 3.ⓔ 4.ⓑ 5.ⓐ 6.ⓓ einkaufen gehen 7.ⓑ trinke 8.ⓒ schmeckt 9.ⓐ isst
11. der Zucker 12. Trinken Sie Ihren Kaffee mit Zucker? 13. der Platz
14. Es gibt genug Platz für alle.

# Tag 25

## 쉐도잉 & 핵심표현

독일어 부분을 책갈피로 가리고
한국어만 보고 독일어를 써보세요

| Koreanisch | Deutsch |
|---|---|
| 너 왜 이렇게 조금 먹어? | Warum isst du so wenig? |
| 나 다이어트 해. | Ich mache eine Diät. |
| 너 스시 먹어본 적 있어? | Hast du schon mal Sushi gegessen? |
| 아니야, 아쉽게도 아직 없어. | Nein, leider noch nicht. |
| 슈퍼마켓에는 많은 식료품들이 있다. | Im Supermarkt gibt es viele Lebensmittel. |
| 그 가족은 빵에 버터와 꿀을 아침식사로 먹는다. | Die Familie isst Brötchen mit Butter und Honig zum Frühstück. |
| 나는 채식주의자이다. 그렇기 때문에 나는 소시지를 먹지 않는다. | Ich bin Vegetarier. Deswegen esse ich keine Wurst. |
| 내 친구는 건강을 유지하기 위해 규칙적으로 운동을 한다. | Mein Freund macht regelmäßig Sport, um gesund zu bleiben. |
| 매일 계란을 먹는 것은 중요하다. | Es ist wichtig, jeden Tag Eier zu essen. |
| 나는 새로운 레시피를 도전해 보고 싶다. | Ich möchte ein neues Rezept ausprobieren. |
| 나는 새로운 일들을 시도해보는 것을 좋아한다. | Ich probiere gerne neue Dinge aus. |
| 나 음식 다 먹었어. | Ich bin fertig mit dem Essen. |
| 너 아파 보인다. 약 먹어. | Du siehst krank aus. Nimm dir eine Tablette. |
| 나는 콜라나 주스보다는 물을 마시는 것을 좋아한다. | Ich trinke lieber Wasser als Cola und Saft. |

# Tag 26 Restaurant
레스토랑

„ *Manchmal beobachte ich gerne Leute.*
*Es ist interessant,*
*wie verschieden sie leben.*"

가끔은 사람 구경하는 것을 좋아해.
그들이 얼마나 다양하게 살아가는지가 흥미로워.

# Tag 26

## Restaurant
레스토랑

□ 001 ★★★

**reservieren (etw⁴)**
reservierte, hat reserviert

die Reservierung, -en
das Viertel

die Person, -en

(~을) 예약하다

예약
4 분의 1, 15분
(60분에서 4 분의 1)

인원

Ich möchte einen Tisch für heute Abend reservieren.
저는 오늘 저녁에 테이블 예약하고 싶어요.

Wie viele Personen sind Sie?
몇 명이세요?

Wir sind zu dritt.
(= Wir sind drei Personen)
저희 세 명이요.

Wann wollen Sie kommen?
언제 오시겠어요?

Um Viertel nach 6.
6시 15분이요.

In Ordnung. Auf welchen Namen wollen Sie reservieren?
알겠습니다. 어느 이름으로 예약하시겠어요?

### Tipp

① Fernbus는 보통 다른 도시나 다른 국가에 갈 때 타는 저렴한 버스입니다.

② reservieren과 buchen 모두 "예약하다"라는 뜻이지만 "reservieren"은 보통 레스토랑 자리 같이 예약하는 데 돈이 들지 않는 경우에 쓰고 "buchen"같은 경우는 비행기나 호텔처럼 예약하는 데 돈이 들 때 씁니다.

### 패턴& 어휘

reservieren: der Tisch, der Platz
예약하다: 책상, 좌석

buchen: der Flug, das Hotel, das Hostel
예약하다: 비행기, 호텔, 호스텔

Ich reserviere den Tisch, den Platz
(z.B. im Fernbus oder im ICE)
나는 테이블을 / 좌석(예로 들어 페른버스나 고속열차) 을 예약한다.

Ich buche den Flug / das Hotel / das Hostel.
나는 그 비행기를 / 그 호텔을 / 그 호스텔을 예약한다.

## ☐ 002 ★★★

**buchstabieren**
*buchstabierte, hat buchstabiert*

한자한자 읽다, 철자를 말하다

Zimmermann. Ich buchstabiere: Z-i-m-m-e-r-m-a-n-n.
짐머만이요. 철자로 말할게요. Z-i-m-m-e-r-m-a-n-n.

**notieren** (etw⁴)
*notierte, hat notiert*

(~을) 메모하다, 기록하다

Ich habe es notiert. Vielen Dank.
메모하였습니다. 감사합니다.

Danke schön. Auf Wiederhören.
감사합니다. 안녕히 계세요. (전화상으로)

## ☐ 003 ★★★

**die Speisekarte, -n**

메뉴, 메뉴판

Haben Sie eine Speisekarte?
메뉴판 있으세요?

der Moment, -e

① 잠깐, 잠시
② 순간

Ja, natürlich.
네, 물론이죠.

die Speise, -n

음식, 요리

Warten Sie bitte einen Moment.
잠시만 기다려주세요.

## ☐ 004 ★★★

**hätten**

haben의 접속법 2식

Was möchten Sie trinken?
뭐 마시고 싶으세요?
= Was hätten Sie gern?

das Pils
sofort
die Currywurst
die Pommes (pl)

(맥주 종류) 필스
즉시, 곧바로
카레 소시지
(복수) 감자튀김

Ich hätte gern ein Pils, bitte.
저 필스 하나 주세요.

Möchten Sie ein großes oder kleines Pils?
큰 걸로 드릴까요? 아니면 작은 걸로 드릴까요?

Ein Kleines, bitte.
작은 거 주세요.

Kommt sofort.
곧바로 오겠습니다.

Ich hätte gern
eine Currywurst mit Pommes, bitte.
저 카레소시지랑 감자튀김 주세요.

**Tipp**

hätten, würden, könnten 과 같은 접속법 2식은 희망이나 소망을 나타내는 뜻도 있지만 공손한 표현을 할 때에도 (예를 들어 레스토랑에서) 쓰입니다.

## 005 ★★★

**der Kellner, -**

웨이터

Der Kellner bringt das Essen.
그 웨이터는 그 음식을 가지고 온다.

**verwechseln**
*verwechselte, hat verwechselt*

혼동하다,
헷갈려하다

Der Kellner hat unsere Bestellungen verwechselt.
그 웨이터는 우리들의 주문을 혼동하였다.

die Verwechslung, -en
die Bestellung, -en
der Zwilling, -e
der Zwillingsbruder
*die Zwillingsbrüder*

혼동, 뒤바뀜
주문
쌍둥이
쌍둥이 형제

Ich verwechsle Max oft
mit seinem Zwillingsbruder.
나는 막스를
그의 쌍둥이 형제와 자주 헷갈려한다.

## 006 ★★★

**wählen (jn$^4$/etw$^4$)**
*wählte, hat gewählt*

(~을/를) 고르다,
선택하다

Haben Sie schon gewählt?
고르셨나요?

Ich nehme das Schnitzel
und die Kartoffelsuppe.
저 슈니첼이랑 감자수프 하나 주세요.

die Wahl

① 선택, 선발
② 선거, 투표

**Tipp**
die Kartoffel (감자) + die Suppe (스프)
= die Kartoffelsuppe (감자스프)

die Kartoffel, -n

감자

## 007 ★★★

**bestellen (etw$^4$)**
*bestellte, hat bestellt*

(~을) 주문하다

Ich möchte gerne bestellen.
저 주문하고 싶습니다.

Ich möchte gerne
eine Pizza und eine Cola, bitte.
저 피자랑 콜라 하나 주세요.

= Ich hätte gerne
eine Pizza und eine Cola, bitte.

= Ich nehme
eine Pizza und eine Cola, bitte.

## 008 ★★★

**zahlen**
*zahlte, hat gezahlt*

지불하다, 계산하다

Wie möchten Sie zahlen?
어떻게 계산하시길 원하시나요?

Zusammen oder getrennt?
같이 계산하시겠어요? 아니면 따로 하시겠어요?

zusammen
getrennt
die Zahlung, -en

함께
따로, 각자
계산, 지불

Zusammen, bitte.
같이 계산해주세요.

## 009 ★★★

**die Rechnung, -en** — 영수증, 계산서

Können Sie mir die Rechnung bringen?
영수증 가져다주실 수 있나요?

Ja, gerne. Das macht 25,90 Euro.
물론입니다. 25 유로 90센트입니다.

**stimmen**
*stimmte, hat gestimmt* — 맞다, 옳다

Hier sind 28 Euro, bitte.
Das stimmt so.
여기 28유로요.
거스름돈은 괜찮아요. (잔돈은 팁으로 줌)

## 010 ★★★

**rechnen (etw$^4$)**
*rechnete, hat gerechnet* — (~을) 계산하다

Der Kellner hat falsch gerechnet und mir zu viel Wechselgeld gegeben.
그 웨이터는 잘못 계산했고
나에게 너무 많은 잔돈을 주었다.

**das Wechselgeld** — 잔돈

## 011 ★★★

**das Trinkgeld** — 팁

In Deutschland gibt man normalerweise Trinkgeld.
독일에서는 보통 팁을 준다.

**normalerweise** — 보통, 일반적으로

## 012 ★★★

**mit | nehmen (jn$^4$/etw$^4$)**
*nahm...mit, hat mitgenommen* — (~을/를) 가지고 가다

Ich nehme für alle Fälle einen Schirm mit.
나는 만일의 경우를 대비하여
우산을 가지고 간다.

**für alle Fälle** — 만일의 경우를 대비하여

**der Fall**
*die Fälle* — 경우

**alle** — 모든, 모든 사람

Wollen Sie die Pizza mitnehmen?
이 피자 테이크아웃 하시겠어요?

Ja, zum Mitnehmen, bitte.
네. 테이크아웃 할게요.

Nein, zum hier essen, bitte.
아니요. 여기서 먹을게요.

Ich möchte bitte einen Kaffee zum Mitnehmen.
저 커피 한잔 테이크아웃 할게요.

## 013 ★★★

**das Gericht, -e**

① 음식 ② 법원

Es gibt hier verschiedene Gerichte.
여기에는 다양한 음식들이 있다.

verschieden

다양한, 여러 가지의

Dieses Gericht schmeckt hervorragend.
이 음식은 맛이 뛰어나다.
(이 음식은 정말 맛있다.)

hervorragend

뛰어난

**Tipp**

hervorragend (뛰어난) = ausgezeichnet (훌륭한)

Dieses Gericht schmeckt sehr gut.
이 음식은 굉장히 맛있다.
= Dieses Gericht schmeckt hervorragend.
이 음식은 맛이 뛰어나다.
= Dieses Gericht schmeckt ausgezeichnet.
이 음식은 맛이 훌륭하다.

## 014 ★★★

**das Hauptgericht, -e**

주메뉴

Nach dem Hauptgericht serviert der Kellner den Nachtisch.
주메뉴 후에
그 웨이터는 디저트를 가지고 온다.

der Nachtisch, -e
satt
servieren (etw⁴)
*servierte, hat serviert*

후식, 디저트
배부른
(음식을)가지고 오다

Wollen wir noch Nachtisch essen?
우리 디저트 먹을래?

Ich kann nicht mehr.
Ich bin echt satt.
나 더 이상은 안되겠어.
나 정말 배불러.

## 015 ★★★

**die Bedienung**

서비스

Die Bedienung ist sehr gut.
서비스가 굉장히 좋다.

# TAG 26 Aufgaben

◎ 단어에 해당하는 뜻을 찾아 연결하시오.

1. das Restaurant      ⓐ 메뉴, 메뉴판

2. die Speisekarte      ⓑ 음식

3. das Gericht      ⓒ 레스토랑

4. der Nachtisch      ⓓ 따로, 각자

5. getrennt      ⓔ 후식, 디저트

◎ 다음 빈칸을 채우시오.

| ⓐ empfehlen | ⓑ bestellen | ⓒ satt | ⓓ zahlen |

6. Wie möchten Sie _____?    어떻게 계산하길 원하시나요?

7. Ich möchte gerne _____.    저 주문하고 싶습니다.

8. Können Sie mir ein Restaurant _____?    저에게 레스토랑 하나 추천해 주시겠어요?

9. Ich habe viel gegessen. Ich bin _____.    나는 많이 먹었어. 나는 배불러.

◎ 다음 단어 및 문장의 뜻을 독일어로 쓰시오. (명사의 경우 관사도 함께)

10. 서비스:

11. 서비스가 굉장히 안 좋다:

12. 팁:

13. (잔돈 팁으로 줄 때) 거스름돈은 괜찮아요:

14. 같이, 함께:

15. 같이 계산해주세요!:

---

Lösungen : 1.ⓒ 2.ⓐ 3.ⓑ 4.ⓔ 5.ⓓ 6.ⓓzahlen 7.ⓑ bestellen 8.ⓐ empfehlen 9.ⓒ satt
10. die Bedienung 11. Die Bedienung ist sehr schlecht. 12. das Trinkgeld 13. Das stimmt so.
14. zusammen 15. Zusammen, bitte!

# Tag 26

## 쉐도잉 & 핵심표현

> 독일어 부분을 책갈피로 가리고
> 한국어만 보고 독일어를 써보세요

| Koreanisch | Deutsch |
|---|---|
| 오늘 저녁에 테이블 예약하고 싶어요. | Ich möchte einen Tisch für heute Abend reservieren. |
| 메뉴판 있으세요? | Haben Sie eine Speisekarte? |
| 잠시만 기다려주세요. | Warten Sie bitte einen Moment. |
| 뭐 마시고 싶으세요? | Was hätten Sie gern? |
| 저 필스 하나 주세요. | Ich hätte gern ein Pils, bitte. |
| 그 웨이터는 우리들의 주문을 혼돈하였다. | Der Kellner hat unsere Bestellungen verwechselt. |
| 영수증 가져다주실 수 있나요? | Können Sie mir die Rechnung bringen? |
| 물론입니다. 25유로 90센트입니다. | Ja, gerne. Das macht 25,90 Euro. |
| 독일에서는 보통 팁을 준다. | In Deutschland gibt man normalerweise Trinkgeld. |
| 나는 만일의 경우를 대비하여 우산을 가지고 간다. | Ich nehme für alle Fälle einen Schirm mit. |
| 우리 디저트 먹을래? | Wollen wir noch Nachtisch essen? |
| 나 더 이상 안돼. 나 정말 배불러. | Ich kann nicht mehr. Ich bin echt satt. |

**메모**

# Tag 26

## 배운 내용으로 대화 하기

남자 독일인과 여자 독일인의 귀에 쏙쏙 들어오는 음성을 들어보세요.

MP3 듣기

### Eine Speisekarte, bitte!

| | | |
|---|---|---|
| Max | 메뉴판 주세요! | Eine Speisekarte, bitte! |
| Kellner | 여기 있습니다. | Hier, bitte. |
| Max | 감사해요. | Danke schön. |
| Lisa | 너 뭐 먹고 싶어? | Was möchtest du essen? |
| Max | 나 지금 선택하기 어려워. 음식이 너무 많아. | Ich habe gerade die Qual der Wahl. Es gibt so viele Gerichte. |
| Lisa | 우리 웨이터한테 물어보자. 아마 우리에게 몇 가지 음식을 추천해줄 수 있을 거야. | Wir können den Kellner fragen. Vielleicht kann er uns ein paar Gerichte empfehlen. |
| Kellner | 안녕하세요. 주문 하시겠어요? | Hallo, was darf es sein? (Möchten Sie bestellen?) |
| Lisa | 혹시 저희에게 몇몇 음식 추천해주실 수 있을까요? | Können Sie uns vielleicht ein paar Gerichte empfehlen? |
| Kellner | 물론이죠. 저는 슈바인학세랑 슈니첼 추천해요. 둘다 맛이 훌륭해요. | Ja, gerne. Ich empfehle die Schweinshaxe und das Schnitzel. Beide schmecken hervorragend. |
| Lisa | 오, 그러면 저는 슈바인학세 하나 주세요. | Oh, dann nehme ich die Schweinshaxe. |
| Max | 그리고 저는 슈니첼이요. | Und ich nehme das Schnitzel. |
| Kellner | 음료도 드시겠어요? | Wollen Sie auch etwas trinken? |
| Lisa | 저는 콜라 주세요. | Für mich eine Cola, bitte. |
| Max | 저는 음료는 괜찮아요. | Für mich kein Getränk. |

# Tag 26
## 배운 내용으로 대화 하기

남자 독일인과 여자 독일인의 귀에 쏙쏙 들어오는 음성을 들어보세요

MP3 듣기

| | | |
|---|---|---|
| Kellner | 곧바로 오겠습니다. (음식 도착함) | Kommt sofort. (Essen ist gekommen) |
| Lisa | 와우, 이거 정말 맛있어 보인다. | Wow, das sieht richtig lecker aus. |
| Max | 맛있게 먹어! (모든 음식을 다 먹음) | Guten Appetit! (Alles gegessen) |
| Lisa | 죄송한데요, 계산서 부탁드려요! | Entschuldigung, die Rechnung, bitte! |
| Kellner | 같이 계산하시나요, 아니면 따로 계산하시나요? | Zahlen Sie zusammen oder getrennt? |
| Max | 같이 해주세요! | Zusammen, bitte! |
| Kellner | 그럼 28유로 30센트입니다. | Das macht dann 28.30 Euro. |
| Max | (30유로 주면서) 나머지는 팁입니다. | (Gibt 30 Euro) Stimmt so. |
| Keller | 정말 감사해요! | Vielen Dank! |

 설명

(단어) hervorragend 훌륭한 :
　　Das Schnitzel schmeckt hervorragend. 그 슈니첼은 맛이 훌륭하다.
　　= Das Schnitzel schmeckt sehr gut. 그 슈니첼은 아주 맛있다.

(단어) beide 둘다 :
　　Beide schmecken gut. 둘 다 맛이 좋다.

(표현) 전형적인 독일어 회화 표현
　　Was darf es sein 주문하시겠어요? = Möchten Sie bestellen?
　　Kommt sofort. 빠르게 음식 가져다 드릴게요.

(동의어) Ich nehme ein Schnitzel. 슈니첼 하나주세요.
　　= Ich hätte gerne ein Schnitzel, bitte. 슈니첼 하나 주세요.

(표현) richtig 정말로 (형용사를 강조함) = echt = wirklich :
　　Das sieht richtig / echt / wirklich lecker aus.

# Tag 27 — Einkaufen
쇼핑

„ *Ist es einfach? Nein.*
*Lohnt es sich? Definitiv.* "

쉽나요? 아니요.
할 만한 가치가 있나요? 당연하지요.

# Tag 27

## Einkaufen
쇼핑

독일인이 모든 단어를 한번씩 읽어주고, 예문은 천천히 한 번, 보통 속도로 한 번 읽어줍니다.

MP3 듣기

---

☐ 001 ★★★

**das Geschäft, -e**
=der Laden
die Läden

가게, 상점

Alle Geschäfte und Kaufhäuser sind an Feiertagen geschlossen.
모든 가게와 백화점은 공휴일에 영업을 하지 않는다.

**das Kaufhaus**
die Kaufhäuser

백화점

---

☐ 002 ★★★

**der Kunde, -n**

고객

Der Kunde ist unzufrieden mit dem Preis.
그 고객은 그 가격에 대해 불만족스러워 한다.

**unzufrieden sein**
(mit etw³)
↔ **zufrieden sein**
 (mit etw³)

(~에) 불만족 스러워하다
(~에) 만족 스러워하다

Bist du zufrieden damit?
너 그것에 대해 만족해?

Ja, ich bin damit zufrieden.
응. 나 이것에 대해 만족해.

**der Preis, -e**

가격

---

☐ 003 ★★

**bewerten (etw⁴)**
bewertete, hat bewertet

(~을) 평가하다

Unsere Kunden bewerten das Produkt positiv.
저희 고객들은 이 제품을 긍정적으로 평가합니다.

**positiv**
↔ **negativ**

긍정적인
부정적인, 좋지 않은

Dieses Medikament hat keine negativen Nebenwirkungen.
이 약에는 해로운 부작용이 없습니다.

**die Bewertung, -en**
**die Nebenwirkung, -en**

평가
부작용

> **Tipp**
> (복합명사) neben (옆) + die Wirkung (효능, 효과)
> = die Nebenwirkung (부작용)

---

☐ 004 ★★★

**der Flohmarkt**
die Flohmärkte

벼룩시장

Der Junge verkauft auf dem Flohmarkt ein paar Sachen.
그 소년은 벼룩시장에서 몇몇의 물건을 판매한다.

**die Sache, -n**
**der Markt**
die Märkte

물건, 사물
① 시장 ② 광장

Die Familie geht jeden Sonntag zum Flohmarkt, um ein paar Sachen zu kaufen.
그 가족은 일요일마다 몇몇 물건을 구매하기 위해 벼룩시장에 간다.

## ☐ 005 ★★★
**etw¹ kosten**
*kostete, hat gekostet*

teurer

| | |
|---|---|
| ~이 얼마이다 | Haben Sie diese Sportschuhe auch in Schwarz?<br>이 운동화 검은색도 있나요?<br><br>Ja, haben wir.<br>네, 있어요. |
| 더 비싼<br>(teuer의 비교급) | Wie viel kosten sie?<br>이 검은색 운동화는 얼마인가요?<br><br>Sie kosten 130 Euro.<br>그 운동화는 130유로예요.<br><br>Das ist teurer, als ich gedacht habe.<br>그것은 내가 생각했던 것보다 더 비싸네요. |

## ☐ 006 ★★★
**die Liste, -n**

shoppen gehen

| | |
|---|---|
| 리스트 | Was machst du gerade?<br>너 뭐하고 있는 중이야?<br><br>Ich schreibe gerade eine Liste, da ich später shoppen gehe.<br>나 조금 이따가 쇼핑하러 가기 때문에 리스트 쓰는 중이야. |
| 쇼핑하러 가다 | |

**Tipp**
(동의어) shoppen gehen = einkaufen gehen
einkaufen: 장을 보러 가다(식료품, 가구 등)
shoppen: 쇼핑하러 가다(옷, 액세서리 등)

## ☐ 007 ★★
**die Tüte, -n**

| | |
|---|---|
| 봉지 | Brauchen Sie eine Tüte?<br>봉지 하나 필요하세요?<br><br>Ja, zwei Tüten, bitte.<br>네. 봉지 두 개 주세요.<br><br>Nein, danke.<br>아니요, 괜찮아요. |

## 008 ★★★

**bezahlen**
*bezahlte, hat bezahlt*
=zahlen

vorne
die Kasse, -n
die Bezahlung, -en

| | | |
|---|---|---|
| 지불하다 | | Wo kann ich bezahlen?<br>어디서 계산할 수 있나요? |
| | | Bezahlen Sie bitte vorne an der Kasse.<br>저기 앞 카운터에서 계산해 주세요. |
| 앞<br>카운터, 계산대<br>① 지불 ② 봉급 | | Meine Kollegen sind nett und die Bezahlung ist auch gut.<br>내 동료들은 친절하고 페이도 괜찮다. |

## 009 ★★★

**bar**

die Karte, -n

| | |
|---|---|
| 현금으로 | Zahlen Sie bar oder mit Karte?<br>현금으로 계산하길 원하세요, 아니면 카드로 계산하길 원하세요? |
| 카드 | Mit Karte, bitte.<br>카드로 계산해주세요. |

## 010 ★★★

**helfen** (jm³ bei etw³)
*half, hat geholfen*

| ich helfe | wir helfen |
|---|---|
| du hilfst | ihr helft |
| er/sie/es hilft | sie helfen |
| | Sie helfen |

der Schuh, -e
die Hilfe
ausverkauft sein

die Größe

| | |
|---|---|
| (~에게) 도와주다 | Kann ich Ihnen helfen?<br>도와드릴까요? |
| | Ja, gerne. Haben Sie diese Schuhe in Größe 32?<br>네, 그럼요. 이 신발 사이즈 32 있나요? |
| | Ja, warten Sie einen Moment.<br>네, 있어요. 잠깐만 기다려주세요. |
| 신발<br>도움<br>다 팔렸다, 매진되었다 | Leider nicht. Sie sind schon ausverkauft.<br>아쉽게도 없어요. 이미 다 팔렸어요. |
| 사이즈, 크기 | Haben Sie die Hose auch in Braun?<br>이 바지 갈색도 있나요? |
| | Ja, haben wir. Welche Größe haben Sie?<br>네 있어요. 사이즈가 어떻게 되세요? |
| | Ich habe Größe 34.<br>저 34요. |

| | | |
|---|---|---|
| ☐ 011 ★★★<br><br>**um \| tauschen**<br>**(etw⁴)**<br>*tauschte...um,*<br>*hat umgetauscht* | (~을) 교환하다 | Die Tasche habe ich gestern gekauft, aber sie gefällt mir nicht.<br>이 가방 어제 샀는데<br>제 마음에 들지 않아요.<br><br>Kann ich sie vielleicht umtauschen?<br>저 혹시 이거 교환할 수 있을까요? |
| der Umtausch<br>die Quittung, -en | 교환<br>영수증 | Haben Sie die Quittung dabei?<br>영수증 있으세요? |
| ☐ 012 ★★★<br><br>**das Angebot, -e** | ① (팔려고 내놓은) 제품<br>② 제시, 제안 | Heute haben wir für Sie wieder besonders viele Angebote.<br>오늘 여러분들을 위해 특별히 다시 한번 (저렴한) 많은 제품들이 있습니다. |
| besonders<br>die Auswahl, -en<br>in großer Auswahl<br>der Elektroartikel | 특히<br>① 품목 ② 선택<br>많은 품목<br>가전제품,<br>전자용품 | Im ersten Stock finden Sie Elektroartikel in großer Auswahl.<br>2층에서는 많은 품목들의 가전제품을 찾으실 수 있습니다.<br><br>**Tipp**<br>1) das Sonderangebot: 특별 할인 상품<br>Das ist ein Sonderangebot. 이것은 특별 할인 상품입니다.<br>2) 독일에서는 1층을 "땅층"이라고 하여 "Erdgeschoss" 라고 합니다. 그리고 2층부터 1층이라고 하여 2층을 "erster Stock" 즉 1층이라고 합니다. |
| ☐ 013 ★★★<br><br>**der Artikel, -** | ① 상품, 물품<br>② (신문)기사 | Wir haben heute auch wieder günstige Artikel für Sie im Angebot.<br>저희는 오늘 또 다시 여러분들을 위해 저렴한 상품들을 세일하고 있습니다. |
| im Angebot | 세일 중인 | |
| ☐ 014 ★★★<br><br>**verlieren (etw⁴)**<br>*verlor, hat verloren* | (~을) 잃다,<br>잃어버리다 | Gestern habe ich meine Tasche im Bus verloren.<br>나는 어제 내 가방을 버스에서 잃어버렸어. |
| finden (jn⁴/etw⁴) | (~을/를) 찾다,<br>발견하다 | Heute habe ich sie wieder gefunden.<br>오늘 나는 가방을 다시 찾았어. |
| finden (jn⁴/etw⁴ 형용사) | (~을/를 어떻게) 생각하다 | |

## 015 ★★★
**die Kamera, -s**

카메라

Am Anfang war die Kamera in Ordnung.
처음에는 카메라가 잘 작동되었다.

der Anfang
↔ das Ende
am Anfang

시작
끝
처음에는

Ist alles in Ordnung?
별 일 없지?

Ja, alles ist in Ordnung.
응. 별 일 없어.

die Ordnung, -en
in Ordnung sein

배열, 정리
잘 작동되다,
모든 것이 괜찮다

## 016 ★★★
**die Qualität, -en**

품질

Die Qualität der Ware ist sehr gut.
그 상품의 품질은 아주 좋다.

die Ware, -n
achten (auf jn⁴/etw⁴)
*achtete, hat geachtet*
die Achtung, -en

상품, 물건, 물품
(~에) 주의를 기울이다,
신경을 쓰다
주의, 신경

Ich achte viel auf die Qualität der Ware.
나는 상품의 품질을 굉장히 중요시 여긴다.

# TAG 27 Aufgaben

◎ 단어에 해당하는 뜻을 찾아 연결하시오.

1. das Geschäft          ⓐ 잃다, 잃어버리다

2. der Kunde             ⓑ 비싼

3. verlieren             ⓒ 저렴한

4. teuer                 ⓓ 손님

5. günstig               ⓔ 가게, 상점

◎ 다음 빈칸을 채우시오.

| ⓐ kosten | ⓑ suchen | ⓒ bezahlen | ⓓ um\|tauschen |

6. Ich _____ gerade Schuhe.              저 신발 찾고 있어요.

7. Wie viel _____ das Buch?               그 책 얼마예요?

8. Kann ich sie vielleicht _____?      혹시 교환할 수 있을까요?

9. _____ Sie bitte vorne an der Kasse. 저기 앞 카운터에서 계산해주세요.

◎ 다음 불규칙 동사표를 채우시오. (정답은 단어 옆에 적혀진 번호에서 확인)

10. **helfen (jm³)** (~에게)도와주다 (10번)

| ich | wir |
|---|---|
| du | ihr |
| er/sie/es | sie |
| | Sie |

**Lösungen :** 1.ⓔ  2.ⓓ  3.ⓐ  4.ⓑ  5.ⓒ  6.ⓑ suche  7.ⓐ kostet  8.ⓓ umtauschen  9.ⓒ Bezalen

# Tag 27

## 쉐도잉 & 핵심표현

독일인이 문장을 천천히 두 번, 보통 속도로 한 번 말해줍니다. 큰소리로따라해보세요!

MP3 듣기

독일어 부분을 책갈피로 가리고
한국어만 보고 독일어를 써보세요

| Koreanisch | Deutsch |
|---|---|
| 모든 가게와 백화점은 공휴일에 영업을 하지 않는다. | Alle Geschäfte und Kaufhäuser sind am Feiertag geschlossen. |
| 그 고객은 그 가격에 대해 불만족스러워한다. | Der Kunde ist unzufrieden mit dem Preis. |
| 저희 고객들은 이 제품을 긍정적으로 평가합니다. | Unsere Kunden bewerten das Produkt positiv. |
| 이 약에는 해로운 부작용이 없습니다. | Diese Medizin hat keine negativen Nebenwirkungen. |
| 그 소년은 벼룩시장에서 몇몇의 물건을 판다. | Der Junge verkauft auf dem Flohmarkt ein paar Sachen. |
| 이 운동화 검은색도 있나요? | Gibt es diese Sportschuhe auch in Schwarz? |
| 내 동료들은 착하고 페이도 괜찮다. | Meine Kollegen sind nett und die Bezahlung ist auch gut. |
| 현금으로 계산하세요 아니면 카드로 계산하세요? - 카드로 부탁해요. | Zahlen Sie bar oder mit Karte? Mit Karte, bitte. |
| 이 신발 32사이즈 있나요? | Haben Sie diese Schuhe in Größe 32? |
| 아쉽게도 없어요. 이미 다 팔렸어요. | Leider nicht. Sie sind schon ausverkauft. |
| 나 어제 내 가방을 버스에서 잃어버렸어. | Gestern habe ich meine Tasche im Bus verloren. |
| 오늘 나 가방 다시 찾았어. | Heute habe ich sie wieder gefunden. |

# Tag 28: mündliche Prüfung A2 Teil 1
말하기시험 A2 문제 1

„*Wenn ich bei dir bin,
bin ich auch im Regen glücklich.*"

너와 함께 있으면
빗속에서도 나는 행복해.

# 괴테 말하기시험 A2 완전정복

## 가이드라인 Richtlinie

**괴테 말하기 시험은 총 3문제로 구성되어 있습니다.**

1) **첫 번째 문제**에서는 여러 명사가 적혀 있는 카드를 받습니다.
   이를 보고 한 사람은 질문을 하고, 상대방은 그 질문에 답해야 합니다.

   | Goethe-Zertifikat | Sprechen Teil 1 |
   |---|---|
   | Fragen zur Person ||
   | **Beruf?** ||

   | Goethe-Zertifikat | Sprechen Teil 1 |
   |---|---|
   | Fragen zur Person ||
   | **Wohnort?** ||

   **Tipp**
   시험에 나오는 필수 단어들만 공부하기보다는, 문장으로 공부하시는 것이 좋습니다.

2) **두 번째 문제**에서는 한 주제를 받고 그 주제에 대해서 얘기합니다.
   주제를 말하고 나서는 시험 감독자로부터 1-2 문제 정도 질문을 받게 됩니다.

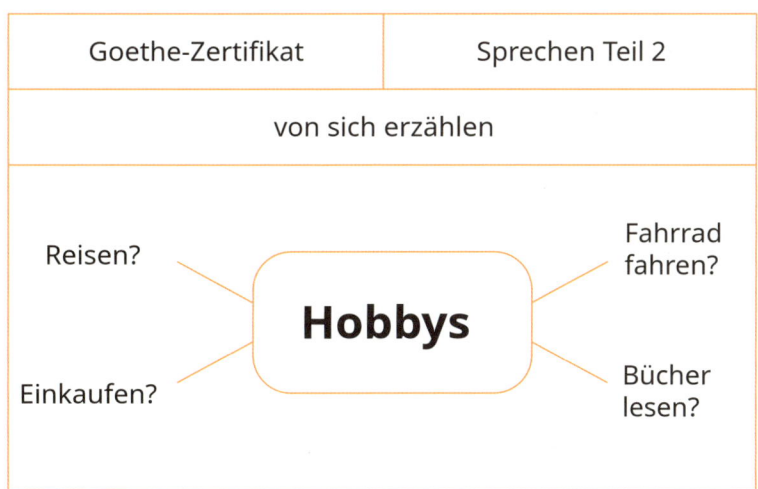

## 괴테 말하기시험 A2 완전정복

## 가이드라인 Richtlinie

**Tipp**
주제에 대해서 이야기할 때 빈도부사(immer, oft, manchmal)
혹은 기호부사(gern, am liebsten),
순서부사(zuerst, dann, danach)를 써주시면 보다 높은 점수를 받으실 수 있습니다.

3) **마지막 문제**는 파트너와 함께 하는 문제입니다. 예를 들어 Max의 선물을 사야 하는데 어떤 선물을 살지, 언제 만날지를 서로 이야기하면서 정하는 문제입니다. 말하기 파트너는 각자 다른 일정표를 받습니다.

---

**Aufgabenblatt A**

Max hat bald Geburtstag. Sie beide wollen zusammen ein Geburtstagsgeschenk für ihn kaufen. Wann haben Sie beide Zeit? Finden Sie einen gemeinsamen Termin. Machen Sie Vorschläge.

**Donnerstag**　　　　　　　　　　　　　　　　　　　　**02. Juni**

|  | |
|---|---|
| 7:00 | |
| 8:00 | |
| 9:00 | Deutschkurs (bis 11 Uhr) |
| 10:00 | |
| 11:00 | |
| 12:00 | Mittagessen mit Freunden |
| 13:00 | |
| 14:00 | Kino mit Max |
| 15:00 | |
| 16:00 | Schwimmen |
| 17:00 | |
| 18:00 | Ausflug |

---

**Tipp**
파트너와 서로 이야기를 하며 무엇을 살지, 언제 만날지 결정해야 하기 때문에 제안하는 표현, 시간 표현을 숙지하면 좋습니다.
※ 모든 팁의 내용은 단어장에 담았으니 열심히 공부해 봐요! Toi, toi, toi!

# Tag 28

## mündliche Prüfung A2 Teil1
### 말하기시험A2 문제1

독일인이 모든 단어를 한번씩 읽어주고, 예문은 천천히 한 번, 보통 속도로 한 번 읽어줍니다.

MP3 듣기

---

□ 001 ★★★

**der Wohnort, -e** | 사는 곳, 거주지

die Wohnung, -en | 집
wohnen | 살다

Wo wohnt Ihre Familie?
당신의 가족은 어디에 사나요?

Meine Familie wohnt in Berlin.
제 가족은 베를린에 살아요.

Wo hast du als Kind gelebt?
너는 어릴 때 어디서 살았어?

Ich habe in Berlin gelebt.
나는 베를린에 살았어.

---

□ 002 ★★★

**das Alter** | 나이

alt | ① 늙은 ② 오래된

Wie alt sind Sie?
나이가 어떻게 되세요?

Ich bin zweiundzwanzig Jahre alt.
저는 22살입니다.

---

□ 003 ★★★

**der Geburtstag, -e** | 생일

Wann haben Sie Geburtstag?
생일 언제에요?

Ich habe am zweiten Juni Geburtstag.
제 생일은 6월 2일이에요.

---

□ 004 ★★★

**die Sprache, -n** | 언어

welche | 어느, 어떤
ein bisschen | 조금의, 약간의

Welche Sprachen sprechen Sie?
어떤 언어 할 줄 알아요?

Ich spreche Koreanisch, Englisch und ein bisschen Deutsch.
저는 한국어, 영어, 그리고 독일어 조금 할 줄 알아요.

### ☐ 005 ★★★
**die Geschwister**

(복수) 형제자매

Haben Sie Geschwister?
형제나 자매 있으세요?

Ja, ich habe einen Bruder und eine Schwester.
네, 저는 형제 한 명 이랑 자매 한 명 있어요.

### ☐ 006 ★★★
**das Heimatland**

das Land
*die Länder*

고국, 출생국

나라, 국가

Woher kommen Sie?
어디서 오셨어요?

Ich komme aus Südkorea.
저는 한국에서 왔어요.

### ☐ 007 ★★★
**Deutsch**

wie lange
der Monat, -e
seit³ (전치사)
später

독일어

얼마나 오랫동안
달
~이후로
나중에, 향후

Wie lange lernen Sie schon Deutsch?
독일어 배운 지 얼마나 됐어요?

Ich lerne seit einem Monat Deutsch.
저는 독일어 배운 지 한 달 됐어요.

Warum lernen Sie Deutsch?
독일어는 왜 배우세요?

Ich möchte später in Deutschland leben.
저는 나중에 독일에서 살고 싶어요.

### ☐ 008 ★★★
**der Beruf, -e**

직업

Was sind Sie von Beruf?
직업이 뭐예요?
(=Was machen Sie beruflich?)

Ich bin Lehrer.
저는 선생님이에요.

Ich arbeite an einer Schule.
저는 학교에서 일하고 있어요.

Wie lange arbeiten Sie jeden Tag?
매일 얼마나 오랫동안 일하세요?

Ich arbeite jeden Tag 6 Stunden.
저는 매일 6시간 일해요.

### 009 ★★★
**das Hobby, -s**

das Lesen
das Schwimmen
wandern
*wanderte, ist gewandert*
die Wanderung

| | |
|---|---|
| 취미 | Was ist Ihr Hobby?<br>취미가 뭐예요? |
| 읽기<br>수영<br>하이킹하다,<br>도보 여행하다<br>하이킹, 도보 여행 | Meine Hobbys sind Lesen und Schwimmen.<br>제 취미는 책 읽기와 수영이에요.<br><br>Ich wandere sehr gern.<br>Ich gehe oft in die Berge.<br>저 하이킹하는 거 아주 좋아해요.<br>저는 자주 산에 가요. |

### 010 ★★★
**die Freizeit**

| | |
|---|---|
| 여가시간 | Was machst du gern in deiner Freizeit?<br>너는 여가시간에 뭐 하는 것을 좋아해?<br><br>Ich lese gerne Bücher und sehe auch gerne Liebesfilme.<br>나는 책 읽는 것을 좋아하고 로맨스 영화 보는 것도 좋아해. |

### 011 ★★★
**der Sport**

nicht so gern

sportlich

| | |
|---|---|
| 운동 | Machst du gern Sport?<br>너 운동하는 거 좋아해?<br><br>Ja, ich mache gern Sport.<br>Ich spiele jeden Tag Fußball.<br>응, 나 운동하는 거 좋아해. 나 매일 축구 해. |
| 그렇게<br>좋아하지 않는<br>활동적인,<br>스포티한 | Nein, ich mache nicht so gern Sport.<br>Ich bin leider nicht sehr sportlich.<br>아니, 나는 운동을 그렇게 안 좋아해.<br>나는 아쉽게도 그렇게 아주 활동적이지 않아. |

### 012 ★★★
**die Arbeit, -en**

der Spaß
anstrengend
gar

| | |
|---|---|
| 일 | Wo arbeitest du?<br>너 어디서 일해?<br><br>Ich arbeite bei Samsung.<br>나 삼성에서 일해. |
| 재미, 즐거움<br>고된, 힘든<br>전혀<br>(부정형이랑 쓰임) | Macht Ihnen die Arbeit Spaß?<br>일 재미 있으세요?<br><br>Ja, mir macht die Arbeit sehr viel Spaß.<br>네. 일이 아주 재밌어요.<br><br>Nein, mir macht die Arbeit gar keinen Spaß.<br>Sie ist sehr anstrengend.<br>아니요, 일이 전혀 재밌지 않아요.<br>일이 아주 힘들어요. |

## 013 ★★★
**das Datum** — 날짜

Welches Datum haben wir heute?
오늘 날짜가 어떻게 되나요?

Heute ist der zwanzigste August.
오늘은 8월 20일이에요.

## 014 ★★★
**der Haushalt** — 집안일

Wer macht bei euch den Haushalt?
너희는 누가 집안일 해?

Mein Mann und ich machen den Haushalt zusammen.
내 남편이랑 나는 집안일을 같이해.

## 015 ★★★
**die Kenntnis, -se** — 알고 있음, 앎

die Kenntnisse (복수형) — ① 능력 ② 지식, 학식

Seine Deutschkenntnisse sind sehr gut.
그의 독일어 실력은 아주 좋다.

Ich möchte meine Computerkenntnisse verbessern.
나는 나의 컴퓨터 실력을 향상시키고 싶다.

### Tipp
(복합명사) Deutsch (독일어) + die Kenntnisse (능력)
= Deutschkenntnisse (독일어 실력)

*die Kenntnis는 "알고 있음", "앎"이란 뜻이고 복수형인 "die Kenntnisse"가 능력이란 뜻이기 때문에 독일어 "실력"이란 표현을 할 때 복수형인 "Kenntnisse"를 씁니다.

## 016 ★★★
**das Studium** — 대학 공부

studieren — ① 대학에서 공부하다 ② 전공하다

der Student, -en — 대학생

Wo studierst du?
너 어디 대학 다녀?

Ich studiere an der Humboldt-Universität.
나 훔볼트 대학교 다녀.

Was studierst du?
너 뭐 전공해?

Ich studiere Musik.
나는 음악을 전공해.

## ☐ 017 ★★★

**die Telefonnummer** — 전화번호

**die Handynummer** — 핸드폰 번호

Wie lautet deine Telefonnummer?
너 전화번호가 어떻게 돼?

Meine Telefonnummer lautet 02-321-42.
내 전화번호는 02-321-42 야.

**Tipp**
Wie lautet deine Adresse? 너 주소가 어떻게 돼?

## ☐ 018 ★★★

**die Umwelt** — 환경

**das Wetter** — 날씨
**die Lieblingsstadt** — 가장 좋아하는 도시

**am liebsten** — 가장 좋아하는, 마음 같아서는

Wie finden Sie das Wetter in Deutschland?
독일 날씨 어떻게 생각하세요?

Ich finde das Wetter in Deutschland nicht so schön, weil es oft regnet.
저는 독일 날씨를 그렇게 좋다고 생각하지 않아요. 왜냐하면 자주 비가 내리기 때문이에요.

Wo möchten Sie am liebsten in Deutschland wohnen?
독일 어디에서 가장 살고 싶어요?

Ich möchte am liebsten in Berlin wohnen.
저는 베를린에서 가장 살고 싶어요.

Berlin ist meine Lieblingsstadt.
베를린은 제가 가장 좋아하는 도시예요.

## ☐ 019 ★★★

**der Unfall**
*die Unfälle* — 사고

**passieren**
*passierte, ist passiert* — 일어나다, 발생하다

Wann ist der Unfall passiert?
그 사고 언제 났어?

Er ist vor 4 Tagen passiert.
그 사고는 4일 전에 났어.

## ☐ 020 ★★★

**der Kiosk, -e** — 매점

Zeitungen können Sie am Kiosk kaufen.
신문은 매점에서 사실 수 있어요.

**Tipp**
한 부의 신문이 아니라 여러 신문이 배치되어 살 수 있기 때문에 신문의 복수형인 "Zeitungen"을 씁니다.

## ☐ 021 ★★★

**das Gegenteil, -e** | 반대말, 반대 | Was ist das Gegenteil von "kurz"?
"짧은"의 반대말은 무엇인가요?

das Teil | 부분 | Das Gegenteil von "kurz" ist "lang".
"짧은"의 반대말은 "긴"이에요.

## ☐ 022 ★★★

**die Reise** | 여행 | Mit wem möchten Sie Urlaub machen?
누구랑 휴가를 가고 싶으세요?

das Ausland | 외국 | Ich möchte gerne mit meiner Freundin Urlaub machen.
der Ausländer | 외국인 | 저는 제 여자친구랑
wem | (wer의 3격) 누구에게 | 휴가를 가고 싶어요.

Urlaub machen | 휴가를 가다 | Waren Sie schon oft im Ausland?
외국에 자주 있으셨나요?

Ja, ich war schon oft im Ausland, da meine Familie im Ausland lebt.
네, 저 외국에 자주 있었어요.
왜냐하면 제 가족이 외국에 살았기 때문이에요.

## ☐ 023 ★★★

**der Einkauf** | 구입 | Mit wem gehen Sie gerne einkaufen?
*die Einkäufe* | | 누구와 함께 장 보러 가는 거 좋아하세요?

Ich gehe gerne mit meiner Mutter einkaufen.
저는 엄마랑 장 보러 가는 것을 좋아해요.

meistens | 대부분 | Wo kaufen Sie Ihre Kleidung?
einkaufen | 장을 보다 | 옷은 어디서 구매하세요?
einkaufen gehen | 장을 보러 가다 |

Ich kaufe meine Kleidung meistens im Internet.
저는 제 옷을
대부분 인터넷에서 구매해요.

**Tipp**
kaufen: (특정한 제품을) 사다
einkaufen: (불특정한 제품) 장을보다, 쇼핑하다
einkaufen gehen: 장을 보러 가다

# TAG 28 — Aufgaben

◎ 다음 명사를 보고 문장을 만드시오. (1-2분)

> z.B) Hobby
> 질문: Was ist dein Hobby?     답: Mein Hobby ist Schwimmen.

**Tipp**
모든 말하기 시험 연습은 녹음해보고 직접 들어보시는 게 좋습니다. 우선 명사를 보고 문장을 만들어서 말해보신 후, 녹음하신 걸 들어보시면서 아래 질문과 답에 정답을 써주세요.

| Goethe-Zertifikat | Sprechen Teil 1 |
|---|---|
| Fragen zur Person ||
| **Beruf?** ||

질문:

답:

| Goethe-Zertifikat | Sprechen Teil 1 |
|---|---|
| Fragen zur Person ||
| **Sprache?** ||

질문:

답:

| Zertifikat | Sprechen Teil 1 |
|---|---|
| Fragen zur Person ||
| **Wohnort?** ||

질문:

답:

| Zertifikat | Sprechen Teil 1 |
|---|---|
| Fragen zur Person ||
| **Heimatland?** ||

질문:

답:

---

**Beruf:** Was sind Sie von Beruf? / Was ist Ihr Beruf? / Ich bin Lehrer.
**Sprache:** Welche Sprachen sprechen Sie? Ich spreche Deutsch und Koreanisch.
**Wohnort:** Wo wohnen Sie? Ich wohne in Seoul.
**Heimatland:** Woher kommen Sie? Ich komme aus Südkorea.

# Tag 28

## 쉐도잉 & 핵심표현

> 독일어 부분을 책갈피로 가리고
> 한국어만 보고 독일어를 써보세요

| Koreanisch | Deutsch |
|---|---|
| 너 어릴 때 어디서 살았어? | Wo hast du als Kind gelebt? |
| 나 베를린에 살았어. | Ich habe in Berlin gelebt. |
| 어떤 언어 할 줄 알아요? | Welche Sprachen sprechen Sie? |
| 저는 한국어, 영어 그리고 조금 독일어 할 줄 알아요. | Ich spreche Koreanisch, Englisch und ein bisschen Deutsch. |
| 독일어 배운 지 얼마나 됐어요? | Wie lange lernen Sie schon Deutsch? |
| 저는 독일어 배운 지 한 달 됐어요. | Ich lerne seit einem Monat Deutsch. |
| 매일 얼마나 오랫동안 일하세요? | Wie lange arbeiten Sie jeden Tag? |
| 저는 매일 6시간 일해요. | Ich arbeite jeden Tag 6 Stunden. |
| 일 재미있으세요? | Macht Ihnen die Arbeit Spaß? |
| 네, 일이 아주 재밌어요. | Ja, mir macht die Arbeit sehr viel Spaß. |
| 아니요, 일이 전혀 재밌지 않아요. 일이 많이 힘들어요. | Nein, mir macht die Arbeit gar keinen Spaß. Sie ist sehr anstrengend. |
| 오늘 날짜가 어떻게 되나요? | Welches Datum haben wir heute? |
| 오늘 8월 20일이에요. | Heute ist der zwanzigste August. |
| 그의 독일어 실력은 아주 좋다. | Seine Deutschkenntnisse sind sehr gut. |
| 나는 나의 컴퓨터 실력을 향상시키고 싶다. | Ich möchte meine Computerkenntnisse verbessern. |
| "짧은"의 반대말은 무엇인가요? | Was ist das Gegenteil von "kurz"? |
| "짧은"의 반대말은 "긴"이에요. | Das Gegenteil von "kurz" ist "lang." |

# Tag 29

## mündliche Prüfung A2 Teil2
말하기시험 A2 문제2

„ *Ich lese gern Bücher. Denn dabei fühle ich mich, als ob ich auf einer Reise wäre.* "

나는 책 읽는 것을 좋아해.
마치 여행하는 것과 같은 느낌이 들어.

# Tag 29

## mündliche Prüfung A2 Teil2
말하기 시험 A2 문제2

독일인이 모든 단어를 한 번씩 읽어주고, 예문은 천천히 한 번, 보통 속도로 한 번 읽어줍니다.

MP3 듣기

---

☐ 001 ★★★

**erzählen**
(jm³ von etw³/jm³)
*erzählte, hat erzählt*

**sollen**
*sollte, hat gesollt*

| ich soll | wir sollen |
|---|---|
| du sollst | ihr sollt |
| er/sie/es soll | sie sollen |
| | Sie sollen |

(~에게 ~에 대해) 이야기하다

~해야 한다

Sie sollen von sich erzählen.
당신은 당신에 대해 이야기해야 합니다.

Ich kann von meiner Arbeit und von meiner Freizeit erzählen.
저는 제 일과 여가시간에 대해 이야기할 수 있습니다.

die Erzählung, -en — 이야기

---

◎ 순서 말하기: zuerst, dann, danach

☐ 002 ★★★

**zuerst** — 우선, 먼저

Was machen Sie am Sonntag?
일요일에는 뭐하세요?

Zuerst lese ich auf dem Sofa Zeitung.
우선 제 소파에서 신문을 읽어요.

Zuerst frühstücke ich mit meinen Eltern.
우선 저는 저의 부모님과 아침 식사를 해요.

---

☐ 003 ★★★

**dann** — 그 다음

Dann besuche ich oft meine Freunde.
그 다음 저는 자주 제 친구들을 방문해요.

Dann gehe ich oft mit meiner Familie ins Museum.
그 다음 저는 저의 가족이랑 자주 박물관에 가요.

□ 004 ★★★

**danach** | 그런 다음, 그다음 | Danach gehe ich manchmal ins Café und mache Hausaufgaben.
그런 다음 저는 종종 카페에 가서 숙제를 해요.

**auf | räumen (etw⁴)**
*räumte...auf, hat aufgeräumt* | (~을) 청소하다 | Danach gehe ich mit meinem Hund spazieren.
그런 다음 저는 제 강아지랑 산책을 가요.

**das Zimmer** | 방 | Danach räume ich mein Zimmer auf.
그런 다음 저는 제 방을 청소해요.

> **Tipp**
> dann = danach
> 독일어에서는 같은 단어를 반복해서 쓰는 것을 지양합니다. 따라서 "그다음"이란 뜻을 쓸 때 "dann"의 동의어인 "danach"를 씁니다.

◎ 부사: gern / nicht so gern / lieber / am liebsten

□ 005 ★★★

**gern** | 기꺼이, 흔쾌히 | Was machst du gern am Sonntag?
너 일요일에 뭐 하는 거 좋아해?

**außerdem** | 이외에도, 그 밖에도 | Am Sonntag schlafe ich gern lange, außerdem chatte ich gern mit meinen Freunden.
일요일에 나는 잠을 많이 자는 것을 좋아해. 이외에도 나는 내 친구들이랑 채팅하는 것을 좋아해.

**chatten**
*chattete, hat gechattet* | 채팅하다 | Am Sonntag koche ich gern zu Hause, außerdem surfe ich gern im Internet.
일요일에 나는 집에서 요리하는 것을 좋아해. 이외에도 나는 인터넷 서핑하는 것을 좋아해.

□ 006 ★★★

**nicht so gern** | 그렇게 좋아하지 않는 | Was machst du am Sonntag nicht so gern?
일요일에 뭐 하는 것을 안 좋아해?

Ich sehe zu Hause nicht so gerne fern.
나는 집에서 텔레비전 보는 것을 별로 좋아하지 않아.

Ich bleibe nicht so gerne lange im Bett.
나는 침대에 오랫동안 있는 것을 안 좋아해.

## 007 ★★★

**lieber**

aus | gehen
*ging...aus, ist ausgegangen*
das Theater

| | |
|---|---|
| 차라리 ~하다 | Triffst du dich gerne am Wochenende mit deinen Freunden?<br>너 주말에 친구들이랑 만나는 거 좋아해? |
| 외출하다 | Ja, ich treffe mich gerne mit meinen Freunden. Wir gehen oft ins Theater.<br>응, 나는 친구랑 만나는 거 좋아해. 우리는 자주 연극 보러 가. |
| 연극 | Nein, nicht so gern. Ich schaue lieber zu Hause Filme.<br>아니, 그렇게 좋아하지 않아. 나는 차라리 집에서 영화 봐. |

## 008 ★★★

**am liebsten**

die Fremdsprache, -n
in der Sonne liegen

| | |
|---|---|
| 마음 같아서는, 가장 좋아하는 | Ich wandere sehr gern. Am liebsten gehe ich in die Berge.<br>나는 하이킹하는 것을 아주 좋아한다. 내가 가장 좋아하는 것은 산에 가는 것이다. |
| 외국어 | Ich lerne gerne Fremdsprachen. Am liebsten lerne ich Deutsch.<br>나는 외국어 공부하는 것을 좋아한다. 내가 가장 좋아하는 것은 독일어 공부하는 것이다. |
| 일광욕하다 | Das Wetter ist schön. Am liebsten möchte ich ans Meer fahren und in der Sonne liegen.<br>날씨가 좋다. 마음 같아서는 나는 바다에 가서 일광욕을 하고 싶다. |

☐ 009 ★★★

## das Geld

**sparen (etw⁴)**
*sparte, hat gespart*
**sparsam**

돈

(~을) 저축하다

절약하는

Was machen Sie mit Ihrem Geld?
당신의 돈으로 무엇을 하나요?

Ich kaufe gerne Bücher,
weil ich gerne in meiner Freizeit lese.
저는 책을 삽니다.
왜냐하면 저는 제 여가 시간에
책을 읽는 것을 좋아하기 때문입니다.

Außerdem kaufe ich auch gerne
Blumen für meine Mutter.
Sie liebt Blumen.
이외에도 저는 어머니를 위해
꽃을 사는 것도 좋아합니다.
저의 어머니는 꽃을 사랑합니다.

Am liebsten reise ich,
da ich beim Reisen
viele neue Leute kennenlernen kann.
가장 좋아하는 것은 여행하는 것입니다.
왜냐하면 저는 여행하면서
많은 새로운 사람들을 알게 되기 때문입니다.

Aber ich spare nicht gern Geld.
Ich bin nicht so sparsam.
하지만 저는 저축하는 것은 좋아하지 않습니다.
저는 그렇게 절약적이지는 않습니다.

# TAG 29 Aufgaben

◎ 다음 아래 표를 보고 주제에 맞게 이야기하시오. (3-4분)

주제: Was machen Sie am Samstag?

**Tipp**
말하기 연습은 녹음해서 직접 들어보면 좋습니다.
녹음한 것을 직접 들어보고 아래 정답과 비교해보세요.

Sie bekommen eine Karte und erzählen etwas über Ihr Leben.

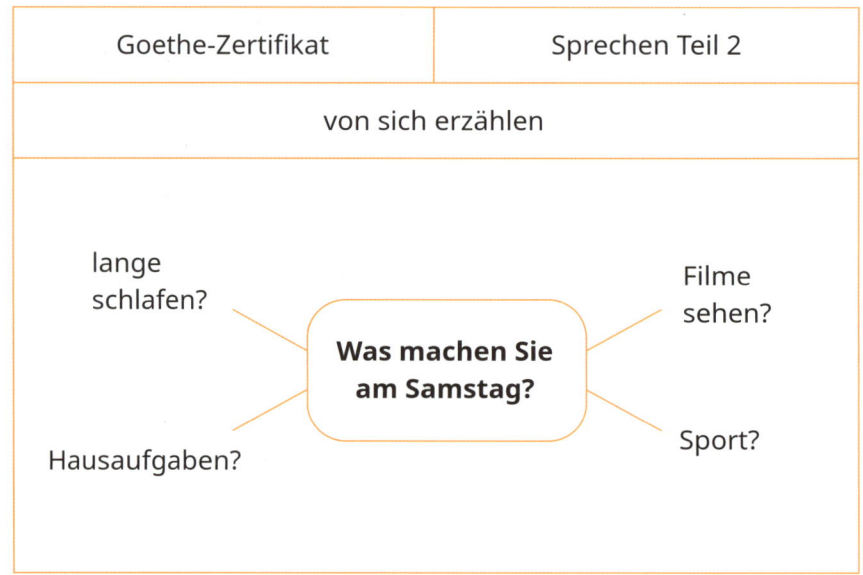

Am Samstag schlafe ich lange. Zuerst frühstücke ich mit meiner Familie, dann mache ich oft Sport oder lese einen Roman. Danach gehe ich manchmal mit meinen Freunden ins Kino.
Ich bleibe nicht so gern zu Hause. Am liebsten gehe ich mit meinem Hund spazieren.

# Tag 29

## 쉐도잉 & 핵심표현

> 독일어 부분을 책갈피로 가리고
> 한국어만 보고 독일어를 써보세요

| Koreanisch | Deutsch |
|---|---|
| 일요일에는 뭐하세요? | Was machen Sie am Sonntag? |
| 우선 제 소파에서 신문을 읽어요. | Zuerst lese ich auf dem Sofa Zeitung. |
| 그다음 저의 가족이랑 자주 박물관에 가요. | Dann gehe ich oft mit meiner Familie ins Museum. |
| 그런 다음에는 종종 카페에 가서 숙제를 해요. | Danach gehe ich manchmal ins Café und mache Hausaufgaben. |
| 일요일에 뭐 하는 거 좋아해? | Was machst du gern am Sonntag? |
| 일요일에 나는 잠을 많이 자는 것을 좋아해. 이외에도 나는 내 친구들이랑 채팅하는 것을 좋아해. | Am Sonntag schlafe ich gern lange, außerdem chatte ich gerne mit meinen Freunden. |
| 일요일에 뭐 하는 거 안 좋아해? | Was machst du am Sonntag nicht so gern? |
| 난 집에서 텔레비전 보는 것을 별로 좋아하지 않아. | Ich sehe zu Hause nicht so gerne fern. |
| 너 주말에 친구들이랑 만나는 거 좋아해? | Triffst du dich gerne am Wochenende mit deinen Freunden? |
| 응, 나는 친구랑 만나는 거 좋아해. 우리는 자주 연극 보러 가. | Ja, ich treffe mich gerne mit meinen Freunden. Wir gehen oft ins Theater. |
| 아니, 그렇게 좋아하지 않아. 나는 차라리 집에서 영화 봐. | Nein, nicht so gern. Ich schaue lieber zu Hause Filme. |
| 나는 하이킹하는 것을 아주 좋아한다. 가장 좋아하는 것은 산에 가는 것이다. | Ich wandere sehr gern, am liebsten gehe ich in die Berge. |
| 나는 외국어 공부하는 것을 좋아한다. 가장 좋아하는 것은 독일어 공부하는 것이다. | Ich lerne gerne Fremdsprachen. Am liebsten lerne ich Deutsch. |

# Tag 30: mündliche Prüfung A2 Teil 3
## 말하기시험 A2 문제 3

„ *Ich würde gern in die Vergangenheit reisen
- nicht um Fehler zu vermeiden, sondern um
jemanden zu umarmen,
der heute nicht mehr da ist.* "

난 과거로 돌아가고 싶다
- 과거의 실수를 무마하기 위해서가 아니라
오늘 더 이상 없는 누군가를 안아 주기 위해서.

# Tag 30

## mündliche Prüfung A2 Teil3
말하기시험 A2 문제3

독일인이 모든 단어를 한번씩 읽어주고, 예문은 천천히 한 번, 보통 속도로 한 번 읽어줍니다.

MP3 듣기

---

### ☐ 001 ★★★

**vor | schlagen**
*schlug...vor,*
*hat vorgeschlagen*

| ich schlage...vor | wir schlagen...vor |
| du schlägst...vor | ihr schlagt...vor |
| er/sie/es schlägt...vor | sie schlagen...vor / Sie schlagen...vor |

제안하다

Ich schlage vor, dass wir einen Mantel für Max kaufen.
나는 막스를 위해서 코트 사는 것을 제안해.

= Ich möchte etwas vorschlagen: Wollen wir eine Jacke für Max kaufen?
나 뭐 좀 제안하고 싶어. 우리 막스에게 자켓 하나 사줄까?

Er trägt gerne Mäntel.
막스는 코트 입는 것을 좋아해.

**der Vorschlag**
*die Vorschläge*

제안, 건의

**der Mantel**
*die Mäntel*

코트

**Tipp**
"막스는 코트입는 거 좋아해"라는 표현에서 "코트"를 단수형으로 써주면 하나의 코트만 입는 걸 좋아한다는 뜻이 됩니다. 하지만 코트를 좋아하면 보통 하나의 코트만 좋아하지 않기 때문에 코트를 복수형으로 적습니다.

---

### ☐ 002 ★★★

**finden**
**(jn⁴/etw⁴ 형용사)**
*fand, hat gefunden*

| ich finde | wir finden |
| du findest | ihr findet |
| er/sie/es findet | sie finden / Sie finden |

(~을 ~이라고) 생각하다

Den Vorschlag finde ich gut.
그 제안 나는 좋다고 생각해.

Das finde ich gut.
그거 나 좋다고 생각해.

Den Vorschlag finde ich nicht so gut.
그 제안 나는 그렇게 좋다고는 생각하지 않아.

Das finde ich nicht so gut.
그것은 나 그렇게 좋다고 생각하지 않아.

**prima**
**super**
**einverstanden sein**
(mit jm³/etw³)

훌륭한, 멋진
멋진, 최고의
(~에) 동의하다

**Tipp**
〈제안에 동의하기〉
z.B.) Das finde ich super.
그거 나는 최고라고 생각해.
z.B.) Das finde ich prima.
그거 나는 훌륭하다고 생각해.
z.B.) Ich bin (damit) einverstanden!
나는 (그것에) 동의해!

## ☐ 003 ★★★

**die Idee, -n**

wirklich

toll
der Schuh, -e

| | | |
|---|---|---|
| | 아이디어, 생각 | Das ist eine gute Idee.<br>그거 좋은 생각이다. |
| | 정말, 정말로, 진짜로 | Das ist wirklich eine tolle Idee!<br>그거 정말 멋진 생각이다! |
| | (구어체) 멋진<br>신발 | Wir können auch eine Hose oder Schuhe kaufen.<br>우리는 바지나 신발도 살 수 있어. |

## ☐ 004 ★★★

**klingen**
*klang, hat geklungen*

| | |
|---|---|
| ① ~처럼 들리다<br>② 소리가 나다 | Ich schlage vor, dass wir eine Uhr für Stephan kaufen.<br>나는 슈테판한테 시계를 사주는 걸 제안해.<br><br>Das klingt gut.<br>( = Das ist eine gute Idee.)<br>그거 좋게 들린다<br>(= 그거 좋은 생각이다.)<br><br>Das klingt nicht so gut.<br>그거 그렇게 좋게 들리지는 않아. |

**Tipp**
"Das klingt gut"은 영어에 "That sounds good"과 같은 뜻으로 보통 상대방이 무엇을 제안할 때 긍정의 대답으로 많이 쓰입니다.
"그거 좋은 생각"이다 혹은 "그거 괜찮다"라고 해석하시면 됩니다.

## ☐ 005 ★★★

**wissen**
*wusste, hat gewusst*

| ich weiß | wir wissen |
|---|---|
| du weißt | ihr wisst |
| er/sie/es weiß | sie wissen |
| | Sie wissen |

**brauchen** (jn⁴/etw⁴)
*brauchte, hat gebraucht*

| | |
|---|---|
| 알다 | Ich weiß nicht. Vielleicht sollten wir lieber ein Handy kaufen.<br>나는 (잘) 모르겠어.<br>아마 우리 차라리 핸드폰 사는 게 좋을 거 같아.<br><br>Er braucht ein neues Handy.<br>그는 새로운 핸드폰이 필요하거든. |
| (~을/를) 필요로 하다 | |

**Tipp**
"sollen"은 타인이 시켜서 해야 하는 의무를 나타내는 반면 접속법 2식 "sollten"은 조언, 충고, 제안을 나타냅니다.
z.B.) Sie sehen krank aus.
Sie sollten lieber nach Hause gehen.
아파 보여요. 집에 가는 편이 나을 거 같아요.

## ☐ 006 ★★★

**lieben (jn⁴/etw⁴)**
liebte, hat geliebt

| (~을/를) 사랑하다 | Ich finde es besser, wenn wir Blumen für Lisa kaufen.<br>나는 우리가 리사를 위해 꽃을 사면 더 좋을 거 같아. |

die Blume, -n
besser

| 꽃<br>더 나은, 더 좋은<br>(gut의 비교급) | Sie liebt Blumen.<br>그녀는 꽃을 사랑해. |

wenn (접속사)

| 만약에 | |

## ☐ 007 ★★★

**wollen**
wollte, hat gewollt

| ich will | wir wollen |
|---|---|
| du willst | ihr wollt |
| er/sie/es will | sie wollen |
| | Sie wollen |

| ~할 것이다 | Das finde ich nicht gut. Ich habe eine andere Idee.<br>그것은 나 좋게 생각하지 않아. 나는 다른 생각이 있어.<br><br>Wollen wir lieber ein Buch für Max kaufen?<br>우리 차라리 막스한테 책 한 권 사줄까? |

anders

| 다른 | Er liest ja gerne Bücher.<br>그는 책 읽는 거 좋아하잖아.<br><br>Vielleicht ist es besser, wenn wir ein Auto für ihn kaufen.<br>아마도 그를 위해서 자동차를 사면 좋을 거 같아. |

### ◎ 만나는 시간 정하기

## ☐ 008 ★★★

**der Termin, -e**

| ① 일정<br>② 예약 | Wann haben Sie beide Zeit?<br>두 분은 언제 시간이 있으신가요?<br><br>Finden Sie einen gemeinsamen Termin.<br>서로 일정을 맞추세요. |

gemeinsam
beide

| 상호의, 공통의<br>양쪽의 | |

> **Tipp**
> 이 내용은 괴테 말하기 시험 문제에서 나오는 문장입니다.
> 문제를 올바르게 이해해야 올바른 답을 말할 수 있습니다.

## 009 ★★★

**sich⁴ treffen**
**(mit jm³)**
*sich traf, hat sich getroffen*

| ich treffe mich | wir treffen uns |
| du triffst dich | ihr trefft euch |
| er/sie/es trifft sich | sie treffen sich / Sie treffen sich |

(~와) 만나다

Um wie viel Uhr treffen wir uns?
우리 몇 시에 만날까?
(=Wann treffen wir uns?)

Wollen wir uns um 13 Uhr treffen?
우리 오후 1시에 만날래?

Wir können zusammen ein Geschenk kaufen.
우리는 같이 선물을 살 수 있어.

## 010 ★★★

**Zeit haben**

시간이 있다

Hast du am Freitag Zeit?
너 금요일에 시간 있어?

Nein, da habe ich leider keine Zeit. Wollen wir uns am Dienstag treffen?
아니, 그때 나는 아쉽게도 시간이 없어. 우리 화요일에 만날래?

## 011 ★★★

**vor | haben**
*hatte...vor, hat vorgehabt*

etwas
da

**sich⁴ kümmern**
**(um jn⁴/etw⁴)**
*sich⁴ kümmerte, hat sich gekümmert*

~을 계획하고 있다

어떤 것
① 그때 (시간)
② 그곳 (공간)

(~을/를) 돌보다

Da habe ich schon etwas vor.
그때 나 벌써 뭔가 계획한 것이 있어.

Ich muss mich um meinen kleinen Bruder kümmern.
나는 내 동생을 돌봐야 해.

Wollen wir uns lieber um 17 Uhr treffen?
우리 차라리 오후 5시에 만날래?

Am Nachmittag habe ich viel Zeit.
오후에는 나 시간이 많아.

### Tipp

**말하기 실전 전략!!**
말하기 시험 때 되도록 여러 표현을 쓰는 것이 좋습니다. Teil2 특성상 "나 그때 시간 없어"라는 표현을 많이 하는데, 이 때 유사 표현을 많이 알아두시면 높은 점수를 받으실 수 있습니다.

z.B.) Da habe ich leider keine Zeit.
= Da habe ich schon etwas vor.
= Da kann ich leider nicht.

## 012 ★★★

**wären**
(sein의 접속법2식)

wie wäre es mit......?

① 제안할 때
② 공손한 표현
③ 비현실적인 표현

~하는 거 어때?

Wann wollen wir ein Geburtstagsgeschenk für Max kaufen gehen?
우리 막스 생일 선물 언제 사러 갈까?

Wie wäre es mit 16 Uhr?
오후 4시 어때?

Was wollen wir heute machen?
우리 오늘 뭐 할까?

Wie wäre es mit Abendessen?
저녁 먹는 거 어때?

## 013 ★★★

**müssen**
*musste, hat gemusst*

| ich muss | wir müssen |
|---|---|
| du musst | ihr müsst |
| er/sie/es muss | sie müssen |
| | Sie müssen |

~해야 한다

Ich muss von 17 bis 19 Uhr Sport machen.
나 (오후) 5시부터 7시까지 운동해야 돼.

Von 10 bis 15 Uhr muss ich arbeiten.
나 (아침) 10시부터 (오후) 3시까지 일해야 해.

**Tipp**
"von....bis" 시간적 뿐만 아니라 공간적으로도 쓰입니다.
z.B.) Ich arbeite von 8 bis 11 Uhr.
나는 8시부터 11시까지 일한다.
z.B.) Der Zug fährt von Frankfurt bis Berlin.
그 기차는 프랑크푸르트부터 베를린까지 운행한다.

von (전치사)
bis (전치사)
von...bis

~부터
~까지
~부터 ~까지

## 014 ★★★

**etw¹ passt jm³**
*passte, hat gepasst*

(옷, 상황 따위가)
~이 ~에게 맞다

Wollen wir um dreizehn Uhr ins Museum gehen?
우리 오후 한 시에 박물관에 갈까?

Ja, das passt mir gut.
응, 그 시간 나한테 괜찮아.

**Tipp**
Ja, das passt mir gut.
= Ja, gerne.
= Ja, das ist in Ordnung.
= Ja, das geht.

## 015 ★★★

**sich⁴ an | hören**
*hörte sich an,*
*hat sich angehört*

~하게 들리다

Das hört sich ja nicht so toll an.
그거 그렇게 멋지게 들리진 않아.

Ist das nicht eher langweilig?
그거 오히려 지루하지 않을까?

eher

오히려

Das hört sich echt gut an.
그거 정말 괜찮게 들린다. (그거 정말 괜찮다.)

## 016 ★★★

**wiederholen**
*wiederholte, hat wiederholt*

되풀이하다,
반복하다

Können Sie das bitte wiederholen?
다시 한번 말해주시겠어요?

bitte

(부탁 혹은 요구에
덧붙여서) 부디, 좀

**Tipp**
상대방이 말한 것을 잘 이해 못했을 때 쓰는 공손한 표현:
Wie bitte? 다시 한번 말씀해 주시겠어요?
Tut mir leid, ich habe Sie nicht verstanden.
죄송해요. 저 무슨 말씀하셨는지 이해를 못했어요.

verstehen (jn⁴/etw⁴)
*verstand, hat verstanden*

(~을/를) 이해하다

die Wiederholung, -en

반복, 되풀이

## 017 ★★★

**es tut jm³ leid**
*tat, hat getan*

미안해하다

Hast du um 13 Uhr Zeit?
너 오후 1시에 시간 있어?

Tut mir leid, da kann ich leider nicht.
Ich habe einen Termin beim Arzt .
미안해. 그때 나 아쉽게도 안돼.
나 병원 예약이 있어.
=Entschuldigung,
da kann ich leider nicht.

## 019 ★★★

**für etw⁴ sein**
*war, ist gewesen*

| ich bin | wir sind |
|---|---|
| du bist | ihr seid |
| er/sie/es ist | sie sind |
| | Sie sind |

der Plan
*die Pläne*
der Erfolg, -e
bestimmt

~에 찬성하다

Ich bin für den Plan.
나는 이 계획에 찬성한다.

Wir werden bestimmt einen großen Erfolg haben.
우리는 분명히 크게 성공할 것이다.

Ich bin dafür.
나는 그것에 찬성한다.

계획

성공
분명히

## 020 ★★★

**gegen etw⁴ sein**
*war, ist gewesen*

das Projekt, -e
interessant

~에 반대하다

Warum bist du gegen das Projekt?
너는 왜 그 프로젝트에 반대해?

Das kann interessant sein.
그거 흥미로울 수 있어.

프로젝트
흥미로운

## 021 ★★★

**später**

이따가

Dann sehen wir uns um 17 Uhr vor deiner Wohnung.
그러면 우리 오후 5시에 너의 집 앞에서 보자.
=Dann treffen wir uns um 17 Uhr vor deiner Wohnung.
(= 그러면 우리 오후 5시에 너의 집 앞에서 만나자.)

Alles klar.
알겠어.

Bis später.
이따가 봐.

# TAG 30 Aufgaben

◎ 다음 문제를 읽고 파트너와 함께 이야기하시오. (한 사람당 3-4분)

**Aufgabenblatt A**

Max hat bald Geburtstag.
Sie wollen zusammen ein Geburtstagsgeschenk für ihn kaufen. Wann haben Sie beide Zeit? Finden Sie einen gemeinsamen Termin. Machen Sie Vorschläge.

**Donnerstag**                      **02. Juni**

|  | |
|---|---|
| 7:00 | |
| 8:00 | |
| 9:00 | Deutschkurs (bis 10 Uhr) |
| 10:00 | |
| 11:00 | Mittagessen mit Freunden |
| 12:00 | |
| 13:00 | |
| 14:00 | |
| 15:00 | Kino mit Max |
| 16:00 | Schwimmen |
| 17:00 | |
| 18:00 | Ausflug |

# TAG 30 Aufgaben

◎ 다음 문제를 읽고 파트너와 함께 이야기하시오. (한 사람당 3-4분)

**Aufgabenblatt B**

Max hat bald Geburtstag.
Sie wollen zusammen ein Geburtstagsgeschenk für ihn kaufen. Wann haben Sie beide Zeit? Finden Sie einen gemeinsamen Termin. Machen Sie Vorschläge.

**Donnerstag**  **02. Juni**

|  | |
|---|---|
| 7:00 | Frühstück |
| 8:00 | |
| 9:00 | |
| 10:00 | |
| 11:00 | Arzt |
| 12:00 | |
| 13:00 | Sport |
| 14:00 | Freunde besuchen |
| 15:00 | |
| 16:00 | Englischkurs (bis 17 Uhr) |
| 17:00 | |
| 18:00 | |

# Aufgaben

◎ 모범답안

### <어떤 선물을 살지 이야기 제안하기>

A: Max hat bald Geburtstag. Wollen wir zusammen ein Geschenk für ihn kaufen?

B: Ja, klar. Ich schlage vor, dass wir ein Buch für ihn kaufen.

### <다른 제안하기>

A: Das finde ich nicht so gut. / Das ist keine gute Idee.
Er liest Bücher nicht so gern.
Vielleicht sollten wir ihm lieber einen Stuhl kaufen.

B: Das ist eine gute Idee. / Das finde ich gut.
Wir können auch einen Tisch kaufen.

### <언제 만날지 정하기>

A: Wollen wir uns am 02. Juni treffen?
B: Das ist ein Donnerstag, oder?
A: Ja, genau.
B: Das passt mir.

A: Um wie viel Uhr treffen wir uns?
B: Wollen wir uns um 7 Uhr treffen?
A: Da habe ich schon etwas vor. Da muss ich mit meiner Familie frühstücken. Wollen wir uns um 9 Uhr treffen? Am Vormittag habe ich viel Zeit.
B: Da habe ich leider keine Zeit. Ich muss einen Deutschkurs besuchen. Wollen wir uns lieber um 12 Uhr treffen?

### <일정이 서로 맞을 때>

A: Das passt mir gut. / Das geht. / Da habe ich Zeit.
B: Dann sehen wir uns um 12 Uhr.

# Tag 30

## 쉐도잉 & 핵심표현

독일인이 문장을 천천히 두 번, 보통 속도로 한 번 말해줍니다. 큰 소리로 따라해보세요!

MP3 듣기

★ 독일어 부분을 책갈피로 가리고 한국어만 보고 독일어를 써보세요

| Koreanisch | Deutsch |
|---|---|
| 나는 막스를 위해서 코트 사는 것을 제안해. | Ich schlage vor, dass wir einen Mantel für Max kaufen. |
| 그거 나 좋다고 생각해. | Das finde ich gut. |
| 그 제안 그렇게 좋다고는 생각하지 않아. | Den Vorschlag finde ich nicht so gut. |
| 그거 좋은 생각이다. | Das ist eine gute Idee. |
| 그거 정말 멋진 생각이다! | Das ist wirklich eine tolle Idee! |
| 나 잘 모르겠어. 차라리 핸드폰 사는 게 좋을 거 같아. | Ich weiß nicht. Vielleicht sollten wir lieber ein Handy kaufen. |
| 나는 우리가 리사를 위해 꽃을 사면 좋을 것 같아. | Ich finde es besser, wenn wir Blumen für Lisa kaufen. |
| 그거는 그렇게 좋은 생각이라고 생각하지 않아. 나는 다른 아이디어가 있어. | Das finde ich nicht gut. Ich habe eine andere Idee. |
| 우리 차라리 막스한테 책 한 권 사줄까? | Wollen wir lieber ein Buch für Max kaufen? |
| 나 (오후) 5시부터 7시까지 운동해야 돼. | Ich muss von 17 bis 19 Uhr Sport machen. |
| 나 (아침) 10시부터 (오후) 3시까지 일해야 해. | Von 10 bis 15 Uhr muss ich arbeiten. |
| 그거 그렇게 멋지게 들리진 않아. | Das hört sich ja nicht so toll an. |
| 그거 정말 괜찮게 들린다. (그거 정말 괜찮다.) | Das hört sich echt gut an. |
| 미안한데 다시 한 번 말해주시겠어요? | Können Sie das bitte wiederholen? |

# Tag 31

## 불규칙동사 과거형 모음
현재완료형 (haben+p.p),
과거형 ①

„ *Zu Hause ist es am schönsten.* "

집이 제일 좋아.

**불규칙 과거형** 동사가 움직임을 나타내지 않을 때에는 현재완료형에서 haben +p.p 의 형태를 사용합니다.

# Tag 31

## 불규칙동사 과거형 모음
### 현재완료형 (haben+p.p), 과거형 ①

독일인이 모든 단어를 한번씩 읽어주고, 예문은 천천히 한 번, 보통 속도로 한 번 읽어줍니다.

MP3 듣기

### 불규칙동사 과거형 모음 〈움직임을 나타내지 않는 동사〉

☐ 001 ★★★

**an | rufen (jn⁴)**
rief...an (jn⁴),
hat angerufen (jn⁴)

(~에게)
전화를 걸다

Du kannst mich jederzeit anrufen.
너 나한테 언제든지 전화해도 괜찮아.

Ich rief meinen Freund an.
나는 나의 친구에게 전화를 했다.

**der Anruf, -e**
**jederzeit**

전화(통화)
언제든지, 언제나

Mein Vater hat
meinen Lehrer angerufen.
나의 아빠는
나의 선생님에게 전화를 했다.

**ärztlich**

의사의, 의료의

**der Notdienst**

비상근무

In dringenden Fällen
rufen Sie bitte
den ärztlichen Notdienst an.
긴급한 상황에는
의료 응급 서비스에 연락주세요.

**der Fall**
*die Fälle*
**dringend**
**in dringenden Fällen**

① 경우 ② 사례, 사건
긴급한
긴급한 상황에

### Tipp

① 한국어로는 "~에게 전화를 하다"라고 표현을 하지만 독일에서는 목적어에 4격을 써서 "~을 전화하다"라고 표현합니다.

② "anrufen" 은 전화를 걸다, 전화를 하다 라는 표현이지만 "통화를 한다"라는 표현은 "telefonieren (mit jm³)" 입니다.
z.B.) Ich rufe ihn an.
　　나는 그에게 전화를 한다.
　　Ich telefoniere mit ihm.
　　나는 그와 통화를 한다.

## 002 ★★★

**an | sehen** (jn⁴/etw⁴)
sah...an (jn⁴/etw⁴),
hat angesehen (jn⁴/etw⁴)

| ich sehe...an | wir sehen...an |
|---|---|
| du siehst...an | ihr seht...an |
| er/sie/es sieht...an | sie sehen...an / Sie sehen....an |

(~을) 바라보다, 주시하다

Der Mann sieht den süßen Hund an.
그 남자는 그 귀여운 강아지를 가까이서 본다.

Die Frau sah mich an und lächelte.
그 여자는 나를 쳐다보고 미소를 지었다.

Der Mann hat den großen Affen angesehen.
그 남자는 그 큰 원숭이를
가까이서 봤다.

der Affe, -n — 원숭이

## 003 ★★★

**sich⁴ an | ziehen**
zog sich an,
hat sich angezogen

입다

Ich ziehe mich warm an.
나는 옷을 따뜻하게 입는다.

Viele Leute zogen sich warm an.
많은 사람들은 따뜻하게 옷을 입었다.

warm — 따뜻한

Das Mädchen hat sich warm angezogen, da es sehr kalt war.
그 소녀는 따뜻하게 옷을 입었다.
왜냐하면 아주 추웠기 때문이다.

an | ziehen — 마음을 끌다
die Messe, -n — 박람회
die Buchmesse, -n — 책 박람회, 도서전

Die Buchmesse hat wieder zahlreiche Besucher angezogen.
그 도서박람회는 다시
수많은 방문자를 끌어들였다.

die Zahl, -en — 숫자
zahlreich — 수많은

### Tipp

만약에 옷을 입다 "sich anziehen" 동사를 목적어와 함께 쓰면 재귀대명사는 4격에서 3격으로 바뀝니다.

z.B.) Ich ziehe mich an.
나는 옷을 입는다.

Ich ziehe mir eine Jacke an.
나는 그 자켓을 입는다.

(복합명사) das Buch (책) + die Messe (박람회)
= die Buchmesse (책박람회)

## ☐ 004 ★★★

**auf | geben** (etw⁴)
gab...auf (etw⁴),
hat aufgegeben (etw⁴)

| ich gebe...auf | wir geben...auf |
|---|---|
| du gibst...auf | ihr gebt...auf |
| er/sie/es gibt...auf | sie geben...auf |
| | Sie geben...auf |

der Traum
*die Träume*

das Ziel, -e
der Plan
*die Pläne*

(~을) 포기하다

꿈

목표
계획

Viele Studenten geben ihren Traum auf.
많은 대학생들은 자신의 꿈을 포기한다.

Manche Studenten gaben ihr Ziel auf.
몇몇 대학생들은 자신의 목표를 포기했다.

Die meisten Studenten haben ihren Plan aufgegeben.
대부분의 대학생들은 자신의 계획을 포기했다.

### 패턴 & 어휘 ⭐

① das Spiel 경기, der Kampf 전투
② das Rauchen 담배, der Alkohol 술
③ die Hoffnung 희망, die Karriere 경력

① Ich gebe das Spiel / den Kampf auf.
   나는 그 경기를 / 그 전투를 포기한다.
② Ich gebe das Rauchen / den Alkohol auf.
   나는 담배를 / 술을 포기한다.
③ Ich gebe die Hoffnung / meine Karriere auf.
   나는 희망을 / 경력을 포기한다.

## ☐ 005 ★★★

**aus | geben**
gab...aus,
hat ausgegeben

| ich gebe...aus | wir geben...aus |
|---|---|
| du gibst...aus | ihr gebt...aus |
| er/sie/es gibt...aus | sie geben...aus |
| | Sie geben...aus |

die Ausgabe, -n
für⁴ (전치사)

지출하다,
돈을 내다

지출, 비용
~을 위해서

Der reiche Mann gibt immer viel Geld aus.
그 돈이 많은 남자는 항상 많은 돈을 지출한다.

Mein Sohn gab viel Geld für die Reise aus.
나의 아들은 여행하는 데 많은 돈을 지출했다.

Mein kleiner Bruder hat nur wenig Geld für Bücher ausgegeben.
나의 남동생은 책 사는 데는 돈을 조금만 지출했다.
(직역: 책을 위해서는)

### Tipp

"ausgeben" 이라는 동사 자체가 "돈을 지출하다"라는 뜻이기 때문에 돈이라는 명사를 쓰지 않고 표현하기도 합니다.
z.B.) Hast du im letzten Monat viel ausgegeben?
      너 지난달에 돈 많이 지출했어?

## 006 ★★★

**aus | leihen**
(jm³ etw⁴)

(~에게 ~을)
빌려주다

Der Student leiht in der Bibliothek einen Roman aus.
그 대학생은 도서관에서 소설책을 빌린다.

**aus | leihen (etw⁴)**
lieh...aus (etw⁴),
hat ausgeliehen (etw⁴)

(~을) 빌리다

Die Touristen liehen ein Fahrrad aus.
그 여행객들은 자전거 한 대를 빌렸다.

Ich habe meiner kleinen Schwester mein Kleid ausgeliehen.
나는 나의 여동생에게 나의 원피스를 빌려주었다

die Bibliothek, -en
das Kleid, -er

도서관
① 옷 ② 원피스

### 패턴 & 어휘 ⭐

① der Laptop 노트북, der Kopfhörer 이어폰
② der Stift 펜, die Schere 가위

① Ich leihe den Laptop / die Kopfhörer aus.
나는 그 노트북을 / 그 이어폰을 빌린다. (복수형으로 쓰임)
② Ich leihe den Stift / die Schere aus.
나는 그 펜을 / 그 가위를 빌린다.

---

## 007 ★★★

**aus | sehen**
sah...aus,
hat ausgesehen

| ich sehe...aus | wir sehen...aus |
|---|---|
| du siehst...aus | ihr seht...aus |
| er/sie/es sieht...aus | sie sehen...aus |
| | Sie sehen...aus |

~처럼 보이다

Der Junge sieht gut aus.
Er ist bei vielen Mädchen sehr beliebt.
그 소년은 잘생겼다.
그는 많은 소녀들에게 인기가 아주 많다.

Mein Vater sah müde aus.
나의 아빠는 피곤해 보였다.

Der Verkäufer hat böse ausgesehen.
그 판매원은 화나 보였다.

böse
beliebt

① 화난 ② 나쁜
인기가 있는

### 패턴 & 어휘 ⭐

① traurig 슬픈, glücklich 행복한 (Gefühl 기분)
② müde 피곤한, erschöpft 지친, krank 아픈, gesund 건강한 (Zustand 상태)
③ gut 잘, hübsch 귀여운 (Aussehen 외모)

① Du siehst müde / erschöpft / krank / gesund aus.
너 피곤해 / 지쳐 / 아파 / 건강해 보여.
② Du siehst traurig / glücklich aus. 너 슬퍼 / 행복해 보여.
③ Du siehst gut aus. 너 잘생겼어.
   Du siehst hübsch aus 너 귀여워 보여.

☐ 008 ★★★

**beginnen**
begann,
hat begonnen

die Veranstaltung, -en
der Film, -e
die Uhr, -en

der Beginn
enden
*endete, hat geendet*
das Ende

시작하다

행사
영화
① 시간 ② 시계

시작
끝나다

끝

Der Unterricht beginnt um 7 Uhr und endet um 15 Uhr.
그 수업은 7시에 시작하고 오후 3시에 끝난다.

Die Veranstaltung begann gegen 14 Uhr.
그 행사는 오후 2시쯤에 시작했다.

Der Film hat um 10 Uhr begonnen.
그 영화는 10시에 시작했다.

### Tipp
정확한 시간을 말할 때에는 전치사 "um"을 쓰고
대략적인 시간을 말할 때에는 전치사 "gegen"을 씁니다.

### 패턴& 어휘
① die Vorlesung 대학수업, der Unterricht 수업
② das Semester 학기, der Urlaub 휴가,
③ die Ferien 방학 (복수형)

① Die Vorlesung / Der Unterricht beginnt.
  그 강의는(대학수업) / 그 수업은 시작한다.
② Das Semester / Der Urlaub beginnt.
  그 학기는 / 그 휴가는 시작한다.
③ Die Ferien beginnen.
  방학은 시작한다.

## 009 ★★★

**bekommen**
(etw⁴)
bekam (etw⁴),
hat bekommen (etw⁴)

schwanger

(~을) 얻다, 받다

임신한

Lisa ist schwanger.
Sie bekommt im Juni ein Kind.
리사는 임산부이다.
그녀는 6월에 아기를 낳는다.

Meine Mutter bekam einen Brief von der Schule.
나의 엄마는 학교로부터 편지 한 통을 받았다.

Ich habe einen Laptop zu meinem Geburtstag bekommen.
나는 내 생일에 노트북을 받았다.

**패턴 & 어휘** ⭐

① die Note 성적, das Geschenk 선물
② die Aufmerksamkeit 관심, die Post 우편
① Ich bekomme meine Noten / ein Geschenk
   나는 점수를 / 선물을 받는다.
② Ich bekomme Aufmerksamkeit / Post
   (ohne Artikel 관사 없이).
   나는 관심을 / 우편을 받는다.

## 010 ★★★

**beschreiben**
(jn⁴/etw⁴)
beschrieb (jn⁴/etw⁴),
hat beschrieben
(jn⁴/etw⁴)

der Weg, -e
die Situation, -en
ausführlich
die Beschreibung, -en

(~을/를)
묘사하다

길
상황, 상태
상세하게
묘사, 설명

Stephan beschreibt,
wie seine Freundin aussieht.
슈테판은 자신의 여자친구가
어떻게 생겼는지 묘사한다.

Der nette Mann beschrieb der Frau den Weg zur Apotheke.
그 친절한 남자는 그 여자에게
약국으로 가는 길을 알려줬다.

Mein kleiner Sohn hat die Situation ausführlich beschrieben.
나의 작은 아들은 그 상황을
상세하게 묘사했다.

**패턴 & 어휘** ⭐

① die Person 인물, die Situation 상황, der Weg 길
② das Bild 그림, das Foto 사진

Ich beschreibe die Person / die Situation 상황 / den Weg 길.
나는 그 인물을 / 상황을 / 길을 묘사한다.
Ich habe das Bild / das Foto beschrieben.
나는 그 그림을 / 그 사진을 묘사했다.

## 011 ★★★

**besitzen** (etw⁴)
besaß (etw⁴),
hat besessen (etw⁴)

| | | |
|---|---|---|
| | (~을) 소유하다, 가지고 있다 | Der reiche Mann besitzt viele Häuser.<br>그 부유한 남자는 많은 집을 소유하고 있다.<br><br>Der Deutsche besaß viele Autos.<br>그 독일인은 많은 차를 소유하고 있었다. |
| der Besitz<br>der Besitzer, - | 소유, 소유물<br>소유자, 주인 | Mein Großvater hat viele Bücher besessen.<br>나의 할아버지는 많은 책들을 소유하고 있었다. |

## 012 ★★

**beweisen**
bewies,
hat bewiesen

| | | |
|---|---|---|
| | 증명하다 | Kannst du beweisen,<br>dass ich Luisa gedatet habe?<br>너 내가 루이사랑 데이트했다는 것을 증명할 수 있어? |
| der Anwalt<br>*die Anwälte*<br>unschuldig<br><br>↔ schuldig | 변호사<br><br>죄가 없는,<br>잘못이 없는<br>유죄인, 죄가 있는 | Meine Anwältin bewies,<br>dass ich unschuldig bin.<br>나의 여변호사는<br>내가 무죄임을 증명했다. |
| der Beweis, -e<br>recht<br><br>daten<br>*datete, hat gedatet*<br>die Schuld | 증거, 증명<br>① 올바른, 옳은<br>② 공정한<br><br>데이트하다<br><br>죄 | Ich habe bewiesen,<br>dass ich recht hatte.<br>나는 내가 옳았다는 것을 증명하였다.<br><br>Hast du einen Beweis,<br>dass ich gelogen habe?<br>너 내가 거짓말했다는 증거 있어? |

### 패턴 & 어휘 ⭐
① die Schuld 죄, die Unschuld 무죄
② der Mord 살인

① Ich kann deine Schuld / meine Unschuld beweisen.
　나는 너의 죄를 / 나의 무죄를 입증할 수 있다.
② Ich kann den Mord beweisen.
　나는 그 살인을 입증할 수 있다.

## ☐ 013 ★★★

**sich⁴ bewerben**
**(bei etw³ um etw⁴)**
sich bewarb
(bei etw³ um etw⁴),
hat sich beworben
(bei etw³ um etw⁴)

| ich bewerbe mich | wir bewerben uns |
|---|---|
| du bewirbst dich | ihr bewerbt euch |
| er/sie/es bewirbt sich | sie bewerben sich |
| | Sie bewerben sich |

das Stipendium
*die Stipendien*
die Stelle, -n
die Bewerbung, -en
der Abschluss
*die Abschlüsse*

(~에 ~을) 지원하다

장학금

① 일자리 ② 자리
지원
① 졸업
② 종료, 종결

Der Student bewirbt sich bei der Humboldt-Universität um ein Stipendium.
그 대학생은 훔볼트 대학교에 장학금을 신청한다.

Viele Studenten bewarben sich bei BMW um eine Stelle.
많은 대학생들이 BMW에 일자리를 지원했다.

Ich habe mich nach dem Abschluss bei Samsung beworben.
나는 졸업을 한 후 삼성에 지원을 했다.

### 패턴 & 어휘 ⭐

das Praktikum 인턴, der Job 일,
das Stipendium 장학금,
die Firma 회사, Unternehmen 기업

Ich bewerbe mich um ein Praktikum / ein Stipendium.
나는 인턴을 / 장학금을 지원한다.

Ich bewerbe mich bei der Firma / dem Unternehmen.
나는 회사에 / 기업에 지원한다.

## ☐ 014 ★★★

**bitten**
**(jn⁴ um etw⁴)**
bat (jn⁴ um etw⁴),
hat gebeten
(jn⁴ um etw⁴)

der Nachbar, -n
die Hilfe
der Kunde, -n

die Aufmerksamkeit, -en
das Verständnis, -se
bitte

(~에게 ~을)
부탁하다, 요청하다

이웃
도움
고객

주의, 주목
이해, 이해심
① (상대방의 감사에)
천만에요
② (부탁, 요구에)
좀, 부디

Ich bitte meinen Nachbarn oft um Hilfe.
나는 나의 이웃에게 자주 도움을 요청한다.

Der Verkäufer bat seinen Kunden um Verständnis.
그 판매원은 고객에게 이해해 줄 것을 부탁하였다.

Der Lehrer hat seine Schüler um Aufmerksamkeit gebeten.
그 선생님은 자신의 학생들에게 주의를 기울여 줄 것을 부탁했다.

### 패턴 & 어휘 ⭐

① die Entschuldigung 용서 ② die Geduld 인내

① Ich bitte dich um Entschuldigung.
나는 너에게 용서를 빈다.

② Ich bitte dich um Geduld.
나는 너에게 인내해 줄 것을 부탁한다.

*명사 앞에 관사를 붙이지 않습니다.

# TAG 31 Aufgaben

◎ 다음 단어 및 문장의 뜻을 독일어로 쓰시오. (명사의 경우 관사도 함께)

1. (~에게 ~을) 부탁하다, 요청하다 :      2. 나의 친구는 나에게 자주 도움을 요청했다 (현재완료형):

3. (~에 ~을) 지원하다 :      4. 나는 보쉬에 지원한다 :

5. 시작하다 : 현재형 (           ) 과거형 (           ) 현재완료형 (           )

6. 그 수업은 7시에 시작하고 오후 3시에 끝난다.

    Der Unterricht_____um 7 Uhr und _____ um 15 Uhr. (현재형)

7. 그 행사는 오후 2시쯤에 시작했다.

    Die Veranstaltung _____ _____14 Uhr. (과거형)

8. 그 영화는 10시에 시작했다.

    Der Film_____um 10 Uhr_____. (현재완료형)

9. (~을) 얻다, 받다 : 현재형 (           ) 과거형 (           ) 현재완료형 (           )

10. 리사는 임산부이다. 그녀는 6월에 아기를 낳는다.

    Lisa ist_____. Sie_____im Juni ein Kind. (현재형)

11. 나의 엄마는 학교로부터 편지 한 통을 받았다.

    Meine Mutter_____einen Brief_____Schule. (과거형)

12. 나는 내 생일에 노트북을 받았다.

    Ich_____einen Laptop_____meinem Geburtstag_____.

**Lösungen :** 1. bitten(jn⁴ um etw⁴) 2. Mein Freund hat mich oft um Hilfe gebeten
3. (bei etw³ um etw⁴) sich bewerben 4. Ich habe mich bei Bosch um ein Praktium beworben.
5. beginnen / began / hat, begonnen 6. beginnt, endet 7. begann 8. hat, begonnen
9. bekommen / bekam / hat bekommen 10. Schwanger, bekommt 11. bekam, von der
12. habe, zu, bekommen

# Tag 31

## 쉐도잉 & 핵심표현

> 독일어 부분을 책갈피로 가리고
> 한국어만 보고 독일어를 써보세요

| Koreanisch | Deutsch |
|---|---|
| 너 나한테 언제든지 전화해도 괜찮아. | Du kannst mich jederzeit anrufen. |
| 나의 아빠는 나의 선생님에게 전화를 했다. | Mein Vater hat meinen Lehrer angerufen. |
| 많은 대학생들은 자신의 꿈을 포기한다. | Viele Studenten geben ihren Traum auf. |
| 대부분의 대학생들은 자신의 계획을 포기했다. | Die meisten Studenten haben ihren Plan aufgegeben. |
| 그 대학생은 도서관에서 소설책을 빌린다. | Der Student leiht in der Bibliothek einen Roman aus. |
| 나는 내 여동생에게 내 원피스를 빌려주었다. | Ich habe meiner kleinen Schwester mein Kleid ausgeliehen. |
| 그 수업은 7시에 시작하고 오후 3시에 끝난다. | Der Unterricht beginnt um 7 Uhr und endet um 15 Uhr. |
| 그 영화는 10시에 시작했다. | Der Film hat um 10 Uhr begonnen. |
| 나는 나의 이웃에 자주 도움을 요청한다. | Ich bitte oft meinen Nachbarn um Hilfe. |
| 그 선생님은 자신의 학생들에게 주의를 기울여줄 것을 부탁했다. | Der Lehrer hat seine Studenten um Aufmerksamkeit gebeten. |

### 메모

# Tag 31

## 배운 내용으로 대화 하기

남자독일인과 여자독일인의 귀에 쏙쏙 들어오는 음성을 들어보세요

MP3 듣기

### Ich habe gestern den ganzen Tag gelernt.

**Max**: 너 어제 뭐 했어? 나 너한테 2번 전화했어.
Was hast du gestern gemacht? Ich habe dich zweimal angerufen.

**Lisa**: 미안해, 나 굉장히 바빴어. 나 어제 하루 종일 공부했어.
Entschuldigung, ich war sehr beschäftigt. Ich habe gestern den ganzen Tag gelernt.

**Max**: 정말? 너 왜 그렇게 많이 공부 했어야 했어?
Wirklich? Warum musstest du so viel lernen?

**Lisa**: 나 다음 달에 독일 가. 나 부지런히 독일어 공부해야 해.
Ich fliege nächsten Monat nach Deutschland. Ich muss fleißig Deutsch lernen.

**Max**: 와우, 나 독일어 공부 포기했어. 독일어는 나에게 너무 어려웠어.
Wow, ich habe das Deutschlernen aufgegeben. Es war viel zu schwierig für mich.

**Lisa**: 정말? 너무 아쉽다. 독일어는 진짜 어려워. 그런데 (독일어 공부하는 거) 나는 정말 재밌어.
Echt? Wie schade. Deutsch ist wirklich schwer, aber es macht mir viel Spaß.

**Max**: 너 또 뭐했어?
Was hast du noch gemacht?

**Lisa**: 나 책 몇 권을 도서관에서 빌렸어.
Ich habe ein paar Bücher in der Bibliothek ausgeliehen.

---

 설명

(패턴식 표현)

nächste Woche 다음주에 / nächsten Monat 다음달에 / nächstes Jahr 내년에

Ich fliege nächste Woche nach Deutschland. 나는 다음 주에 독일에 간다.
Ich fliege nächsten Monat nach Deutschland. 나는 다음 달에 독일에 간다.
Ich fliege nächstes Jahr nach Deutschland. 나는 내년에 독일에 간다.

313

# Tag 32

## 불규칙동사 과거형 모음
### 현재완료형(haben + p.p), 과거형 ②

„ *Ich weiß, wie viel Mühe du dir gibst.*
*Ich bin stolz auf dich.* "

나는 네가 얼마나 노력하는지 알아.
나는 네가 자랑스러워.

# Tag 32

## 불규칙동사 과거형 모음
### 현재완료형(haben + p.p), 과거형 ②

독일인이 모든 단어를 한번씩 읽어주고, 예문은 천천히 한 번, 보통 속도로 한 번 읽어줍니다.

MP3 듣기

---

☐ 001 ★★★

**bringen (jm³ etw⁴)**
brachte (jm³ etw⁴),
hat gebracht (jm³ etw⁴)

(~에게 ~을)
가져다주다

Meine Mutter bringt mir ein Glas Milch.
나의 엄마는 나에게 우유 한 잔을 가져다준다.

der Tee, -s
die Cola, -s
das Glas
*die Gläser*

(마시는) 차
콜라
유리잔

Stephan brachte mir eine Tasse Tee.
슈테판은 나에게 차 한 잔을 가져다주었다.

Der Kellner hat mir eine Flasche Cola gebracht.
그 웨이터는 나에게 콜라 한 병을 가져다주었다.

die Tasse, -n
die Flasche, -n

찻잔, 커피잔
(마시는) 병

---

☐ 002 ★★★

① **denken**
② **denken**
　　**(an jn⁴/etw⁴)**
dachte (an jn⁴/etw⁴)
hat gedacht (an jn⁴/etw⁴)

(추측성) 생각하다
(~을/를) 기억하다,
생각하다

Ich denke, dass viele Leute heutzutage zu viel Zeit mit dem Handy verbringen.
나는 많은 사람들이 오늘날 너무 많은 시간을 핸드폰으로 보낸다고 생각한다.

heutzutage
gemütlich
= bequem
der Gedanke, -n

오늘날
편안한, 안락한

생각

Ich dachte, dass das Meeting um 9 Uhr ist.
나는 미팅이 아침 9시인 줄 알았다.

Ich habe gedacht, dass das Leben in Deutschland viel schöner und gemütlicher ist.
나는 독일에서의 삶이 훨씬 더 좋고 더 편안할 거라고 생각했다.

☐ 003 ★★★

### ein | laden
(jn⁴ zu etw³)
lud...ein (jn⁴ zu etw³),
hat eingeladen (jn⁴ zu etw³)

| ich lade...ein | wir laden...ein |
|---|---|
| du lädst...ein | ihr ladet...ein |
| er/sie/es lädt...ein | sie laden...ein |
| | Sie laden... ein |

der Geburtstag, -e
die Geburtstagsparty, -s
die Einladung, -en

(~을 ~에)
초대하다

생일
생일파티
초대, 초대장

Mein Sohn lädt seine Freunde zum Abendessen ein.
나의 아들은 자신의 친구들을 저녁식사에 초대한다.

Meine Tochter lud ihre Freundinnen zum Essen ein.
나의 딸은 자신의 (여자인) 친구들을 식사에 초대했다.

Ich habe meine Freunde zu meiner Geburtstagsparty eingeladen.
나는 나의 친구들을 내 생일파티에 초대했다.

☐ 004 ★★★

### empfehlen
(jm³ etw⁴)
empfahl (jm³ etw⁴),
hat empfohlen (jm³ etw⁴)

| ich empfehle | wir empfehlen |
|---|---|
| du empfiehlst | ihr empfehlt |
| er/sie/es empfiehlt | sie empfehlen |
| | Sie empfehlen |

die Empfehlung, -en
empfehlenswert
günstig

(~에게 ~을)
추천하다

추천, 권유
추천할 만한
저렴한

Der Verkäufer empfiehlt mir eine größere Jacke.
그 판매원은 나에게 더 큰 재킷을 추천한다.

Die Verkäuferin empfahl ihm eine kleinere Hose.
그 여판매원은 그에게 더 작은 바지를 추천했다.

Ich habe ihr eine günstigere Tasche empfohlen.
나는 그녀에게 더 저렴한 가방을 추천했다.

## 005 ★★★

**erfahren**
erfuhr,
hat erfahren

| ich erfahre | wir erfahren |
|---|---|
| du erfährst | ihr erfahrt |
| er/sie/es erfährt | sie erfahren |
| | Sie erfahren |

der Mensch, -en
andere Menschen
der Dolmetscher, -
die Erfahrung, -en

① 경험하다
② 알게 되다

사람
다른 사람들
통역사
경험

Ich wollte reisen, um zu erfahren, wie andere Menschen leben.
나는 다른 사람들이 어떻게 사는지 알기 위해 여행하려고 했다.

Ich erfuhr, dass er nicht mehr in Berlin wohnt.
나는 그가 더이상 베를린에 살지 않는다는 것을 알게 되었다.

Ich habe erfahren, dass Max zurzeit als Dolmetscher arbeitet und viel Geld verdient.
나는 막스가 요즘 통역사로 일하고 돈을 많이 번다는 것을 알게 되었다.

## 006 ★★★

**essen (etw⁴)**
aß (etw⁴)
hat gegessen (etw⁴)

| ich esse | wir essen |
|---|---|
| du isst | ihr esst |
| er/sie/es isst | sie essen |
| | Sie essen |

normalerweise
das Lieblingsessen
das Essen

(~을) 먹다

보통
가장 좋아하는 음식
음식, 식사

Ich habe am Morgen meistens nicht so viel Zeit, deshalb esse ich nur ein Brötchen oder gar nichts.
나는 아침에 대부분 시간이 그렇게 많지 않다. 그렇기 때문에 나는 빵 하나만 먹거나 아예 먹지 않는다.

Nach der Schule hatte ich immer Hunger und aß oft mit meinen Freunden einen Döner.
학교가 끝난 후 나는 항상 배가 고팠고 내 친구들과 자주 케밥을 먹었다.

Nach der Prüfung habe ich oft mein Lieblingsessen gegessen.
시험이 끝난 후 나는 자주 내가 가장 좋아하는 음식을 먹었다.

## 007 ★★

**erkennen (jn⁴/etw⁴)**
erkannte (jn⁴/etw⁴),
hat erkannt (jn⁴/etw⁴)

die Frisur
weil (접속사)
ehemalig

(~을) 인지하다, 알아차리다

헤어스타일
왜냐하면
이전의, 옛적의

Ich kann durch diese Brille gar nichts erkennen.
나는 이 안경으로 전혀 아무것도 알아차리지 못한다.

Der Student erkannte seinen ehemaligen Lehrer im Fernsehen.
그 대학생은 자신의 예전 선생님을 텔레비전에서 알아보았다.

Ich habe Max nicht erkannt, weil er eine neue Frisur hatte.
나는 막스를 알아보지 못했다. 왜냐하면 그는 새로운 헤어스타일을 했기 때문이다.

### 패턴 & 어휘 ⭐

das Problem 문제, der Fehler 실수, das Talent 재능

Ich habe das Problem / den Fehler erkannt.
나는 그 문제를/ 그 실수를 인지하였다.

Ich habe sein Talent erkannt.
나는 그의 재능을 알아보았다.

## 008 ★★★

**fern | sehen**
sah...fern
hat ferngesehen

| ich sehe...fern | wir sehen...fern |
|---|---|
| du siehst...fern | ihr seht...fern |
| er/sie/es sieht...fern | sie sehen...fern / Sie sehen...fern |

TV를 보다

Viele Leute sehen heutzutage nicht mehr so viel fern, weil sie Youtube-Videos schauen.
많은 사람들은 오늘날 더이상 텔레비전을 보지 않는다. 왜냐하면 유튜브 영상들을 보기 때문이다.

Meine Großmutter sah am Wochenende zu Hause viel fern.
나의 할머니는 주말에 집에서 텔레비전을 많이 보았다.

Mein Kind hat nach dem Unterricht viel ferngesehen.
나의 아이는 수업이 끝나고 텔레비전을 많이 보았다.

# TAG 32 Aufgaben

◎ 다음 단어 및 문장의 뜻을 독일어로 쓰시오. (명사의 경우 관사도 함께)

1. 통역사:                              2. 그 남자는 통역사이고 돈을 많이 번다:

3. 보통은:                              4. 추천할 만한:

5. (~을 ~에) 초대하다 : 현재형 (            ) 과거형(           ) 현재완료형 (            )

   6. 나의 아들은 자신의 친구들을 저녁식사에 초대한다.

      Mein Sohn_____seine Freunde_____. (현재형)

   7. 나의 딸은 자신의 (여자인) 친구들을 식사에 초대했다.

      Meine Tochter_____ihre Freundinnen_____ _____.(과거형)

   8. 나는 나의 친구들을 내 생일파티에 초대했다.

      Ich _____ meine Freunde zu meiner Geburtstagsparty_____. (현재완료형)

9. (~에게 ~을) 추천하다 : 현재형 (          ) 과거형(          ) 현재완료형 (           )

   10. 그 판매원은 나에게 더 큰 자켓을 추천한다.

       Der Verkäufer_____mir eine_____Jacke. (현재형)

   11. 그 여판매원은 그에게 더 작은 바지를 추천했다.

       Die Verkäuferin_____ihm eine_____Hose. (과거형)

   12. 나는 그녀에게 더 저렴한 가방을 추천했다.

       Ich_____ihr eine_____Tasche_____. (현재완료형)

---

**Lösungen :** 1. der Dolmetscher 2. Der Mann ist Dolmetscher und verdient viel.
3. normalerweise 4. empfehlenswert 5) ein | laden (jn⁴ zu etw³) / lud...ein / hat, eingeladen
6. lädt, zum Abendessen, ein 7. lud, zum Essen, ein 8. habe, eingeladen
9. empfehlen (jm³ etw⁴) / empfahl / hat, empfohlen 10. empfiehlt, größere 11. empfahl, kleinere

# Tag 32

## 쉐도잉 & 핵심표현

독일인이 문장을 천천히 두 번, 보통 속도로 한 번 말해줍니다. 큰 소리로 따라해보세요!

MP3 듣기

> 독일어 부분을 책갈피로 가리고
> 한국어만 보고 독일어를 써보세요

| Koreanisch | Deutsch |
|---|---|
| ☐ 나의 엄마는 나에게 우유 한 잔을 가져다준다. | Meine Mutter bringt mir ein Glas Milch. |
| ☐ 그 웨이터는 나에게 콜라 한 병을 가져다주었다. | Der Kellner hat mir eine Flasche Cola gebracht. |
| ☐ 나는 많은 사람들이 오늘날 너무 많은 시간을 핸드폰으로 보낸다고 생각한다. | Ich denke, dass viele Leute heutzutage zu viel Zeit mit dem Handy verbringen. |
| ☐ 나는 독일에서의 삶이 훨씬 더 좋고 편안할 줄 알았다. | Ich habe gedacht, dass das Leben in Deutschland viel schöner und gemütlicher ist. |
| ☐ 나의 아들은 자신의 친구들을 저녁식사에 초대한다. | Mein Sohn lädt seine Freunde zum Abendessen ein. |
| ☐ 나는 나의 친구들을 내 생일 파티에 초대했다. | Ich habe meine Freunde zu meiner Geburtstagsparty eingeladen. |
| ☐ 나는 아침에 대부분 시간이 많지 않다. 그렇기 때문에 나는 빵 하나만 먹거나 아예 먹지 않는다. | Ich habe am Morgen meistens nicht so viel Zeit, deshalb esse ich nur ein Brot oder gar nichts. |
| ☐ 시험이 끝난 후 나는 자주 내가 가장 좋아하는 음식을 먹었다. | Nach der Prüfung habe ich oft mein Lieblingsessen gegessen. |
| ☐ 많은 사람들은 오늘날 더 이상 텔레비전을 보지 않는다. 왜냐하면 유튜브 영상들을 보기 때문이다. | Viele Leute sehen heutzutage nicht mehr so viel fern, weil sie Youtube Videos schauen. |
| ☐ 나의 아이는 수업이 끝나고 텔레비전을 많이 보았다. | Mein Kind hat nach dem Unterricht viel ferngesehen. |

# Tag 33

## 불규칙동사 과거형 모음
### 현재완료형(haben + p.p), 과거형 ③

„*Auch heute denke ich an dich.*"

오늘도 너를 생각해.

# Tag 33

## 불규칙동사 과거형 모음
### 현재완료형(haben + p.p), 과거형 ③

독일인이 모든 단어를 한번씩 읽어주고, 예문은 천천히 한 번, 보통 속도로 한 번 읽어줍니다.

MP3 듣기

---

☐ 001 ★★★

**finden** (jn⁴/etw⁴ 형용사)
fand (jn⁴/etw⁴),
hat gefunden (jn⁴/etw⁴)

(~을/를 어떻게) 생각하다

Mein Freund findet immer einen Weg, mich zu überraschen.
내 친구는 항상 나를 놀라게 할 방법을 찾아낸다.

**finden** (etw⁴/jn⁴)

(~을/를) 발견하다

Viele Zuschauer fanden den Film großartig.
많은 관객들은 그 영화를 훌륭하다고 생각했다.

endlich
großartig
der Weg, -e

드디어, 마침내
훌륭한
① 길 ② 방법

Ich habe endlich mein Handy wieder gefunden.
나는 드디어 나의 핸드폰을 다시 찾았다.

**überraschen** (jn⁴/etw⁴)
überraschte, hat überrascht

(~을/를) 놀라게 하다

die Überraschung, -en

놀람, 뜻밖의 일

---

☐ 002 ★★★

**geben** (jm³ etw⁴)
gab (jm³ etw⁴),
hat gegeben (jm³ etw⁴)

(~에게 ~을) 주다

Mein Professor gibt mir einen Tipp, damit ich die Aufgabe lösen kann.
나의 교수님께서는 내가 그 문제를 풀 수 있도록 나에게 팁 하나를 주신다.

| ich gebe | wir geben |
|---|---|
| du gibst | ihr gebt |
| er/sie/es gibt | sie geben |
|  | Sie geben |

Mein Freund gab mir ein Heft.
내 친구는 나에게 공책 한 권을 주었다.

Die Aufgabe war echt schwierig. Mein Freund hat mir einen Hinweis gegeben.
그 문제는 정말 어려웠다. 내 친구는 나에게 힌트를 하나 주었다.

der Tipp, -s
damit (접속사)
der Hinweis, -e

팁, 조언
~하기 위해
힌트, 조언

## 003 ★★★

**etw¹ gefällt jm³**
gefiel,
hat gefallen

der Ohrring, -e
der Ring, -e
der Schmuck

das Gefallen
arrogant

(~이 ~에게)
마음에 들다

귀걸이
반지
보석류, 장식품

좋아함, 마음에 듦
교만한

Der Pullover gefällt ihm bestimmt!
그 스웨터는 분명 그의 마음에 들 거야!

Die Ohrringe und der andere Schmuck gefielen mir sehr gut.
그 귀걸이와 다른 장식품은
나에게 아주 마음에 들었다.

Die Frau hat mir nicht so gut gefallen.
Sie war sehr arrogant.
그 여자는 내 마음에 그렇게 들지 않았다.
그녀는 아주 교만했다.

## 004 ★★★

**genießen**
genoss,
hat genossen

| ich genieße | wir genießen |
| du genießt | ihr genießt |
| er/sie/es genießt | sie genießen |
| | Sie genießen |

der Genuss

즐기다

즐김, 깊은 만족

Es ist wichtig,
das Leben zu genießen.
인생을 즐기는 것은 중요하다.

Ich genoss den Moment mit
meinem Freund und wir lachten viel.
나는 그 순간을 내 친구와 즐겼고
우리는 많이 웃었다.

Das Wetter war gestern sehr schön und
ich habe draußen die Sonne genossen.
어제 날씨가 굉장히 좋았고
나는 밖에서 일광욕을 즐겼다.

Musik hören ist
ein großer Genuss für mich.
음악 듣는 것은
나에게 큰 즐거움이다.

### 패턴 & 어휘

das Essen 음식, die Zeit 시간, die Freizeit 여가 시간,
der Urlaub 휴가, der Moment 순간

Ich habe das Essen / die Zeit / die Freizeit /
den Urlaub / den Moment genossen.
나는 그 음식을 / 그 시간을 / 그 여가 시간을 /
그 휴가를 / 그 순간을 즐겼다.

## ☐ 005 ★★★

**gewinnen (jn⁴/etw⁴)**
gewann (jn⁴/etw⁴),
hat gewonnen (jn⁴/etw⁴)

① 이기다, 승리하다
② (노력하여) 얻다

Die Fußballmannschaft gewinnt bestimmt das Spiel.
그 축구팀은 분명히 그 경기에서 이길 것이다.

Die USA gewannen den Krieg.
미국은 전쟁에서 이겼다.

der Gewinn, -e 이익, 소득
der Gewinner, - 우승자, 수상자
der Krieg, -e 전쟁

Der Schüler hat beim Quiz gewonnen.
그 학생은 퀴즈 대회에서 승리하였다.

praktisch 실용적인, 유용한
das Quiz 퀴즈, 퀴즈 놀이
die Fähigkeit, -en 능력

Mein Praktikum half mir, neue Fähigkeiten zu gewinnen.
나의 인턴십은 나에게 새로운 능력을 얻는 데 도움을 주었다.

> **Tipp**
> 미국은 예외적으로 성이 있는 국가이며 복수형입니다.
> die USA (복수형)
> *기타 성이 있는 국가들: der Iran 이란, die Schweiz 스위스, die Ukraine 우크라이나

## ☐ 006 ★★★

**halten (jn⁴/etw⁴)**
hielt (jn⁴/etw⁴),
hat gehalten (jn⁴/etw⁴)

| ich halte | wir halten |
| du hältst | ihr haltet |
| er/sie/es hält | sie halten |
| | Sie halten |

① 유지하다, 지속하다
② 붙잡다, 잡다

Ich halte immer meine Versprechen.
나는 항상 나의 약속을 지킨다.

Ich hielt die Hand meiner Freundin.
나는 내 여자친구의 손을 잡았다.

Ich habe in der Schule oft Präsentationen gehalten.
나는 자주 학교에서 발표를 했다.

das Versprechen, - 약속
die Präsentation, -en 발표
=der Vortrag
*die Vorträge*

die Haltung, -en

① 태도 ② 자세

> **Tipp**
> "발표하다"라는 표현을 할 때 "halten"이라는 동사를 함께 사용합니다.
> z.B.) Der Student hält eine Präsentation.
> =Der Student hält einen Vortrag.
> 그 학생은 발표를 한다.

## 007 ★★★

**etw¹ hängen**
**hängen (etw⁴)**
hing (etw⁴),
hat gehängt (etw⁴)

| ~이 걸려있다 | Mein Vater hängt das Bild an die Wand. |
| (~을) 걸다 | 나의 아버지께서는 그림을 벽에 거신다. |

Das Plakat hing über dem Bett.
그 포스터는 침대 위에 걸려 있었다.

**die Wand**
*die Wände*

**das Plakat, -e**

**über** (전치사)

벽

포스터, 벽보,
플래카드
① ~위에
② ~에 대해서

Wohin hat deine Mutter die Uhr gehängt?
너의 어머니께서는 그 시계를 어디에 거셨어?

Sie hat sie an den Schrank gehängt.
어머니께서는 그 시계를 장롱에 거셨어.

### Tipp

장소(wo)를 나타낼 때는 3격을 씁니다.
wo hängt das Bild? 그 그림은 어디 걸려있어?
Das Bild hängt an der Wand. 그 그림은 벽에 걸려있어.

움직임(wohin)을 나타낼 때는 4격을 씁니다.
Wohin hängst du das Bild? 그 그림 어디에 달아?
Ich hänge das Bild an die Wand. 나 이 그림 벽에 달아.

## 008 ★★★

**heißen**
hieß,
hat geheißen

| ich heiße | wir heißen |
| du heißt | ihr heißt |
| er/sie/es heißt | sie heißen |
| | Sie heißen |

**spannend**
**effektiv**

① ~이라고 불리다
② 뜻하다

"Hallo" heißt auf Koreanisch "안녕".
"할로"는 한국어로 "안녕"이란 뜻이다.

Heute heißt unser Thema:
"Fremdsprachen effektiv lernen".
오늘 우리들의 주제는
"효과적으로 외국어 공부하기"입니다.

Der spannende Film hieß Titanic.
그 흥미진진한 영화 이름은 타이타닉이었다.

Bevor Frau Müller geheiratet hat,
hat sie Frau Lindermann geheißen.
뮐러가 결혼 하기 전에
그녀의 이름은 린더만이었다.

흥미진진한
효과적인

## ☐ 009 ★★★

**helfen (jm³ bei etw³)**
half (jm³ bei etw³),
hat geholfen (jm³ bei etw³)

| ich helfe | wir helfen |
| --- | --- |
| du hilfst | ihr helft |
| er/sie/es hilft | sie helfen |
| | Sie helfen |

(~에게 ~하는 데) 도움을 주다

Mein großer Bruder hilft mir viel bei den Hausaufgaben.
나의 형은 숙제하는 데 나에게 많은 도움을 준다.

Meine Mutter half mir beim Kochen.
나의 어머니께서는 내가 요리하는 데 도와주셨다.

Mein Vater hat mir geholfen, einen Flug zu buchen.
나의 아버지께서는 내가 비행기표를 예약하는 데 도움을 주셨다.

**buchen (etw⁴)**
die Buchung, -en

(~을) 예약하다
예약

## ☐ 010 ★★★

**kennen (jn⁴/etw⁴)**
kannte (jn⁴/etw⁴),
hat gekannt (jn⁴/etw⁴)

(~을/를) 알다, 알게 되다

Mein Großvater kennt einen berühmten Schauspieler.
나의 할아버지께서는 한 유명한 배우를 아신다.

der Schauspieler, -
persönlich

배우
① 개인적인
② 본인의

Ich kannte den Mann persönlich.
나는 그 남자를 개인적으로 알았다.

die Person, -en

(개체로서의) 사람, 인원

Ich habe ein großes und gutes Restaurant gekannt, aber es hat vor einem Jahr zugemacht.
나는 크고 좋은 레스토랑을 알았다. 하지만 그 레스토랑은 일 년 전에 닫았다.

zu | machen
machte...zu, hat zugemacht

① 닫다
② 폐쇄하다

### 패턴 & 어휘

das Problem 문제, die Situation 상황,
das Wort 단어, die Person 사람

Ich kenne mein Problem / die Situation / das Wort / ihn.
나는 나의 문제점 / 그 상황을 / 그 단어를 / 그를 안다.

## 011 ★★★

**etw¹ klingen**
klang,
hat geklungen

der Wecker, -s
laut
↔ leise

die ganze Zeit
die Glocke, -n

① ~처럼 들리다
② 울리다

자명종
크게
작게

계속, 온종일
종

Wollen wir später ein Eis essen?
우리 이따가 아이스크림 먹을까?

Das klingt gut.
좋아. (그거 좋게 들린다.)

Seine Idee klang gut.
그의 아이디어는 좋게 들렸다.

Die Glocke hat wunderschön geklungen.
그 종소리는 너무나도 아름답게 울렸다.

## 012 ★★★

**lassen**
ließ,
hat gelassen

| ich lasse | wir lassen |
|---|---|
| du lässt | ihr lasst |
| er/sie/es lässt | sie lassen |
| | Sie lassen |

die Ruhe

in Ruhe lassen

aus | reden
jn⁴ nicht ausreden lassen

die Sache, -n

① 하게 하다, 시키다
② 허락되다, 허용하다

① 고요, 평화
② 휴식

조용히
내버려두다

말을 끝내다
누구의 말을
가로채다

① 물건, 사물
② 사건, 일

Kannst du mich bitte in Ruhe lassen?
나 좀 내버려 둘 수 있어?

Ihr könnt eure Sachen
im Hotel lassen.
너희는 너희 물건들을
호텔에 놔둘 수 있어.

Mein Freund ließ mich immer warten.
내 친구는 나를 항상 기다리게 했었다.

Mein Freund hat mich oft nicht
ausreden lassen.
내 친구는 내가 이야기하는 데
자주 중간에 끼어들었다.
(내 친구는 자주 내가 말을 끝까지 하게
내버려 두지 않았다.)

**Tipp**
동사 "lassen"은 사역동사입니다. 위치는 일반동사 자리에 위치하게 되며 일반동사는 가장 끝으로 가게 됩니다.
어순: 주어 + lassen + 목적어 + 일반동사

### ☐ 013 ★★★

**leihen (jm³ etw⁴)**
lieh (jm³ etw⁴),
hat geliehen (jm³ etw⁴)

(~에게 ~을)
빌려주다

Meine Tante leiht mir Geld.
나의 이모는 나에게 돈을 빌려준다.

Stephan lieh mir sein Fahrrad.
슈테판은 나에게 자신의 자전거를 빌려줬다.

Mein Onkel hat mir sein Auto geliehen.
나의 삼촌은 나에게 그의 자동차를 빌려줬다.

### ☐ 014 ★★★

**lesen (etw⁴)**
las (etw⁴),
hat gelesen (etw⁴)

| ich lese | wir lesen |
| du liest | ihr lest |
| er/sie/es liest | sie lesen / Sie lesen |

(~을/를) 읽다

Ich versuche, jeden Monat ein Buch zu lesen.
나는 매달 책 한 권을 읽으려고 노력한다.

Seine Schrift ist schwer zu lesen.
그의 글씨체는 읽기 어렵다.

Ich las in der Freizeit gerne Zeitung.
나는 여가 시간에 신문을 즐겨 읽었다.

die Schrift, -en

① 필체
② 글자, 문자

Ich habe gerne ein Magazin vor dem Schlafengehen gelesen.
나는 잠자러 가기 전에 잡지 읽는 것을 좋아했다.

das Schlafengehen
der Leser, -

잠자러 감
독자

### ☐ 015 ★★★

**etw¹ liegen**
lag,
hat gelegen

① 놓여있다
② 누워있다

Die Kinder liegen auf dem Sofa und spielen mit dem Handy.
그 아이들은 소파에 누워있고 핸드폰을 가지고 놀고 있다.

Ich lag am Wochenende nur im Bett.
나는 주말에 침대에만 있었다.

die Fernbedienung, -en
die Bedienung, -en

리모컨
① (기계의) 조작, 사용
② 서비스

Die Fernbedienung hat auf dem Boden gelegen.
그 리모컨은 바닥 위에 놓여 있었다.

**Tipp**

fern (먼, 멀리 떨어진) + die Bedienung (조작)
= die Fernbedienung (리모컨)

Die Stadt liegt direkt am Fluss.
그 도시는 강가 바로 옆에 위치해 있다.

## ☐ 016 ★★★

**lügen**
log,
hat gelogen

| | 거짓말하다 | Der gut aussehende Mann lügt nie. Er ist immer ehrlich.<br>그 잘생긴 남자는 절대 거짓말을 하지 않는다. 그는 항상 정직하다. |

die Lüge, -n — 거짓말
der Lügner, - — 거짓말쟁이
der Zeuge, -n — 목격자, 증인

Meine Ex-Freundin log häufig.
나의 전 여자친구는 자주 거짓말을 했다.

Der Zeuge hat gelogen.
그 목격자는 거짓말을 했다.

zu | geben
*gab...zu, hat zugegeben* — 인정하다
häufig — 자주

Ich gebe zu, dass ich gelogen habe.
내가 거짓말했다는 거 인정해.

## ☐ 017 ★★★

**mit | bringen (etw⁴)**
brachte...mit (etw⁴),
hat mitgebracht (etw⁴)

(~을) 가지고 가다

Ich bringe gleich eine Blume und eine Flasche Wein mit.
내가 곧 꽃 한 송이랑 와인 한 병 가지고 올게.

die Flasche, -n — 플라스틱, 병
der Wein, -e — 와인

Ich brachte für dich eine Kaffeemaschine mit, damit du morgens Kaffee machen kannst.
나는 네가 아침에 커피를 만들 수 있도록 커피 머신을 가져왔어.

ein paar
= einige
몇 개의, 몇몇의
(뒤에 복수 명사)

Ich habe für dich ein paar Parfüms mitgebracht.
나 너를 위해 향수 몇 개를 가지고 왔어.

gleich
① 같은, 동일한
② 곧, 바로

die Kaffeemaschine, -n — 커피머신
die Maschine, -n — 기계
das Parfüm, -s — 향수

### Tipp

**mitbringen vs. mitnehmen**

동사 "mitbringen" 같은 경우, ~에게 ~을 가져다준다는 뜻으로 가져다주는 대상이 있습니다.
Es regnet, aber ich habe keinen Schirm dabei. Kannst du mir (= für mich) bitte einen Schirm mitbringen?
비 오는 데 나는 우산이 없어. 너 나한테 우산 하나 가져다줄 수 있어?

반면 "mitnehmen"같은 경우, 일반적으로 '본인을 위해 가지고 간다'라는 뜻으로 쓰입니다.
Es regnet und ich habe einen Schirm mitgenommen.
비가 내리고 나는 우산 하나를 가지고 왔다.

## 018 ★★★

**nehmen (etw⁴)**
nahm,
hat genommen

| ich nehme | wir nehmen |
|---|---|
| du nimmst | ihr nehmt |
| er/sie/es nimmt | sie nehmen |
|  | Sie nehmen |

die Stadt
*die Städte*
übrig
die Tablette, -n

① 교통 수단을 이용하다
② (~을 손으로) 잡다, 쥐다
③ 취하다, 가지다

Das Kind nimmt oft die U-Bahn, um in die Stadt zu fahren.
그 아이는 시내에 가기 위해 자주 전철을 타고 간다.

Ich nahm die Tabletten vor dem Essen.
나는 식사 전에 약을 복용했다.

Ich habe im April Urlaub genommen, weil das Wetter sehr schön war.
나는 4월에 휴가를 썼다. 왜냐하면 날씨가 굉장히 좋았기 때문이다.

① 시내 ② 도시

남은, 여분의
알약

Nimm dir ein weiteres Stück Kuchen. Drei sind noch übrig.
케이크 한 조각 더 먹어. 아직 3 조각 남았어.

## 019 ★★★

**rufen (jn⁴/etw⁴)**
rief (jn⁴/etw⁴),
hat gerufen (jn⁴/etw⁴)

der Ruf
jemand

(~을/를) 부르다, 외치다

Meine Mutter ruft mich, da wir gleich nach Hause gehen wollen.
나의 어머니께서는 나를 부르신다. 왜냐하면 우리는 곧 집에 가려고 하기 때문이다.

부름, 외침
누군가

Ich rief ein Taxi für meinen Großvater.
나는 나의 할아버지를 위해서 택시를 불렀다.

Jemand hat laut meinen Namen gerufen.
누군가가 크게 나의 이름을 불렀다.

## 020 ★★★

**schlafen**
schlief,
hat geschlafen

| ich schlafe | wir schlafen |
|---|---|
| du schläfst | ihr schlaft |
| er/sie/es schläft | sie schlafen |
| | Sie schlafen |

das Zelt, -e
der Schlaf

자다

Im Sommer schlafen wir manchmal im Zelt.
여름에 우리는
가끔씩 텐트에서 잠을 잔다.

Viele Schüler schliefen im Bus, weil sie sehr müde waren.
많은 학생들은 버스에서 잠을 잤다.
왜냐하면 그들은 매우 피곤했기 때문이다.

텐트
잠

Ich habe nach dem Mittagessen eine halbe Stunde lang auf dem Sofa geschlafen.
나는 점심을 먹은 후에 30분 동안
소파에서 잠을 잤다.

### Tipp

〈viele vs viel〉
viele: 셀 수 있는 것 (연필, 책상, 의자 등)
z.B.) Der Schüler hat viele Freunde.
그 학생은 많은 친구가 있다.

viel: 셀 수 없는 것 (물, 맥주, 돈 등)
z.B.) Der Schüler trinkt immer viel Wasser.
그 학생은 항상 물을 많이 마신다.

## 021 ★★★

**schlagen**
(jn⁴/etw⁴)
schlug (jn⁴/etw⁴),
hat geschlagen (jn⁴/etw⁴)

| ich schlage | wir schlagen |
|---|---|
| du schlägst | ihr schlagt |
| er/sie/es schlägt | sie schlagen |
| | Sie schlagen |

die Hand
*die Hände*
der Schläger, -

(~을/를) 때리다

Die Schülerin schlägt den Schüler mit der Hand.
그 여학생은 그 남학생을 손으로 때린다.

Der Baseballspieler schlug den Ball.
그 야구선수는 그 (야구)공을 쳤다.

Hast du schon wieder deinen kleinen Bruder geschlagen?
너 또 남동생 때렸어?

손

라켓

□ 022 ★★★

**schließen (etw⁴)**
schloss (etw⁴),
hat geschlossen (etw⁴)

| ich schließe | wir schließen |
|---|---|
| du schließt | ihr schließt |
| er/sie/es schließt | sie schließen |
| | Sie schließen |

die Tür, -en
der/die Angestellte, -n
einen Vertrag schließen

die Fabrik, -en
um | ziehen
*zog...um, ist umgezogen*
der Umzug
*die Umzüge*
das Schloss
*die Schlösser*

① 폐점하다
② 닫다

문
사원
계약을 체결하다

공장
이사하다,
이주하다
이사

① 자물쇠
② 성, 궁전

Der Verkäufer schließt die Tür.
그 판매원은 그 문을 닫는다.

Die Firma schloss die Fabrik und zog nach Vietnam um.
그 회사는 그 공장을 닫고 베트남으로 이주했다.

Ich habe das Fenster geschlossen, weil es zu kalt war.
나는 창문을 닫았다. 왜냐하면 너무 추웠기 때문이다.

**Tipp**

"schließen" 은 "닫다" 라는 뜻도 있지만 계약이라는 명사와 함께 쓰이면 "체결하다"라는 뜻으로 쓰입니다.
Der Angestellte schließt einen Vertrag mit seinem Chef.
그 사원은 그의 사장과 계약을 체결한다.

## 023 ★★★

**schneiden (etw⁴)**
schnitt (etw⁴),
hat geschnitten (etw⁴)

| ich schneide | wir schneiden |
|---|---|
| du schneidest | ihr schneidet |
| er/sie/es schneidet | sie schneiden |
| | Sie schneiden |

(~을) 자르다, 베다

Meine Mutter schneidet das Fleisch in Würfel.
나의 어머니께서는 고기를 사각으로 자르신다.

Der Bäcker schnitt das Brot.
그 제빵사는 빵을 잘랐다.

Der Mann hat die Wurst in zwei Hälften geschnitten.
그 남자는 그 소세지를 반으로 잘랐다.

der Würfel, -  주사위
in Würfel  네모나게
die Hälfte  절반
halb  절반의

## 024 ★★★

**schreiben (jm³ etw⁴)**
schrieb (jm³ etw⁴),
hat geschrieben (jm³ etw⁴)

(~에게 ~을) 쓰다

Der Journalist schreibt einen Bericht über die japanische Kultur.
그 기자는 일본 문화에 대해서 보고서를 쓴다.

Ich schrieb gern in meiner Freizeit eine kurze Geschichte.
나는 여가시간에 짧은 이야기를 쓰는 것을 좋아했다.

Der Autor hat vor 2 Jahren einen Roman geschrieben und der Verlag hat ihn vor einem Jahr veröffentlicht.
그 작가는 2년 전에 한 소설책을 썼고, 그 출판사는 그것을 1년 전에 출판하였다.

der Autor, -en  작가
veröffentlichen  ① 출판하다, 출간하다
*veröffentlichte,*  ② 널리 알리다
*hat veröffentlicht*
die Veröffentlichung, -en  ① 출판
② 공고

der Verlag, -e  출판사
der Bericht, -e  보고서, 보고
berichten (über etw⁴)  (~에게 ~에 대해) 보고하다
*berichtete, hat berichtet*
schriftlich  서면의, 글자의

## ☐ 025 ★★★

**sehen (jn⁴/etw⁴)**
sah (jn⁴/etw⁴),
hat gesehen (jn⁴/etw⁴)

| ich sehe | wir sehen |
|---|---|
| du siehst | ihr seht |
| er/sie/es sieht | sie sehen |
| | Sie sehen |

(~을/를) 보다

Freut mich, dich wieder zu sehen!
너를 다시 만나서 반가워!

Das Mädchen sah das schwarze Auto.
그 소녀는 그 검은 차를 봤다.

Wir haben uns vor vier Jahren zuletzt gesehen.
우리는 4년 전에
마지막으로 봤다.

zuletzt
↔ zuerst

마지막으로
처음으로

## ☐ 026 ★★★

**singen**
sang,
hat gesungen

노래 부르다

Die Studentin singt am Tag durchschnittlich 4 Stunden.
그 여학생은 하루에
평균적으로 4시간 노래한다.

Das Mädchen sang wunderschön.
그 소녀는 너무나도 아름답게 노래했다.

ganz
der Tag, -e
durchschnittlich

전체의, 가득한
① 날, 하루 ② 낮
평균적으로

Die berühmte Sängerin hat auf der Bühne gesungen.
그 유명한 여가수는
무대에서 노래를 불렀다.

der Durchschnitt
die Bühne, -n

평균
무대

# TAG 33　Aufgaben

◎ 다음 단어의 뜻을 독일어로 쓰시오. (명사의 경우 관사도 함께)

1. 절반의: 　　　　　　　　　　　　　2. 평균적으로:

3. 마지막으로: 　　　　　　　　　　　4. 처음으로:


5. (~을/를 어떻게) 생각하다 : 현재형(　　　　　) 과거형(　　　　　) 현재완료형(　　　　　)

　　6. 내 친구는 항상 나를 놀라게 할 방법을 찾아낸다.

　　　　Mein Freund_____immer einen____, mich zu überraschen. (현재형)

　　7. 많은 관객들은 그 영화를 훌륭하다고 생각했다.

　　　　Viele Zuschauer_____den Film_____. (과거형)

　　8. 나는 드디어 나의 핸드폰을 다시 찾았다.

　　　　Ich_____ _____mein Handy wieder_____. (현재완료형)


9. (~에게 ~을) 주다 : 현재형(　　　　　) 과거형(　　　　　) 현재완료형(　　　　　)

　　10. 나의 교수님께서는 내가 그 문제를 풀 수 있도록 나에게 팁 하나를 주신다.

　　　　Mein Professor_____mir einen Tipp, damit ich die Aufgabe lösen kann. (현재형)

　　11. 내 친구는 나에게 공책 한 권을 주었다.

　　　　Mein Freund_____mir ein____. (과거형)

　　12. 그 문제는 정말 어려웠다. 내 친구는 나에게 힌트를 하나 주었다.

　　　　Die Aufgabe war echt_____. Mein Freund_____mir einen Hinweis_____. (현재완료형)


> **Lösungen :** 1. halb 2. durchschnittlich 3. zuletzt 4. zuerst 5. finden (jn⁴/etw⁴ 형용사)/ fand / hat, gefunden
> 6. findet, weg 7. fanden, großartig 8. habe, endlich, gefunden
> 9. geben (jm³ etw⁴)/ gab / hat, gegeben 10. gibt 11. gab, Heft 12. schwierig, hat, gegeben

335

# Tag 33

## 쉐도잉 & 핵심표현

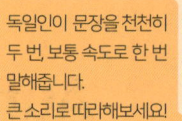

독일인이 문장을 천천히 두 번, 보통 속도로 한 번 말해줍니다. 큰 소리로 따라해보세요!

MP3 듣기

> 독일어 부분을 책갈피로 가리고
> 한국어만 보고 독일어를 써보세요

| Koreanisch | Deutsch |
|---|---|
| ☐ 그 스웨터 그에게 분명히 마음에 들 거야! | Der Pullover gefällt ihm bestimmt! |
| ☐ 그 여자는 내 맘에 그렇게 마음에 들지 않았다. 그녀는 아주 교만했다. | Die Frau hat mir nicht so gut gefallen. Sie war sehr arrogant. |
| ☐ 나의 형은 숙제하는 데 나에게 많은 도움을 주었다. | Mein großer Bruder hilft mir viel bei den Hausaufgaben. |
| ☐ 나의 아버지께서는 내가 비행기표를 예약하는 데 도움을 주셨다. | Mein Vater hat mir geholfen, einen Flug zu buchen. |
| ☐ 나는 매달 책 한 권을 읽으려고 노력한다. | Ich versuche, jeden Monat ein Buch zu lesen. |
| ☐ 나는 잠자러 가기 전에 잡지 읽는 것을 좋아한다. | Ich habe gerne ein Magazin vor dem Schlafengehen gelesen. |
| ☐ 여름에 우리는 가끔씩 텐트에서 잔다. | Im Sommer schlafen wir manchmal im Zelt. |
| ☐ 나는 점심을 먹은 후에 30분 동안 소파에서 잠을 잤다. | Ich habe nach dem Mittagessen eine halbe Stunde lang auf dem Sofa geschlafen. |
| ☐ 나는 일본 문화에 대해서 보고서를 쓴다. | Ich schreibe einen Bericht über die japanische Kultur. |
| ☐ 그 작가는 2년 전에 한 소설책을 썼고, 그 출판사는 그 소설책을 1년 전에 출판하였다. | Der Autor hat vor 2 Jahren einen Roman geschrieben und der Verlag hat ihn vor einem Jahr veröffentlicht. |
| ☐ 그 여학생은 하루에 평균적으로 4시간 노래한다. | Die Studentin singt am Tag durchschnittlich 4 Stunden. |
| ☐ 그 유명한 여가수는 무대에서 노래를 불렀다. | Die berühmte Sängerin hat auf der Bühne gesungen. |

# Tag 33

## 배운 내용으로 대화 하기

남자 독일인과 여자 독일인의 귀에 쏙쏙 들어오는 음성을 들어보세요

MP3 듣기

### Sie hat mich nicht eingeladen.

주말에 나는 생일이었다.
나는 몇몇 친구들을
나의 생일파티에 초대하였다.

Am Wochenende hatte ich Geburtstag.
Ich habe ein paar Freunde
zu meiner Geburtstagsparty eingeladen.

나의 친구들은 나에게 선물을 주었다.
선물들은 나에게 아주 마음에 들었다.

Meine Freunde haben mir Geschenke gegeben.
Sie haben mir sehr gut gefallen.

한 친구는 나에게 편지도 썼다.
나는 굉장히 감동했다.
그 편지는 나에게 가장 마음에 들었다.

Ein Freund hat mir auch einen Brief geschrieben.
Ich war sehr beeindruckt.
Er hat mir am meisten gefallen.

저녁에 우리는 면을 먹었다.
면은 조금 매웠지만 아주 맛있었다.
우리는 모두 정말 배불렀다.

Am Abend haben wir Nudeln gegessen.
Sie waren ein bisschen scharf, aber sehr lecker.
Wir waren alle echt satt.

그다음 우리는 영화 한 편을 보았다.
그 영화는 굉장히 흥미롭고
흥미진진하였다.

Danach haben wir einen Film gesehen.
Der Film war sehr interessant
und spannend.

 메모

# Tag 34

## 불규칙동사 과거형 모음
### 현재완료형(haben + p.p), 과거형 ④

„Wer etwas will, findet Wege.
Wer etwas nicht will, findet Gründe."

무언가 하려는 사람들은 길을 찾고
무엇을 하지 않으려는 사람들은 이유를 찾는다.

# Tag 34

## 불규칙동사 과거형 모음
### 현재완료형(haben + p.p), 과거형 ④

MP3 듣기

독일인이 모든 단어를 한번씩 읽어주고, 예문은 천천히 한 번, 보통 속도로 한 번 읽어줍니다.

---

### ☐ 001 ★★★

**sitzen**
saß,
hat gesessen

| ich sitze | wir sitzen |
| du sitzt | ihr sitzt |
| er/sie/es sitzt | sie sitzen |
| | Sie sitzen |

앉다, 앉아 있다

Ich habe Karten für das Konzert.
Wir sitzen in der vierten Reihe.
나는 콘서트 표가 있다.
우리는 네 번째 줄에 앉는다.

Der Vogel saß auf meiner Schulter.
그 새는 나의 어깨에 앉아 있었다.

Mein Großvater hat auf dem Sofa gesessen und Zeitung gelesen.
나의 할아버지께서는 소파에 앉으셔서 신문을 읽으셨다.

der Sitz, -e
die Reihe, -n

자리, 좌석
① 줄, 열
② 차례, 순서

**Tipp**
in der ersten Reihe: 첫 번째 자리
in der zweiten Reihe: 두 번째 자리
in der dritten Reihe: 세 번째 자리

---

### ☐ 002 ★★★

**① sprechen**
die Sprache, -n

**② sprechen**
(mit jm³ über etw⁴)
sprach,
hat gesprochen

| ich spreche | wir sprechen |
| du sprichst | ihr sprecht |
| er/sie/es spricht | sie sprechen |
| | Sie sprechen |

(언어를) 말하다
언어

(~와 ~에 대해서)
대화하다

Meine Tochter spricht fließend Deutsch.
내 딸은 유창하게 독일어를 한다.

Ich sprach deutlich.
나는 또박또박 말하였다.

Ich habe vor einer Woche
mit meinem Vater
über die Politik Deutschlands gesprochen.
나는 일주일 전에
나의 아버지와
독일의 정치에 관해 이야기하였다.

das Gespräch, -e
deutlich

die Politik

대화
① 분명하게
② 또박또박하게,
발음을 정확하게

정치

Das Gespräch mit dem Autor war sehr interessant.
그 작가와의 대화는
아주 흥미로웠다.

## 003 ★★★

**etw¹ statt | finden**
fand...statt,
hat stattgefunden

| 개최되다, ~열리다 | Wo findet die Veranstaltung statt?<br>그 행사는 어디에서 열려?<br><br>Sie findet in Berlin statt.<br>그 행사는 베를린에서 열려. |

die Veranstaltung, -en — 행사
olympisch — 올림픽의

Die olympischen Spiele fanden in Seoul statt.
Viele Leute aus verschiedenen Ländern kamen nach Seoul.
올림픽 경기는 서울에서 열렸다.
다양한 국가에서 많은 사람들이 서울로 왔다.

der Vortrag
*die Vorträge* — ① 발표 ② 강의, 강연

die Aula — (학교의) 대강당

Die Veranstaltung hat in Frankfurt stattgefunden.
그 행사는 프랑크푸르트에서 개최되었다.

## 004 ★★★

**teil | nehmen (an etw³)**
nahm...teil (an etw³),
hat teilgenommen (an etw³)

| ich nehme...teil | wir nehmen...teil |
|---|---|
| du nimmst...teil | ihr nehmt...teil |
| er/sie/es nimmt...teil | sie nehmen....teil |
|  | Sie nehmen....teil |

(~에) 참여하다, 참가하다

Der Student nimmt am Unterricht teil.
그 대학생은 수업을 듣는다.

Der Austauschstudent nahm am Sprachkurs teil, um sein Deutsch zu verbessern.
그 교환학생은 그의 독일어 실력을 향상시키기 위해 어학강의를 들었다.

**verbessern** (etw⁴)
*verbesserte, hat verbessert* — (~을) 향상시키다

die Verbesserung, -en — 향상, 개선

der Wettbewerb, -e — ① 시합 ② 경쟁

Der Student hat letztes Jahr am Wettbewerb teilgenommen.
그 대학생은 작년에 시합에 참가했다.

der Austauschstudent, -en — 교환학생

## 005 ★★★

**stehen**
stand,
hat gestanden

| | |
|---|---|
| 서다, 서있다 | Der Mann steht an der Spüle und spült das Geschirr.<br>그 남자는 싱크대에 서서 설거지를 한다. |

die Spülmaschine, -n
spülen (etw⁴)
*spülte, hat gespült*
die Spüle
die Maschine, -n
das Geschirr

| | |
|---|---|
| 세탁기<br>(~을) 씻다,<br>헹구어내다<br>싱크대<br>기계<br>그릇, 식기 | Die Tasche stand neben der Spülmaschine.<br>그 가방은 세탁기 옆에 있었다.<br><br>Der Mann hat unter dem Baum gestanden, als es regnete.<br>그 남자는 비가 올 때 나무 옆에 서 있었다. |

## 006 ★★★

**tragen (jn⁴/etw⁴)**
trug (jn⁴/etw⁴),
hat getragen (jn⁴/etw⁴)

| ich trage | wir tragen |
|---|---|
| du trägst | ihr tragt |
| er/sie/es trägt | sie tragen |
| | Sie tragen |

| | |
|---|---|
| ① (안경을) 쓰다,<br>(옷을) 입다,<br>(~을) 매다<br>② 운반하다,<br>나르다 | Mein Freund trägt eine Brille, weil er schlechte Augen hat.<br>나의 친구는 안경을 쓴다. 왜냐하면 그는 눈이 안 좋기 때문이다.<br><br>Der große Mann trug ab und zu eine Lederjacke.<br>그 큰 남자는 가끔 가죽자켓을 입었다.<br><br>Der kleine Junge hat oft eine schwere Tasche getragen.<br>그 작은 소년은 자주 무거운 가방을 메고 있었다. |

das Leder, -
die Lederjacke, -n

| | |
|---|---|
| 가죽<br>가죽자켓 | **Tipp**<br>① "~입다"라는 표현으로 tragen이 쓰일 때는 "몸 위에 두르거나 ~을 쓰는 느낌"이라고 할 수 있습니다. (예로 들면 안경을 쓰거나, 가방을 맴)<br>② 명사가 "-e"로 끝나면 95%는 여성입니다. |

## 007 ★★★

**trinken (etw⁴)**
trank (etw⁴),
hat getrunken (etw⁴)

| | |
|---|---|
| (~을) 마시다 | Nach dem Frühstück trinke ich gerne einen Kaffee.<br>아침을 먹은 후 나는 커피 한 잔 마시는 것을 좋아한다.<br><br>Der Sportler trank nach dem Training viel Wasser.<br>그 운동 선수는 트레이닝을 한 후에 물을 많이 마셨다. |

das Getränk, -e

| | |
|---|---|
| 음료 | Nach der Arbeit haben wir oft Bier getrunken.<br>일이 끝나고 나서 우리는 자주 맥주를 마셨다. |

## 008 ★★★

① **sich⁴ treffen (mit jm³)**
② **treffen (jn⁴)**
traf (jn⁴),
hat getroffen (jn⁴)

| ich treffe mich | wir treffen uns |
| --- | --- |
| du triffst dich | ihr trefft euch |
| er/sie/es trifft sich | sie treffen sich |
| | Sie treffen sich |

eine Entscheidung treffen
die Entscheidung, -en
das Treffen

ob (접속사)

an | nehmen (etw⁴)
nahm...an, hat angenommen

(~와) 만나다
(~을) 만나다







결정하다
결정
모임, 회담

~인지 아닌지

(~을) 받아들이다

Wollen wir uns um halb acht am Hauptbahnhof treffen?
우리 일곱시 반에 중앙역에서 만날까?

Mein Sohn traf sich oft mit seinen Freunden.
나의 아들은 그의 친구들이랑 자주 만났다.

Meine Tochter hat sich oft mit ihren Freunden getroffen.
내 딸은 그녀의 친구들이랑 자주 만났다.

Ich muss bis heute eine Entscheidung treffen, ob ich den Job annehme oder nicht.
나는 오늘까지 그 일을 할 것인지 안 할 것인지 결정해야 한다.

### Tipp

보통 재귀대명사를 써서 "sich⁴ treffen mit jm³"은 누구와 약속해서 만날 때 쓰이고, 우연히 만나거나 약속해서 만나는 경우, 동사+ 목적어 "treffen jn⁴"을 씁니다. (후자는 문맥으로 판단)
z.B.) Ich treffe mich mit Max.
나 오늘 막스랑 만나.
Wir wollen zusammen ins Kino gehen.
우리는 같이 영화관에 갈거야.
z.B.) Ich habe heute zufällig Max getroffen.
나는 오늘 우연히 막스를 봤다.

## 009 ★★★

**tun**
tat,
hat getan

alles
für⁴ (전치사)
nichts

하다, 행하다





모든 것
~위해서
아무것도
~하지 않다,
전혀 ~하지 않다

Ich tue alles für dich.
나는 너를 위해 모든 걸 한다.

Ich tat mein Bestes.
나는 최선을 다했다.

Ich habe gestern nichts getan. Ich bin nur zu Hause geblieben.
나는 어제 아무것도 안했다.
나는 집에만 있었다.

## ☐ 010 ★★★

**unterscheiden**
unterschied,
hat unterschieden

구분하다,
구별하다

Es ist schwierig, die Bedeutungen der beiden Verben zu unterscheiden.
두 동사의 뜻을 구분하기는 어렵다.

der Unterschied, -e

① 차이점
② 구별, 구분

unterschiedlich
die Bedeutung, -en
bedeuten
*bedeutete, hat bedeutet*

여러가지의, 다른
의미, 뜻
의미하다

Die Studenten unterschieden im Unterricht zwischen Gut und Böse und diskutierten darüber.
그 학생들은 수업시간에 선과 악을 구분하고 그것에 대해 토론하였다.

Die Schüler haben im Unterricht die Bedeutungen von Glück und Erfolg unterschieden.
학생들은 수업시간에 행복과 성공의 의미를 구분하였다.

das Angebot, -e

① (경제)공급
② 제안, 제의

↔ die Nachfrage, -n

① (경제)수요
② 문의

diskutieren (über etw⁴)
*diskutierte, hat diskutiert*

(~에 대해)
토론하다

Was ist der Unterschied zwischen Angebot und Nachfrage?
공급과 수요의 차이점은 무엇인가요?

die Diskussion

토론

## ☐ 011 ★★★

**unterschreiben (etw⁴)**
unterschrieb (etw⁴),
hat unterschrieben (etw⁴)

(~에) 서명하다,
사인하다

der Arbeiter, -
= der Angestellte, -n
der Vertrag
*die Verträge*

노동자, 근로자
근로자, 사원
계약

Beide Länder unterschreiben den Vertrag.
양국은 계약서에 서명한다.

Der Arbeiter unterschrieb den Vertrag.
그 근로자는 계약서에 서명을 했다.

der Kunde, -n
beide
das Land
*die Länder*

고객
양쪽의, 쌍방의
나라, 국가

Der Kunde hat die Rechnung unterschrieben.
그 고객은 계산서에 서명을 했다.

die Unterschrift, -en
die Rechnung, -en
rechnen
*rechnete, hat gerechnet*

사인, 서명
① 계산서 ② 계산
계산하다

## 012 ★★★

**verbinden**
**(etw⁴ mit etw³)**
verband (etw⁴ mit etw³),
hat verbunden
(etw⁴ mit etw³)

| | |
|---|---|
| | (~을 ~에) 연결하다, 결합하다 |

Der Student verbindet den Computer mit dem Drucker.
그 대학생은 그 컴퓨터를 프린터와 연결한다.

Der Schüler verband sein Handy mit dem Kopfhörer.
그 학생은 자신의 핸드폰을 이어폰과 연결시켰다.

der Computer, -   컴퓨터
der Drucker, -    프린터
das Handy, -s     핸드폰

der Kopfhörer, -  이어폰
das Studium       학업, 대학공부
das Praktikum     인턴십
die Verbindung, -en  연결, 결합

Die Studentin hat ihr Studium mit einem Praktikum verbunden.
그 여대생은 자신의 학업을 인턴십과 병행하였다.

## 013 ★★★

**verbringen**
**(mit jm³/etw³)**
verbrachte (mit jm³/etw³),
hat verbracht (mit jm³/etw³)

(~함께) 시간을 보내다

Ich möchte im Urlaub nach Hause gehen und eine schöne Zeit mit meiner Familie verbringen.
나는 휴가 때 집에 가서 나의 가족과 좋은 시간을 보내고 싶다.

die Ferien      (복수) 방학
der Urlaub      휴가
der Strand      ① 해변
*die Strände*   ② 바닷가

draußen         밖에서, 외부에서
↔ drinnen       안에서, 내부에서

Ich verbrachte die Ferien am Strand.
나는 방학에 해변에서 시간을 보냈다.

Ich habe gestern viel Zeit draußen verbracht.
나는 어제 많은 시간을 밖에서 보냈다.

## 014 ★★★

**vergessen**
(jn⁴/etw⁴)
vergaß (jn⁴/etw⁴),
hat vergessen (jn⁴/etw⁴)

| ich vergesse | wir vergessen |
|---|---|
| du vergisst | ihr vergesst |
| er/sie/es vergisst | sie vergessen |
| | Sie vergessen |

(~을/~를) 잊다,
깜빡하다

Ich kann mir keine Zahlen merken. Ich vergesse sie sofort.
나는 숫자를 기억을 못한다.
나는 곧바로 잊어버린다.

Ich vergaß, dass ich eine Verabredung mit meinem Professor hatte.
나는 나의 교수님과 약속이 있었다는 것을 깜빡했다.

die Verabredung, -en
der Termin, -e
sich³ merken (etw⁴)
*merkte, hat gemerkt*
sofort

약속
예약
(~을) 기억하다

즉시, 곧바로

Max hat vergessen, dass ich heute einen Termin beim Arzt habe.
막스는 내가 오늘 병원에 예약이 있는 걸 깜빡했다.

## 015 ★★★

**vergleichen**
(jn⁴/etw⁴)
verglich (jn⁴/etw⁴),
hat verglichen (jn⁴/etw⁴)

(~을 ~와)
비교하다,
대조하다

Ich vergleiche immer Preise, bevor ich ein Produkt kaufe.
나는 제품을 사기 전에
항상 가격을 비교한다.

der Preis, -e
bevor (접속사)
das Produkt, -e

das Leben
der Vergleich, -e

가격
~하기 전에
제품, 상품

삶, 인생
비교

Ich verglich das Leben in Korea mit dem Leben in Deutschland.
나는 한국의 삶을 독일의 삶과 비교했다.

Ich habe zwei Geschichten verglichen.
나는 두 이야기를 비교했다.

☐ 016 ★★★

**verlieren (etw⁴)**
verlor (etw⁴),
hat verloren (etw⁴)

(~을) 잃다,
잃어버리다

Ich verliere oft meinen Schlüssel.
나는 자주 내 열쇠를 잃어버린다.

Ich verlor ab und zu mein Handy.
나는 가끔 내 핸드폰을 잃어버렸다.

der Schlüssel, -

열쇠

Ich habe nie meinen Laptop verloren.
나는 내 노트북을 잃어버린 적이 없다.

☐ 017 ★★★

**weh | tun (jm³)**
tat...weh (jm³),
hat wehgetan (jm³)

(~를)
아프게 하다

Du tust mir weh.
너는 나를 아프게 한다.

Meine Füße taten weh, da ich lange lief.
내 발은 아팠다. 왜냐하면 나는 많이 걸었기 때문이다.

der Fuß
*die Füße*
der Kopf
*die Köpfe*

발

머리

Mein Kopf hat wehgetan.
Deshalb habe ich Medikamente eingenommen.
내 머리는 아팠다.
그래서 나는 약을 복용했다.

**Tipp**
길을 걷다가, 나 혼자서 넘어져서 나 자신을 아프게 했다면 재귀대명사를 써서 "sich³ weh | tun"이라고 합니다.
z.B.) Ich habe mir wehgetan. 나 아팠어.

## 018 ★★★

**versprechen (jm³ etw⁴)**
versprach (jm³ etw⁴),
hat versprochen (jm³ etw⁴)

| ich verspreche | wir versprechen |
| du versprichst | ihr versprecht |
| er/sie/es verspricht | sie versprechen |
| | Sie versprechen |

(~에게 ~를)
약속하다

Ich verspreche meinem Freund, sein Geheimnis zu bewahren.
나는 나의 친구에게
그의 비밀을 지켜주기로 약속한다.

Ich versprach meinem Freund, fleißig Deutsch zu lernen.
나는 내 친구에게
부지런히 독일어를 배우기로 약속했다.

Ich habe meinem Freund versprochen, regelmäßig Sport zu machen.
나는 내 친구에게
규칙적으로 운동을 하기로 약속했다.

**das Geheimnis, -se**
비밀

**bewahren (etw⁴)**
(~을) 보존하다, 지키다

**die Bewahrung, -en**
유지, 보관

## 019 ★★★

**werden**
wurde,
ist geworden

| ich werde | wir werden |
| du wirst | ihr werdet |
| er/sie/es wird | sie werden |
| | Sie werden |

~이 되다

Ich werde dich sehr vermissen.
나는 너를 아주 그리워할 거야. (보고 싶을 거야.)

Ich wurde reich.
나는 부자가 되었다.

Ich bin endlich Vater geworden.
나는 드디어 아버지가 되었다.

Mein Sohn möchte später Architekt werden.
나의 아들은 나중에
건축가가 되고 싶어한다.

**vermissen (jn⁴/etw⁴)**
*vermisste, hat vermisst*
(~을/를) 그리워하다

**der Architekt, -en**
건축가

☐ 020 ★★★

**wissen**
wusste,
hat gewusst

| ich weiß | wir wissen |
|---|---|
| du weißt | ihr wisst |
| er/sie/es weiß | sie wissen |
| | Sie wissen |

알다

Ich weiß, dass du bald wieder nach Deutschland fliegen musst.
나는 네가 곧 독일로 가야한다는 것을 안다.

Ich wusste schon,
dass die beiden zusammen sind.
나는 이미 그 둘이 사귀는 것을 알고 있었다.

Ich habe schon gewusst,
dass Max den Job kündigt.
나는 막스가 일을 그만둔다는 것을 이미 알고 있었다.

das Wissen

① 앎, 알고 있음
② 지식

☐ 021 ★★★

**ziehen (etw⁴)**
zog,
hat gezogen

**ziehen**
zog,
ist gezogen

(~을) 당기다,
끌다

Das Kind zieht an der Tür, um sie zu öffnen.
그 아이는 그 문을 열기 위해 당긴다.

이사하다

Die Familie verkaufte das Haus und zog in eine andere Stadt.
그 가족은 그 집을 팔고 다른 도시로 이사갔다.

Der Arzt hat die Zähne des Patienten gezogen.
그 의사는 환자의 치아를 뽑았다.

die Tür, -en
öffnen (etw⁴)
schließen (etw⁴)

문
(~을) 열다
(~을) 닫다

**Tipp**
ziehen이라는 동사가 "이사하다"라고 쓰일 때에는 움직임을 나타내기 때문에 과거형에서 "sein"과 함께 쓰입니다.
z.B.) Ich bin mit 15 Jahren mit meiner Familie nach Berlin gezogen.
나는 열다섯살 때 가족들과 함께 베를린으로 이사했다.

☐ 022 ★★★

## aus | sprechen
sprach...aus,
hat ausgesprochen

| ich spreche...aus | wir sprechen...aus |
|---|---|
| du sprichst...aus | ihr sprecht...aus |
| er/sie/es spricht...aus | sie sprechen...aus<br>Sie sprechen...aus |

deutlich

das Missverständnis, -se

vermeiden (etw⁴)
*vermied, hat vermieden*

die Aussprache, -n

발음하다

① 또박또박
② 분명하게

① 오해
② 잘못 생각함

(~을) 피하다

발음

Meine Freundin spricht
meinen Namen richtig aus.
내 여자친구는
내 이름을 정확히 발음한다.

Ich sprach sehr deutlich,
um Missverständnisse zu vermeiden.
나는 (상대방이) 잘못 이해하는 것을 피하려고
아주 또박또박하게 말했다.

Meine Freundin hat das Wort
falsch ausgesprochen.
내 여자친구는 그 단어를
틀리게 발음했다.

# TAG 34 Aufgaben

◎ 다음 단어 및 문장의 뜻을 독일어로 쓰시오. (명사의 경우 관사도 함께)

1. 밖에서, 외부에서:   2. 안에서, 내부에서:

3. 나는 엊그제 많은 시간을 밖에서 보냈다:   4. 즉시, 곧바로:

5. (언어를) 말하다 : 현재형 (          ) 과거형 (          ) 현재완료형 (          )

   6. 내 딸은 유창하게 독일어를 한다.

      Meine Tochter _____ Deutsch. (현재형)

   7. 나는 또박또박 말하였다.

      Ich _____ deutlich. (과거형)

   8. 나는 일주일 전에 나의 아버지와 독일의 정치에 관해 이야기하였다.

      Ich _____ vor einer Woche mit meinem Vater _____ die Politik Deutschlands _____. (현재완료형)

9. (~와) 만나다 (재귀동사) : 현재형 (          ) 과거형 (          ) 현재완료형 (          )

   10. 우리 일곱시 반에 중앙역에서 만날까?

       Wollen wir _____ um halb acht _____ Hauptbahnhof _____ ? (현재형)

   11. 나의 아들은 자기 친구들이랑 자주 만났다.

       Mein Sohn _____ _____ oft mit seinen Freunden. (과거형)

   12. 내 딸은 자기 친구들이랑 자주 만났다.

       Meine Tochter _____ _____ oft mit ihren Freunden _____. (현재완료형)

---

**Lösungen :** 1. draußen 2. drinnen 3. Ich habe vorgestern viel Zeit draußen verbracht. 4. sofort 5. sprechen / sprach / hat, gesprochen 6. spricht, fließend 7. sprach 8. habe, über, gesprochen 9. treffen (jn⁴)/ traf / hat, getroffen 10. uns, am, treffen 11. traf, sich 12. hat, sich, getroffen

# Tag 34

## 쉐도잉 & 핵심표현

독일인이 문장을 천천히 두 번, 보통 속도로 한 번 말해줍니다. 큰 소리로 따라해보세요!

MP3 듣기

★ 독일어 부분을 책갈피로 가리고
한국어만 보고 독일어를 써보세요

| Koreanisch | Deutsch |
|---|---|
| 아침을 먹은 후 나는 커피 마시는 것을 좋아한다. | Nach dem Frühstück trinke ich gerne einen Kaffee. |
| 일이 끝나고 나서 우리는 자주 맥주를 마셨다. | Nach der Arbeit haben wir oft Bier getrunken. |
| 나는 휴가 때 집에 가서 나의 가족과 좋은 시간을 보내고 싶다. | Ich möchte im Urlaub nach Hause gehen und eine schöne Zeit mit meiner Familie verbringen. |
| 나는 많은 시간을 밖에서 보냈다. | Ich habe gestern viel Zeit draußen verbracht. |
| 나는 숫자를 기억을 못한다. 나는 곧바로 잊어버린다. | Ich kann mir keine Zahlen merken. Ich vergesse sie sofort. |
| 나는 오늘 병원에 예약이 있는 걸 잊었다. | Ich habe vergessen, dass ich heute einen Termin beim Arzt habe. |
| 나는 자주 내 열쇠를 잃어버린다. | Ich verliere oft meinen Schlüssel. |
| 나는 내 노트북을 잃어버린 적이 없다. | Ich habe nie meinen Laptop verloren. |
| 나는 네가 곧 독일로 가야한다는 것을 안다. | Ich weiß, dass du bald wieder nach Deutschland fliegen musst. |
| 나는 막스가 일을 그만둔다는 것을 이미 알고 있었다. | Ich habe schon gewusst, dass Max den Job kündigt. |

메모

# Tag 34

## 배운 내용으로 대화 하기

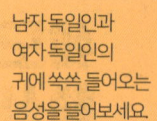
남자 독일인과 여자 독일인의 귀에 쏙쏙 들어오는 음성을 들어보세요.

MP3 듣기

### Da hat eine Buchmesse stattgefunden.

| | |
|---|---|
| 수요일에 나는 프랑크푸르트에 있었다. 거기서 도서박람회가 개최되었다. | Am Mittwoch war ich in Frankfurt. Da hat eine Buchmesse stattgefunden. |
| 굉장히 많은 출판사들이 도서박람회에 참가하였다. 당연히 방문자들도 많았다. | Sehr viele Verlage haben an der Buchmesse teilgenommen. Natürlich gab es auch viele Besucher. |
| 나는 한 달전에 책 한 권을 출시하였다. | Ich habe vor einem Monat ein Buch veröffentlicht. |
| 그 책을 나는 미국에서도 판매하고 싶기 때문에 나는 오후에 한 국제(적인) 출판사와 일정이 있었다. | Das Buch möchte ich auch in den USA verkaufen, deshalb hatte ich am Nachmittag mit einem internationalen Verlag einen Termin. |
| 출판사와의 대화는 잘 진행되었다. | Das Gespräch mit dem Verlag ist gut gelaufen. |
| 그 출판사와 나는 계약에 싸인을 하였다. | Der Verlag und ich haben einen Vertrag unterschrieben. |
| 저녁에 나는 나의 친구들과 맥주를 마시고 좋은 시간을 보냈다. | Am Abend habe ich mit meinen Freunden ein Bier getrunken und eine schöne Zeit verbracht. |

메모

# Tag 35

## 불규칙동사 과거형 모음
### 현재완료형 (sein+ p.p), 과거형 ①

> *Die besten Dinge im Leben sind nicht die,*
> *die man besitzt, sondern die,*
> *die man erlebt.*

인생에서 가장 좋은 것들은 소유한 것이 아니라
경험하는 것입니다.

**불규칙 과거형** | 동사가 움직임을 나타낼 때는 현재완료형에서 sein +p.p를 사용합니다.

# Tag 35

**불규칙동사 과거형 모음**
**현재완료형 (sein+ p.p), 과거형 ①**

독일인이 모든 단어를 한번씩 읽어주고, 예문은 천천히 한 번, 보통 속도로 한 번 읽어줍니다.

MP3 듣기

---

☐ 001 ★★★

**ab | fahren**
fuhr...ab,
ist abgefahren

| ich fahre...ab | wir fahren....ab |
| --- | --- |
| du fährst...ab | ihr fahrt...ab |
| er/sie/es fährt...ab | sie fahren...ab |
| | Sie fahren...ab |

die Abfahrt
gleich

**an | kommen**
*kam... an, ist angekommen*

die Ankunft

출발하다

출발
곧
도착하다

도착

Der Zug fährt gleich ab.
그 기차는 곧 출발한다.

Der Bus fuhr schon ab,
als ich ankam.
내가 도착했을 때,
그 버스는 이미 출발했다.

Die U-Bahn ist vor fünf Minuten abgefahren.
Ich muss noch 10 Minuten warten.
그 전철은 5분 전에 출발했다.
나는 10분 더 기다려야 한다.

---

☐ 002 ★★★

**auf | stehen**
stand...auf,
ist aufgestanden

täglich
= jeden Tag
wach
gerade eben

일어나다

매일

깨어 있는
방금

Das kleine Kind steht täglich um 7 Uhr auf.
그 작은 아이는
매일 일곱 시에 일어난다.

Der Schüler stand auf,
als die Lehrerin seinen Namen rief.
그 학생은 그 여선생님이
그의 이름을 불렀을 때 일어났다.

Bist du schon lange wach?
너 깨어난 지 오래됐어?

Ich bin noch nicht ganz wach.
나 아직 잠에서 덜 깼어.

Ich bin gerade eben aufgestanden.
나는 방금 막 일어났어.

## 003 ★★★

**auf | wachsen**
wuchs...auf,
ist aufgewachsen

| ich wachse...auf | wir wachsen...auf |
|---|---|
| du wächst...auf | ihr wachst...auf |
| er/sie/es wächst...auf | sie wachsen...auf / Sie wachsen...auf |

자라다, 성장하다

Meine Kinder wachsen in Berlin auf.
나의 아이들은 베를린에서 자란다.

Stephan wuchs
in einer großen Stadt auf.
슈테판은
대도시에서 자랐다.

Meine Tochter ist in einem Dorf
aufgewachsen.
내 딸은 시골에서 자랐다.

**das Dorf**
*die Dörfer*

시골

## 004 ★★★

**bleiben**
blieb,
ist geblieben

① (장소) 머무르다
② (상태) 지속되다
③ 남다

Meine japanische Freundin bleibt
für drei Tage bei mir zu Hause.
내 일본 여자친구는 3일 동안 내 집에 머문다.

**nur**

**als**

**böse sein** (auf jn⁴)

오로지, 단지
~했을 때
(~에게) 화나다,
화가 나 있다

Ich blieb ruhig,
als mein Freund sehr böse war.
나는 나의 친구가 굉장히 화났을 때
침착하게 있었다.

**der Kontakt, -e**
**kontaktieren** (jn⁴)
*kontaktierte, hat kontaktiert*

연락
(~에게) 연락하다

Nur ein Stück Kuchen
ist übrig geblieben.
단지 한 조각 케이크만 남았다.

> **Tipp**
> "연락을 하며 지내다"는 독일어로 "in Kontakt bleiben"이라고 합니다.
> z.B.) Ich bleibe noch mit meinem Lehrer in Kontakt.
> 나는 아직 나의 선생님과 연락하며 지낸다.

## 005 ★★★

**kommen**
kam,
ist gekommen

오다

Muss ich noch einmal kommen?
저 한 번 더 와야 하나요?

Nein, das ist nicht notwendig.
아니요, 안 오셔도 돼요.

Der Bus kam zu spät.
그 버스는 늦게 왔다.

**notwendig**

필요한

Ich bin zu spät nach Hause gekommen.
나는 집에 늦게 왔다.

## 006 ★★★

**schief gehen**
ging...schief,
ist schiefgegangen

계획이 틀어지다

Was sollen wir machen, wenn etwas schief geht?
만약에 일이 잘못되면 우리는 무엇을 해야 해?

schief

① 비스듬한, 기울어진
② 틀어진, 어긋난

Das Projekt ging schief, als der Chef finanzielle Schwierigkeiten hatte.
그 사장이 경제적인 어려움이 있었을 때 그 프로젝트는 틀어졌다.

auf | hören
auf | hören (mit etw³)

끝나다, 그치다
(~을) 중지하다, 끝내다

Unser Plan ist leider schiefgegangen. Wir haben mit allem aufgehört.
우리들의 계획은 아쉽게도 틀어졌다. 우리는 모든 것을 그만두었다.

die Schwierigkeit, -en

어려움

### 패턴& 어휘

die Operation 수술 / das Ding, -e 일 / die Beziehung 관계

Die Operation ist schiefgegangen.
그 수술은 잘 되지 못했다.
Die Dinge sind schiefgegangen. 그 일들은 틀어졌다.
Unsere Beziehung ist leider schiefgegangen.
우리들의 관계는 아쉽게도 틀어졌다.

## 007 ★★★

**springen**
sprang,
ist gesprungen

① 점프하다
② (물속으로) 다이빙하다

Der kleine Junge springt über den Zaun.
그 작은 소년은 울타리 위로 뛰어오른다.

Das Mädchen sprang ins Wasser.
그 소녀는 물속으로 뛰어들었다.

der Zaun
*die Zäune*

담, 울타리

Die fette Katze ist auf den Tisch gesprungen.
그 뚱뚱한 고양이는 책상 위로 뛰어올랐다.

## ☐ 008 ★★★

**sterben**
starb,
ist gestorben

| ich sterbe | wir sterben |
|---|---|
| du stirbst | ihr sterbt |
| er/sie/es stirbt | sie sterben |
| | Sie sterben |

죽다

Die Pflanze stirbt langsam.
그 식물은 서서히 죽는다.

Als mein Hund starb,
weinte ich echt viel.
나의 강아지가 죽었을 때
나는 정말 많이 울었다.

Mein Onkel ist relativ jung gestorben.
나의 삼촌은 비교적 이른 나이에 세상을 떠났다.

relativ

die Pflanze, -n
weinen
*weinte, hat geweint*

비교적인,
상대적인

식물
울다

## ☐ 009 ★★★

**aus | gehen**
ging...aus,
ist ausgegangen

① 나가다,
외출하다
② 데이트하다

Ich muss immer
auf meinen kleinen Bruder aufpassen,
wenn meine Eltern ausgehen.
나의 부모님께서 외출하시면
나는 항상 나의 남동생을 돌봐야 한다.

Der Chef ging jedes Wochenende aus.
그 사장은 주말마다 외출했다.

Ich bin gestern mit Luisa ausgegangen.
나는 어제 루이사랑 데이트를 했다.

auf | passen (auf jn⁴)
*passte...auf, hat aufgepasst*

① 돌보다
② 조심(주의)하다

## ☐ 010 ★★★

**gehen**
ging,
ist gegangen

① 가다
② 작동되다,
되다

Ich gehe später mit Luisa
in die Ausstellung.
나는 이따가 루이사랑 전시회에 간다.

Ich wechselte den Akku
und das Handy ging wieder.
나는 배터리를 바꿨고 핸드폰은 다시 작동하였다.

Ich bin gestern mit Max
in die Bar gegangen und habe
ein paar Flaschen Bier getrunken.
나는 어제 막스랑 바에 갔고 맥주 몇 잔을 마셨다.

die Ausstellung, -en

wechseln (etw⁴)
*wechselte, hat gewechselt*

der Akku

(그림, 상품 등의)
전시회

(~을) 바꾸다

배터리

# TAG 35 Aufgaben

◎ 다음 단어 및 문장의 뜻을 독일어로 쓰시오. (명사의 경우 관사도 함께)

1. (~에게) 화나다:

2. 나는 그 남자에게 화났어:

3. 비교적인, 상대적인:

4. 그 시험은 비교적 쉬웠다:

5. 일어나다 : 현재형(　　　) 과거형(　　　) 현재완료형(　　　)

6. 그 작은 아이는 매일 일곱 시에 일어난다.

   Das kleine Kind_____ täglich um 7 Uhr____. (현재형)

7. 그 학생은 그 여선생님이 자신의 이름을 불렀을 때 일어났다.

   Der Schüler_____ ___, als die Lehrerin seinen Namen rief. (과거형)

8. 나 방금 막 일어났어.

   Ich____ gerade eben_____. (현재완료형)

9. 가다 : 현재형(　　　) 과거형(　　　) 현재완료형(　　　)

10. 나는 이따가 루이사랑 전시회에 간다.

    Ich____ später mit Luisa____ _____. (현재형)

11. 나는 배터리를 바꿨고 핸드폰은 다시 작동하였다.

    Ich wechselte ___ ____ und das Handy____ wieder. (과거형)

12. 나는 어제 막스랑 바에 갔고 맥주 몇 잔을 마셨다.

    Ich____ gestern mit Max in die Bar_____ und habe_____ Flaschen Bier getrunken. (현재완료형)

Lösungen : 1. böse sein (auf jn⁴) 2. Ich bin böse auf den Mann. 3. relativ
4. Die Prüfung war relativ einfach. 5. auf | stehen / stand...auf / ist aufgestanden
6. steht, auf 7. stand, auf 8. bin, aufgestanden 9. gehen / ging / ist gegangen
10. gehe, in die Ausstellung 11. den Akku, ging 12. bin, gegangen, ein, paar

# Tag 35

## 쉐도잉 & 핵심표현

독일인이 문장을 천천히 두 번, 보통 속도로 한 번 말해줍니다. 큰 소리로 따라해보세요.

MP3 듣기

**독일어 부분을 책갈피로 가리고 한국어만 보고 독일어를 써보세요**

| Koreanisch | Deutsch |
|---|---|
| 그 기차는 곧 출발한다. | Der Zug fährt gleich ab. |
| 그 전철은 5분 전에 출발했다. 나는 10분 더 기다려야 한다. | Die U-Bahn ist vor fünf Minuten abgefahren. Ich muss noch 10 Minuten warten. |
| 그 작은 아이는 매일 일곱 시에 일어난다. | Das kleine Kind steht täglich um 7 Uhr auf. |
| 나 방금 막 일어났어. | Ich bin gerade eben aufgestanden. |
| 내 일본 여자친구는 3일 동안 내 집에 머문다. | Meine japanische Freundin bleibt für drei Tage bei mir zu Hause. |
| 단지 한 조각 케이크만 남았었다. | Nur ein Stück Kuchen ist übrig geblieben. |
| 저 한 번 더 와야 하나요? | Muss ich noch einmal kommen? |
| 나는 집에 너무 늦게 왔다. | Ich bin zu spät nach Hause gekommen. |
| 나는 이따가 루이사랑 전시회에 간다. | Ich gehe später mit Luisa in die Ausstellung. |
| 나는 어제 막스랑 바에 갔고 맥주 몇 잔을 마셨다. | Ich bin gestern mit Max in die Bar gegangen und habe ein paar Flaschen Bier getrunken. |

메모

# Tag 36

## 불규칙동사 과거형 모음
### 현재완료형 (sein+ p.p), 과거형 ②

„ Herzlichen Glückwunsch zum Geburtstag!
Vielen Dank, dass du immer für mich da bist."

진심으로 생일 축하해!
내 곁에 있어줘서 항상 고마워.

# Tag 36

## 불규칙동사 과거형 모음
### 현재완료형 (sein+ p.p), 과거형 ②

독일인이 모든 단어를 한번씩 읽어주고, 예문은 천천히 한 번, 보통 속도로 한 번 읽어줍니다.

MP3 듣기

---

☐ 001 ★★★

**fahren (mit etw³)**
fuhr,
ist gefahren

| ich fahre | wir fahren |
|---|---|
| du fährst | ihr fahrt |
| er/sie/es fährt | sie fahren |
| | Sie fahren |

(~타고) 가다

Der Koch fährt mit dem Zug nach Deutschland.
그 요리사는 기차를 타고 독일에 간다.

Wir fuhren mit dem Bus nach Köln.
우리는 버스를 타고 쾰른에 갔다.

Der Künstler ist mit dem Fahrrad nach Hause gefahren.
그 예술가는 자전거를 타고 집에 갔다.

**Tipp**
"fahren + etw⁴"는 사람이 직접 운전할 때 쓰입니다.
z.B.) Der Mann fährt Auto.
그 남자는 자동차를 운전한다.
Ich habe schon mit 18 Auto gefahren.
나는 18살 때 이미 차를 운전했다.

---

☐ 002 ★★★

**fliegen**
flog,
ist geflogen

das Flugzeug, -e
der Flug
*die Flüge*

① 비행기를 타고 가다
② 날다

비행기
비행

Die Familie fliegt jedes Jahr nach Spanien.
그 가족은 매년 스페인으로 간다.

Ich flog jeden Monat nach Frankreich, um meinen Freund zu besuchen.
나는 매달 내 친구를 방문하기 위해 프랑스에 갔다.

Die Familie ist jede Woche nach Prag geflogen.
그 가족은 매주 프라하에 갔다.

---

☐ 003 ★★★

**mit | kommen**
kam...mit,
ist mitgekommen

der Flohmarkt
*die Flohmärkte*

함께 오다

벼룩시장

Darf mein Freund zur Party mitkommen?
내 친구도 파티에 와도 괜찮아?

Mein kleiner Bruder kam nach Deutschland mit.
내 남동생도 독일에 같이 왔다.

Meine Großmutter ist auch zum Flohmarkt mitgekommen.
나의 할머니도 벼룩시장에 같이 왔다.

361

## 004 ★★★

**laufen**
lief,
ist gelaufen

| ich laufe | wir laufen |
| --- | --- |
| du läufst | ihr lauft |
| er/sie/es läuft | sie laufen |
| | Sie laufen |

① 뛰다, 걷다
② 진행되다

Die Kinder laufen durch die Fußgängerzone.
그 아이들은 보행자 도로로 다닌다.

Das Geschäft lief am Anfang sehr gut.
그 사업은 처음에는 아주 잘 되었다.

Das Projekt ist wie geplant gut gelaufen.
그 프로젝트는 계획한 대로 잘 진행되었다.

### 패턴 & 어휘 ⭐

Deine Nase läuft. 너 콧물 흐른다.
Die Musik läuft aus dem Radio. 그 음악은 라디오에서 나온다.
Der Film läuft schon. 그 영화 벌써 하고 있다.

wie
wie geplant
die Fußgängerzone
der Fußgänger, -

~처럼, ~와 같이
계획한 대로
보행자 도로
보행자

## 005 ★★★

**schwimmen**
schwamm,
ist geschwommen

수영하다

Der Chef schwimmt jeden Abend mit seinem Sohn im Schwimmbad.
그 사장은 매일 저녁
자신의 아들과 수영장에서 수영을 한다.

Ich schwamm gerne im Schwimmbad, als ich noch ein Kind war.
나는 아직 어릴 때
수영장에서 수영하는 것을 좋아했다.

Der Mann ist jedes Wochenende im Meer geschwommen.
그 남자는 주말마다 바다에서 수영을 했다.

das Schwimmbad
das Bad
*die Bäder*

수영장
목욕탕, 욕실

## 006 ★★★

**etw¹ fallen**
fiel,
ist gefallen

| ich falle | wir fallen |
| --- | --- |
| du fällst | ihr fallt |
| er/sie/es fällt | sie fallen |
| | Sie fallen |

~이 떨어지다

Der Apfel fällt gerade vom Baum.
그 사과는 나무에서 떨어지고 있다.

Der Bleistift fiel vom Tisch.
그 연필은 책상에서 떨어졌다.

Mein Schlüssel ist aus meiner Tasche gefallen.
나의 열쇠는
내 가방에서 떨어졌다.

der Schlüssel, -

열쇠

## 007 ★★★

**steigen**
stieg,
ist gestiegen

오르다

Der Preis für Bücher steigt immer weiter.
책 값이 계속 오른다.

Meine große Tochter stieg auf den Berg.
내 큰 딸은 산에 올라갔다.

Meine kleine Tochter ist auf das Fahrrad gestiegen.
내 작은 딸은 자전거에 올라탔다.

## 008 ★★★

**ein | steigen**
stieg... ein,
ist eingestiegen

타다, 탑승하다

Der Fotograf steigt in die Straßenbahn ein.
그 사진작가는 트램에 탄다.

Wir stiegen in die U-Bahn ein.
우리는 전철을 탔다.

der Fotograf, -en

사진사

Die Kinder sind in den Bus eingestiegen.
그 아이들은 버스에 탔다.

## 009 ★★★

**um | steigen**
stieg...um,
ist umgestiegen

갈아타다

Ich möchte nach Düsseldorf (fahren). Gibt es heute noch einen direkten Zug?
저 뒤셀도르프로 가고 싶어요.
오늘 아직 직행 기차가 있나요?

Nein, Sie müssen einmal umsteigen.
아니요, 한번 갈아타셔야 해요.

direkt

① 직통의, 직행의
② 곧바로

die Bushaltestelle, -n
der Hauptbahnhof

버스 정류장
중앙역

Der Junge stieg am Hauptbahnhof in die U-Bahn um.
그 소년은 중앙역에서 전철로 갈아탔다.

Der Tourist ist an der Friedrichstraße in den Bus umgestiegen.
그 여행객은 프리드리히 역에서 버스로 갈아탔다.

363

☐ 010 ★★★

**aus | steigen**
stieg...aus,
ist ausgestiegen

die Tante, -n
der Bahnhof
*die Bahnhöfe*
der Fahrgast
*die Fahrgäste*
erreichen (jn⁴/etw⁴)
*erreichte, hat erreicht*

die Seite, -n
auf der linken Seite

내리다, 하차하다

이모, 고모
정거장, 역

승객

① 다다르다
② 달성하다

① 면 ② 옆
왼편에서

In wenigen Minuten erreichen wir den Bahnhof Zoologischer Garten.
몇 분 뒤에 Zoologischer Garten 역에 도착합니다.

Wir bitten die Fahrgäste auf der linken Seite auszusteigen.
승객 여러분들은 왼편에서 하차해주시기 바랍니다.

Die Frau stieg an der Bushaltestelle aus.
그 여자는 버스정류장에서 내렸다.

Meine Tante ist aus dem Bus ausgestiegen.
내 이모는 버스에서 내렸다.

# TAG 36 Aufgaben

◎ 다음 단어 및 문장의 뜻을 독일어로 쓰시오. (명사의 경우 관사도 함께)

1. 벼룩시장:                                    2. 나는 좀 이따가 벼룩시장에 간다:

3. 한 번:                                       4. 너 한 번 갈아타야 해:

5. (~타고)가다 : 현재형(         ) 과거형 (          ) 현재완료형 (           )

   6. 그 요리사는 기차를 타고 독일에 간다.

      Der Koch_____mit_____ _____nach Deutschland. (현재형)

   7. 우리는 버스를 타고 쾰른에 갔다.

      Wir_____mit dem Bus _____ Köln. (과거형)

   8. 그 예술가는 자전거를 타고 집에 갔다.

      ____ _____mit dem Fahrrad nach Hause_____. (현재완료형)

9. 뛰다, 진행되다 : 현재형(         ) 과거형(          ) 현재완료형(           )

   10. 그 아이들은 보행자 도로로 다닌다.

       Die Kinder_____durch_____ _____. (현재형)

   11. 그 사업은 처음에는 굉장히 잘 되었다.

       Das Geschäft_____ _____sehr gut. (과거형)

   12. 그 프로젝트는 계획한대로 잘 진행되었다.

       Das Projekt _____ _____ _____gut_____. (현재완료형)

**Lösungen :** 1. der Flohmarkt 2. Ich gehe später zum Flohmarkt. 3. einmal 4. Du musst einmal aussteigen.
5. fahren / fuhr / ist gefahren 6. fährt, dem Zug 7. fuhren, nach 8. Der Künstler, ist, gefahren
9. laufen / lief / ist gelaufen 10. laufen, die Fußgängerzone 11. lief 12. ist, wie geplant, gelaufen

# Tag 36

## 쉐도잉 & 핵심표현

독일인이 문장을 천천히 두 번, 보통 속도로 한 번 말해줍니다. 큰 소리로 따라해보세요!

MP3 듣기

> ★ 독일어 부분을 책갈피로 가리고
> 한국어만 보고 독일어를 써보세요

| Koreanisch | Deutsch |
|---|---|
| ☐ 그 요리사는 기차를 타고 독일에 간다. | Der Koch fährt mit dem Zug nach Deutschland. |
| ☐ 그 남자는 자전거를 타고 집에 갔다. | Der Mann ist mit dem Fahrrad nach Hause gefahren. |
| ☐ 그 가족은 매년 독일에 간다. | Die Familie fliegt jedes Jahr nach Deutschland. |
| ☐ 그 가족은 매주 프라하에 갔다. | Die Familie ist jede Woche nach Prag geflogen. |
| ☐ 그 아이들은 보행자 도로로 다닌다. | Die Kinder laufen durch die Fußgängerzone. |
| ☐ 그 프로젝트는 계획한 대로 잘 진행되었다. | Das Projekt ist wie geplant gut gelaufen. |
| ☐ 내 친구도 파티에 와도 괜찮아? | Darf mein Freund zur Party mitkommen? |
| ☐ 나의 아빠도 벼룩시장에 같이 왔다. | Mein Vater ist auch zum Flohmarkt mitgekommen. |
| ☐ 책값은 계속 오른다. | Der Preis für Bücher steigt immer weiter. |
| ☐ 내 작은 딸은 의자에 올라갔다. | Meine kleine Tochter ist auf den Stuhl gestiegen. |

메모

# Tag 36

## 배운 내용으로 대화 하기

남자 독일인과 여자 독일인의 귀에 쏙쏙 들어오는 음성을 들어보세요

MP3 듣기

### Ich bin leider zu spät aufgestanden.

**Lisa** 너 수요일에 뭐했어?

Was hast du am Mittwoch gemacht?

**Max** 나의 조부모님께서 몇 주 전에 하이델베르크로 이사하셨어.
사실 나는 조부모님께 오늘 방문하려 했어.
그런데 나는 아쉽게도 늦게 일어났어.

Meine Großeltern sind vor ein paar Wochen nach Heidelberg gezogen.
Eigentlich wollte ich sie heute besuchen, aber ich bin leider zu spät aufgestanden.

**Lisa** 오, 안돼. 그리고 나서?

Oh nein. Und dann?

**Max** 나 아쉽게도 내 기차를 놓쳤어.
그렇기 때문에 나는 그냥 집에 머물렀어.
너는 뭐했어?

Ich habe leider meinen Zug verpasst, deshalb bin ich einfach zu Hause geblieben.
Was hast du gemacht?

**Lisa** 저번주에 옥토버페스트 있었어.
나는 나의 친구들이랑 뮌헨에 갔어.
정말 재미 있었어.

Letzte Woche war das Oktoberfest.
Ich bin mit meinen Freunden nach München gefahren.
Wir hatten echt viel Spaß.

**Max** 와우, 나 아직 옥토버페스트 안 가봤어.
나 다음에 같이 가도 괜찮아?

Wow, ich war noch nie auf dem Oktoberfest.
Kann ich nächstes Mal mitkommen?

**Lisa** 응, 당연하지!

Ja, natürlich!

---

 설명

(단어) verpassen (etw⁴) (~을)놓치다 :
　　Ich habe den Bus verpasst. 나는 그 버스를 놓쳤다.
　　Ich habe die Gelegenheit verpasst. 나는 그 기회를 놓쳤다.

(표현) Natürlich! = Ja, klar! = Warum nicht!
　　당연하지 라는 표현으로 "Natürlich!" 혹은 "Ja, klar!"라는 표현이 자주 쓰입니다.
　　추가적으로 Warum nicht?! 왜 안 되겠어?! 라는 표현도 자주 쓰여요.

*전치사 "auf"와 사용되는 경우
　　Ich war auf dem Oktoberfest. 나는 옥토버페스트에 있었다.
　　Ich war auf der Toilette. 나는 화장실에 있었다.
　　Ich war auf der Insel. 나는 섬에 있었다.

# Tag 37 재귀동사로만 쓰이는 동사

## „ Frohe Weihnachten! Was wünschst du dir zu Weihnachten? "

**메리 크리스마스!
크리스마스에는 무엇을 원하시나요?**

# Tag 37

## 재귀동사로만 쓰이는 동사

독일인이 모든 단어를 한번씩 읽어주고, 예문은 천천히 한 번, 보통 속도로 한 번 읽어줍니다.

MP3 듣기

---

### ☐ 001 ★★★

**sich⁴ beeilen**
sich beeilte,
hat sich beeilt

| | |
|---|---|
| 서두르다 | Beeilen Sie sich bitte, ich habe nicht so viel Zeit. <br> 서둘러주세요. <br> 저 시간이 그렇게 많지 않아요. |

schon
↔ noch
sonst

| | |
|---|---|
| 이미, 벌써 <br> 아직 <br> 그렇지 않으면 | Ich muss mich beeilen, sonst komme ich zu spät. <br> 나 서둘러야 해. <br> 그렇지 않으면 나 늦어. |

### ☐ 002 ★★★

**sich⁴ kümmern**
**(um jn⁴/etw⁴)**
sich kümmerte,
hat sich gekümmert

| | |
|---|---|
| (~을) 돌보다 | Ich habe mich oft um meinen kleinen Bruder gekümmert, da meine Eltern meistens spät nach Hause gekommen sind. <br> 나는 자주 내 남동생을 돌봤다. <br> 왜냐하면 나의 부모님은 대부분 늦게 집에 오셨기 때문이다. |

meistens — 대부분

### ☐ 003 ★★★

**sich⁴ freuen**
**(über etw⁴)**

**sich⁴ freuen**
**(auf jn⁴/etw⁴)**
sich freute,
hat sich gefreut

| | |
|---|---|
| (현재) (~대해) 기뻐하다 | Das Kind freut sich über das Geschenk. <br> 그 아이는 그 선물을 받아서 기뻐한다. |
| (미래) (~을) 기대하다 | Nächste Woche kann ich endlich ans Meer fahren. <br> 다음 주에 나는 드디어 바다에 갈 수 있다. <br><br> Ich freue mich sehr auf meinen Urlaub. <br> 나는 내 휴가가 아주 기대된다. |

nächste Woche
der Besuch, -e
die Freude
froh

| | |
|---|---|
| 다음주 <br> 방문 <br> 기쁨, 즐거움 <br> 기뻐하는 | Fiona besucht bald Max. <br> 피오나는 곧 막스를 방문한다. <br><br> Er freut sich auf ihren Besuch. <br> 그는 그녀의 방문을 기대한다. |

**Tipp**
이미 일어났거나 현재에 기뻐하는 것은 전치사 "über"를 쓰고, 아직 일어나지 않았지만 미래에 일어날 일을 기뻐하는 것은 전치사 "auf"를 씁니다.

## 004 ★★★

**sich⁴ aus | ruhen**
ruhte sich aus,
hat sich ausgeruht

nur
zu Hause sein
viel zu tun haben

| 쉬다, 휴식을 취하다 | Am Wochenende möchte ich mich nur zu Hause ausruhen. 주말에 나는 그냥 집에서 쉬고 싶다. |
|---|---|
| | Ich habe zurzeit viel zu tun. 나는 요즘 할 일이 많아. |
| 단지 집에 있다 할 일이 많다 | Ich möchte in den Ferien nach Bali fliegen und mich dort ausruhen. 나는 방학 때 발리에 가고 그곳에서 쉬고 싶어. |

## 005 ★★★

**sich⁴ beschweren**
**(bei jm³ über etw⁴)**
sich beschwerte,
hat sich beschwert

die Überstunde, -n
die Note, -n
die Beschwerde

| (~에게 ~에 대해) 불평하다 | Viele Studenten beschweren sich oft bei ihren Professoren über ihre Noten. 많은 대학생들은 자주 그들의 교수님에게 그들의 학점에 대해 불평을 한다. |
|---|---|
| 초과근무 점수, 학점 불만, 불평 | Ihr habt euch manchmal bei mir über eure Überstunden beschwert. 너희들은 가끔 나에게 초과근무하는 것에 대해서 불평을 했다. |
| | Ich habe mich bei meinem Chef beschwert, weil ich nur 10 Tage im Jahr Urlaub habe. 나는 나의 사장에게 불평을 했다. 왜냐하면 나는 일 년에 휴가가 10일 밖에 없기 때문이다. |

## 006 ★★★

**sich⁴ duschen**
duschte sich ,
hat sich geduscht

die Dusche
unter die Dusche gehen

| 샤워하다 | Mein älterer Bruder duscht sich jeden Morgen. 나의 형은 매일 아침 샤워를 한다. |
|---|---|
| | Hast du dich heute geduscht? 너 오늘 샤워했어? |
| 샤워, 샤워시설 샤워하러 가다 | Nein, ich hatte heute keine Zeit, mich zu duschen. 아니. 나 오늘 샤워할 시간이 없었어. |
| | Ich gehe unter die Dusche. 나 샤워하러 가. |

# TAG 37 Aufgaben

◎ 단어에 해당하는 뜻을 찾아 연결하시오.

1. meistens      ⓐ 불평, 불만
2. die Note      ⓑ 할 일이 많다
3. die Beschwerde      ⓒ 학점
4. die Freude      ⓓ 기쁨, 즐거움
5. viel zu tun haben      ⓔ 대부분

◎ 다음 빈칸을 채우시오.

| ⓐ mich | ⓑ euch | ⓒ auf | ⓓ zu |
|---|---|---|---|

6. Ich habe zurzeit viel _____ tun.     나 요즘에 할 일이 많아.

7. Am Wochenende möchte ich _____ nur zu Hause ausruhen.     주말에 나는 그냥 집에서 쉬고 싶다.

8. Ihr habt _____ manchmal bei mir über eure Überstunden beschwert.     너희들은 나에게 초과근무 하는 것에 대해서 가끔 불평을 했다.

9. Ich freue mich sehr _____ meinen Urlaub.     나는 내 휴가가 아주 기대된다.

◎ 다음 단어 및 문장의 뜻을 독일어로 적으시오. (예시: sich freuen (über jn⁴/etw⁴))

10. 서두르다:

11. 나 서둘러야 해:

12. (~을/를)돌보다:

13. 나는 오늘 나의 강아지를 돌봐야 한다:

**Lösungen :** 1.ⓔ 2.ⓒ 3.ⓐ 4.ⓓ 5.ⓑ 6.ⓓ zu 7. ⓐ mich 8.ⓑ euch 9.ⓒ auf 10. sich⁴ beeilen 11. Ich muss mich beeilen. 12. sich⁴ kümmern (um jn⁴/etw⁴) 13. Ich muss mich heute um meinen Hund kümmern.

# Tag 37

## 쉐도잉 & 핵심표현

독일인이 문장을 천천히 두 번, 보통 속도로 한 번 말해줍니다. 큰소리로 따라해보세요!

MP3 듣기

독일어 부분을 책갈피로 가리고
한국어만 보고 독일어를 써보세요

| Koreanisch | Deutsch |
|---|---|
| 나 서둘러야 해. 그렇지 않으면 나 늦어. | Ich muss mich beeilen, sonst komme ich zu spät. |
| 나는 자주 내 남동생을 돌봤다. 왜냐하면 나의 부모님은 대부분 늦게 집에 오셨기 때문이다. | Ich habe mich oft um meinen kleinen Bruder gekümmert, da meine Eltern meistens spät nach Hause gekommen sind. |
| 그 아이는 그 선물을 받아서 기뻐한다. | Das Kind freut sich über das Geschenk. |
| 나는 내 휴가가 아주 기대된다. | Ich freue mich sehr auf meinen Urlaub. |
| 주말에 나는 그냥 집에서 쉬고 싶다. | Am Wochenende möchte ich mich nur zu Hause ausruhen. |
| 많은 대학생들은 그들의 교수님에게 그들의 학점에 대해 불평을 한다. | Viele Studenten beschweren sich oft bei ihren Professoren über ihre Note. |
| 너 오늘 샤워했어? | Hast du dich heute geduscht? |
| 아니, 나 오늘 샤워할 시간 없었어. | Nein, ich hatte heute keine Zeit, mich zu duschen. |

**메모**

# Tag 38 재귀동사로도 쓰이는 동사

„*Mit Mut fangen die schönsten Geschichten an.*"

용기와 함께 가장 아름다운 이야기가 시작됩니다.

# Tag 38

## 재귀동사로도 쓰이는 동사

독일인이 모든 단어를
한번씩 읽어주고,
예문은 천천히 한 번,
보통 속도로 한 번
읽어줍니다.

MP3 듣기

### ☐ 001 ★★★

**sich⁴ erinnern
(an jn⁴/etw⁴)**
sich erinnerte,
hat sich erinnert

die Erinnerung, -en
früher
die Wohngemeinschaft, -en
(WG)
zusammen

(~을/를) 기억하다

기억
예전에
쉐어하우스

같이

Erinnerst du dich noch an mich?
너 나 아직 기억해?

Natürlich! Wir haben ja früher in der WG zusammen gewohnt.
당연하지! 우리 예전에 쉐어하우스에서 같이 살았잖아.

### ☐ 002 ★★★

**sich⁴ unterhalten
(mit jm³)**
sich unterhielt,
hat sich unterhalten

die Unterhaltung, -en
unterhaltsam
das Café, -s

(~와)
담소를 나누다,
이야기를 하다

오락, 담소
즐거운, 유쾌한
카페

Was hast du gestern mit Max gemacht?
너 어제 막스랑 뭐했어?

Wir haben uns im Café unterhalten.
우리는 카페에서 얘기했어.

Ich unterhalte mich gerne mit meinem Freund.
나는 내 친구랑 담소 나누는 걸 좋아한다.

### ☐ 003 ★★★

**sich⁴ fühlen**
sich fühlte,
hat sich gefühlt

das Gefühl, -e
das Gefühl haben
sauer sein (auf jn⁴)
=böse sein (auf jn⁴)
wohl

느끼다

느낌
느낌이 든다
(~에게) 화나다,
화가 나 있다
편안한, 기분 좋은

Ich habe gestern lange geschlafen.
나는 어제 잠을 많이 잤어.

Ich fühle mich wohl.
나 기분이 좋아.

Ich habe das Gefühl, dass Max sauer auf mich ist.
나 막스가 나한테 화난 거 같은 느낌이 들어.

### 004 ★★

**sich⁴ schminken**
sich schminkte,
hat sich geschminkt

화장하다

Nach dem Frühstück schminke ich mich und dann gehe ich zur Arbeit.
아침 식사 후 나는 화장을 하고 그다음 일을 간다.

Ich habe am Morgen meistens nur wenig Zeit, um mich zu schminken.
나는 아침에 대부분 화장할 시간이 조금 밖에 없다.

### 005 ★★★

**sich⁴ an | melden (für etw⁴)**
sich meldete...an,
hat sich angemeldet

(~에) 등록하다

Hast du dich für den Sportclub angemeldet?
너 그 스포츠 동아리에 가입했어?

Ja, ich habe mich vorgestern angemeldet.
응, 나 그저께 등록했어.

die Anmeldung, -en
der Kochkurs, -e
angemeldet sein
an | melden (jn⁴ für etw⁴)

등록
요리수업
등록되어 있다
(~를 ~에) 등록시키다

Bist du schon beim Kochkurs angemeldet?
너 요리 수업에 등록되어 있어?

Ja, ich bin schon angemeldet.
응, 나 이미 등록되어 있어.

### 006 ★★★

**sich⁴ setzen**
sich setzte,
hat sich gesetzt

앉다

Setz dich, bitte.
앉아.

Alle Schüler haben sich auf ihren Platz gesetzt, als der Lehrer in den Klassenraum reingekommen ist.
선생님이 들어왔을 때 모든 학생들은 자리에 앉았다.

alle
der Klassenraum
*die Klassenräume*
als (접속사)
setzen (jn⁴)

모든
교실

~했을 때
(~을) 앉히다

Die Frau setzt ihr Baby auf den Stuhl.
그 여자는 자신의 아기를 의자에 앉혔다.

### 007 ★★★

**sich⁴ um | ziehen**
zog sich um,
hat sich umgezogen

옷을 갈아입다

Wenn ich zu Hause ankomme, ziehe ich mich erst um.
나는 집에 도착하면 우선 옷을 갈아입는다.

wenn (접속사)

um | ziehen
zog...um, ist umgezogen

만약에, ~하면

이사하다

Ich bin vor zwei Monaten umgezogen.
나는 2달 전에 이사를 했다.

## 008 ★★★

**sich⁴ vor | stellen**
stellte sich vor,
hat sich vorgestellt

(자기)소개하다

Ich muss mich morgen
bei meinem neuen Chef vorstellen.
나는 내일 나의 새로운 사장에게
자기소개해야 한다.

die Vorstellung, -en

(자기) 소개, 면접

## 009 ★★★

**sich⁴ waschen**
sich wusch,
hat sich gewaschen

| ich wasche mich | wir waschen uns |
| --- | --- |
| du wäschst dich | ihr wascht euch |
| er/sie/es wäscht sich | sie waschen sich |
| | Sie waschen sich |

씻다

Wann hast du dich das letzte Mal gewaschen?
너 마지막으로 언제 씻었어?

Ich habe mich gestern Abend gewaschen.
나 어제 저녁에 씻었어.

Meine Mutter wäscht meinen kleinen Bruder.
나의 어머니께서는
나의 남동생을 씻겨 주신다.

waschen (jn⁴/etw⁴)
die Wäsche, -n

(~을/를) 씻기다
빨랫감, 빨래

## 010 ★★★

**sich⁴ bewegen**
sich bewegte,
hat sich bewegt

움직이다

Mein Bein tut immer noch weh.
내 다리는 아직도 아프다.

Ich kann mich kaum bewegen,
da ich Schmerzen habe.
나는 거의 움직일 수 없다.
왜냐하면 나는 통증이 있기 때문이다.

die Bewegung, -en
kaum

① 움직임 ② 감동
거의 ~ 않은

(= Ich kann mich vor Schmerzen kaum bewegen. 나는 통증으로 인해 거의 움직일 수가 없다.)

der Schmerz, -en
vor Schmerzen
bewegen

아픔, 고통
아파서
① 움직이다
② 마음을 움직이다

Der Wind bewegt die Blätter.
그 바람은 그 나뭇잎들을 움직인다.

das Blatt
*die Blätter*
die Rede, -n

① 잎 ② 종이

연설

Seine Rede hat viele Leute bewegt.
그의 연설은 많은 사람들을 움직였다.

## 011 ★★★

**sich⁴ ärgern
(über jn⁴/etw⁴)**
sich ärgerte,
hat sich geärgert

ärgern (jn⁴)
das Verhalten
der Ärger
ärgerlich

(~에 대해/~에게)
화내다,
짜증이 나다

(~를) 화나게 하다
행동
화, 분노
화나는

Ich ärgere mich oft
über meinen Nachbarn,
weil er oft zu laut Musik hört.
나는 자주 내 이웃에게 화가 난다.
왜냐하면 그는 자주 노래를 크게 듣기 때문이다.

Ich habe mich heute Morgen
über meinen Freund geärgert.
나는 오늘 아침 내 친구한테 화가 났다.

Dein Verhalten ärgert mich sehr.
너의 행동은 나를 화나게 해.

## 012 ★★★

**sich⁴ entschuldigen
(bei jm³ für etw⁴)**
sich entschuldigte,
hat sich entschuldigt

die Entschuldigung, -en

(~에게 ~에 관해서)
용서를 빌다



용서

Entschuldige dich bitte bei Max.
막스한테 미안하다고 해.

Er ist sehr böse auf dich,
weil du gelogen hast.
그는 너한테 굉장히 화가 났어.
왜냐하면 네가 거짓말을 했기 때문이야.

Ich entschuldige mich bei Ihnen
für meine späte Antwort.
늦게 답장해서 죄송합니다. (주로 글을 쓸 때 표현)

## 013 ★★★

**sich⁴ interessieren
(für jn⁴/etw⁴)**
sich interessierte,
hat sich interessiert

interessieren (jn⁴)

vor allem
das Interesse, -n

Interesse haben
(an jm³/etw³)
die Wirtschaft

(~에 관해)
관심을 가지다,
흥미를 가지다

(~를)
관심있게 하다

특히, 무엇보다
흥미, 관심

(~에게/~에)
관심있다
경제

Wofür interessiert sich dein Freund?
네 친구는 무엇에 관심이 있어?

Er interessiert sich für Sport,
vor allem Fußball.
그는 운동에 관심이 있고,
특히 축구에 관심이 있어.

Das interessiert mich nicht.
그것은 나를 관심 있게 하지 않아.
(그것에 대해 관심 없어.)

Ich habe großes Interesse an Wirtschaft.
나는 경제에 큰 관심이 있다.

## 014 ★★★

**sich⁴ ändern**
sich änderte,
hat sich geändert

die Situation
inzwischen

ständig
die Änderung, -en
ändern (etw⁴)

das Gesetz, -e
die USA

바뀌다,
달라지다

상황
그 동안에,
그 사이에
빈번한, 끊임없는
변화, 변경
(~을) 바꾸다

법, 법률
(복수) 미국

Die Situation hat sich inzwischen sehr geändert.
그 상황은 그동안에 아주 달라졌다.

Der Mann ändert ständig seine Meinung.
그 남자는 빈번히 자신의 의견을 바꾼다.

Die USA wollen einige Gesetze ändern.
미국은 몇몇 법을 바꾸려고 한다.

## 015 ★★★

**sich⁴ vor | bereiten
(auf etw⁴)**
bereitete sich vor,
hat sich vorbereitet

die Abschlussprüfung, -en
der Abschluss
die Vorbereitung, -en
übernächst

(~을) 준비하다

졸업시험
종료, 종결
준비
다다음의

Ich habe übernächste Woche eine Abschlussprüfung.
나는 다다음 주에 졸업시험이 있다.

Ich muss mich auf sie vorbereiten.
나는 그것을 준비해야 한다.

## 016 ★★★

**sich⁴ bedanken
(bei jm³ für etw⁴)**
sich bedankte,
hat sich bedankt

(~에게 ~대해)
감사하다,
고마워하다

Ich bedanke mich bei Ihnen für Ihre Einladung.
초대해주셔서 감사합니다. (주로 글을 쓸 때 표현)

= Ich bin Ihnen dankbar für Ihre Einladung.
= Vielen Dank für Ihre Einladung.

# TAG 38 Aufgaben

◎ 단어에 해당하는 뜻을 찾아 연결하시오.

1. unterhaltsam        ⓐ 경제
2. inzwischen        ⓑ 쉐어하우스
3. wohl        ⓒ 그 동안에, 그 사이에
4. die Wirtschaft        ⓓ 편안한, 기분 좋은
5. die Wohngemeinschaft (WG)        ⓔ 즐거운, 유쾌한

◎ 다음 빈칸을 채우시오.

> ⓐ die Rede    ⓑ die Abschlussprüfung    ⓒ ständig    ⓓ das Gesetz

6. Der Mann ändert_____ seine Meinung.    그 남자는 빈번하게 자신의 의견을 바꾼다.

7. Ich habe übernächste Woche_____.    나는 다다음주에 졸업시험이 있다.

8. Die USA wollen einige_____ ändern.    미국은 몇몇 법을 바꾸려고 한다.

9. _____ hat viele Leute bewegt.    그의 연설은 많은 사람들을 움직였다.

◎ 다음 단어 및 문장을 독일어로 쓰시오. (예시: sich⁴ waschen)

10. 느끼다:        11. 나는 행복을 느껴:

12. (~을/를) 기억하다:        13. 나는 너를 기억해:

**Lösungen:** 1.ⓔ 2.ⓒ 3.ⓓ 4.ⓐ 5.ⓑ 6.ⓒ ständig 7.ⓑ eine Abschlussprüfung 8.ⓓ Gesetze 9.ⓐ Seine Rede 10. sich⁴ fühlen 11. Ich fühle mich glücklich. 12. sich⁴ erinnern (an jn⁴/etw⁴) 13. Ich erinnere mich an dich.

# Tag 38

## 쉐도잉 & 핵심표현

독일인이 문장을 천천히 두 번, 보통 속도로 한 번 말해줍니다. 큰소리로 따라해보세요!
MP3 듣기

독일어 부분을 책갈피로 가리고 한국어만 보고 독일어를 써보세요

| Koreanisch | Deutsch |
|---|---|
| 너 나 기억해? | Erinnerst du dich noch an mich? |
| 당연하지! 우리 예전에 쉐어하우스에서 같이 살았었잖아. | Natürlich! Wir haben ja früher in der WG zusammen gewohnt. |
| 나는 집에 도착하면 우선 옷을 갈아 입는다. | Wenn ich zu Hause ankomme, ziehe ich mich erst um. |
| 나는 내일 나의 새로운 사장님에게 자기소개 해야 한다 | Ich muss mich morgen bei meinem neuen Chef vorstellen. |
| 나는 자주 내 이웃에게 화가 난다. 왜냐하면 그는 자주 노래를 크게 듣기 때문이다. | Ich ärgere mich oft über meinen Nachbarn, weil er oft zu laut Musik hört. |
| 늦게 답장해서 죄송합니다. (주로 글로 쓸 때 표현) | Ich entschuldige mich bei Ihnen für meine späte Antwort. |
| 네 친구 뭐에 관심 있어 해? | Wofür interessiert sich dein Freund? |
| 그는 운동에 관심이 있고, 특히 축구에 관심이 있어. | Er interessiert sich für Sport, vor allem Fußball. |
| 그 상황은 그동안에 많이 바뀌었다. | Die Situation hat sich inzwischen sehr geändert. |
| 초대해주셔서 감사합니다. (주로 글로 쓸 때 표현) | Ich bedanke mich bei Ihnen für Ihre Einladung. |

메모

# Tag 38

# 괴테 쓰기 시험 A2

MP3 듣기

## Teil 1

Sie sind auf dem Weg zu einer Verabredung und schreiben eine SMS an Ihre Freundin Lisa.

- Entschuldigen Sie sich, dass Sie zu spät kommen.
- Schreiben Sie, warum.
- Nennen Sie einen neuen Ort und eine neue Uhrzeit für das Treffen.

Schreiben Sie 20-30 Wörter.
Schreiben Sie zu allen drei Punkten.

### 괴테 쓰기 시험 Teil 1 *(예시 정답1)*

| 리사, 미안해. | Lisa, es tut mir leid. |
| 아쉽게도 나 늦어. | Leider komme ich zu spät. |
| 버스가 아쉽게도 연착됐어. | Der Bus hat leider Verspätung. |
| 우리 두시에 영화관 바로 앞에서 보자. | Wir können uns um 14 Uhr direkt vor dem Kino treffen. |
| 나 서두를게. 곧 봐. | Ich beeilie mich. Bis gleich. |

### 괴테 쓰기 시험 Teil 1 *(예시 정답2)*

| 리사, 미안해 | Lisa, (es) tut mir leid. |
| 나 조금 늦어. | Ich komme ein bisschen zu spät. |
| 나 내 버스 놓쳤어. | Ich habe meinen Bus verpasst. |
| 우리 오후 한 시에 중앙역에서 만날까? | Wollen wir uns um 13 Uhr am Hauptbahnhof treffen? |
| 가능한 한 빨리 갈게. | Ich komme so schnell, wie ich kann! |
| 이따 봐. | Bis gleich. |

 **설명** (동의어)

Ich beeile mich. = Ich komme so schnell, wie ich kann.

# Tag 38

## 괴테쓰기 시험 Teil 2

MP3 듣기

## Teil 2

Ihr Chef, Herr Zimmermann, heiratet bald. Er hat Ihnen eine Einladung zu seiner Hochzeit geschickt. Schreiben Sie Herrn Zimmermann eine E-Mail:

- Bedanken Sie sich und sagen Sie, dass Sie kommen.
- Informieren Sie, dass Sie jemanden mitbringen.
- Fragen Sie nach dem Weg

Schreiben Sie 30-40 Wörter.
Schreiben Sie zu allen drei Punkten.

### 괴테 쓰기 시험 Teil 2 (예시 정답1)

| | |
|---|---|
| 친애하는 짐머만 씨에게, | Sehr geehrter Herr Zimmermann, |
| 초대해 주셔서 감사드려요. 저 파티에 꼭 가고 싶어요. | ich bedanke mich sehr bei Ihnen für Ihre Einladung. Ich möchte gerne zu Ihrer Feier kommen. |
| 혹시 제 친구 데리고 가도 괜찮을까요? | Darf ich vielleicht meinen Freund mitbringen? |
| 제가 아쉽게도 길을 몰라요. 길 좀 알려주실 수 있을까요? 벌써 파티가 아주 기대돼요. | Ich kenne leider den Weg nicht. Können Sie ihn mir bitte beschreiben? Ich freue mich schon sehr auf die Feier. |
| 리사 올림 | Mit freundlichen Grüßen Lisa |

# Tag 38 괴테쓰기 시험 Teil 2

MP3 듣기

### 괴테 쓰기 시험 Teil 2 *(예시 정답2)*

| | |
|---|---|
| 친애하는 짐머만 씨에게, | Sehr geehrter Herr Zimmermann, |
| 초대해 주셔서 감사드려요.<br>저 결혼식에 꼭 갈게요. | vielen Dank für Ihre Einladung.<br>Ich komme sehr gerne zu Ihrer Hochzeit. |
| 혹시 일행 데려가도 될까요? | Darf ich vielleicht eine Begleitung mitnehmen? |
| 제가 아쉽게도 그 주변을 잘 몰라요.<br>약도 보내주실 수 있을까요?<br>벌써 파티가 아주 기대돼요. | Ich kenne die Gegend leider nicht so gut.<br>Können Sie mir bitte eine Wegbeschreibung geben?<br>Vielen Dank und ich freue mich schon sehr. |
| 리사 드림 | Mit herzlichen Grüßen<br>Lisa |

 설명

(단어)
die Gegend 근처, 주변
die Wegbeschreibung 약도

(동의어)
Ich bedanke mich bei Ihnen für Ihre Einladung.
= Vielen Dank für Ihre Einladung.

Ich möchte gerne zu Ihrer Feier kommen.
= Ich komme sehr gerne zu Ihrer Hochzeit.

Darf ich vielleicht meinen Freund mitbringen?
= Darf ich vielleicht eine Begleitung mitnehmen?

Ich kenne leider den Weg nicht.
= Ich kenne die Gegend leider nicht so gut.

Können Sie ihn mir bitte beschreiben?
= Können Sie mir bitte eine Wegbeschreibung geben?